无量数的机缘遇合，宇宙间诞生了地球。绝无仅有的幸运巧合，地球上出现了生命

地球是迄今为止我们所知道的唯一有生命存在的星球

生命是地球的梦想

心灵的日出 大地鸡鸣

是宇宙之花
（玛丽·麦克唐纳摄影）

生命顽强
（马汀·考贝克摄影）

繁衍生息
（韦恩·比伦杜克摄影）

相亲相爱
（大卫·奥尔森摄影）

相依为命
（格莱恩·普拉特摄影）

天地万物，各享天命

多少物种称雄地球
（松冈达英画）

又有多少物种消失
（平沢茂太郎画）

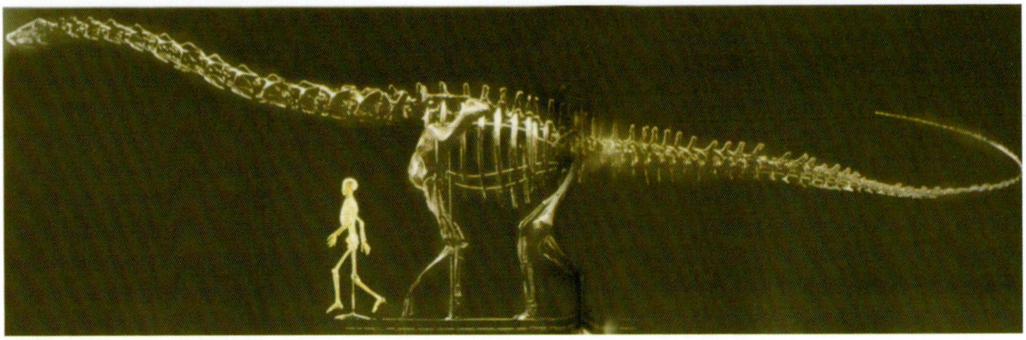

再强大的生命，也只能谦逊地生存（路易·赛何约斯摄影）

大地鸡鸣，人类诞生

这种两条腿的生物开始孤独地远征

因为大地的友善

人类才得以建立自己的家园

和其他动物一样，为觅食而历险

心灵的日出

大地鸡鸣

一样地畏惧不可抗拒的灾难

一样地相依为命、相亲相爱（布里画）

一样地把生命当作最大的喜悦（卢梭画）

大地鸡鸣

心灵的日出

然后，然后啊，
人类占领了整个地球……

万物臣服（迈克尔·尼克尔斯摄影。从偷猎者手中缴获的东北虎虎皮。）

人类又开始屠杀自己的同类

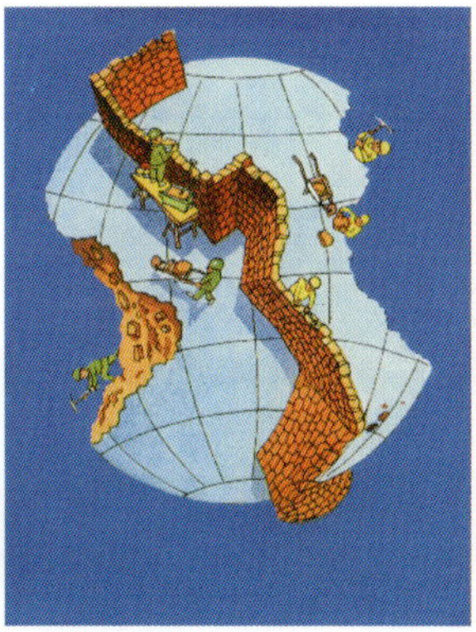

瓜分地球

世界渐渐面目全非

人类重新问自己：我是谁？我从何处来？我要到何处去？

人为自己的过错找借口，最孩子气的做法是把责任推到一条蛇身上

人的物欲猖獗，要把整个地球装在口袋里

心灵的日出

大地鸡鸣

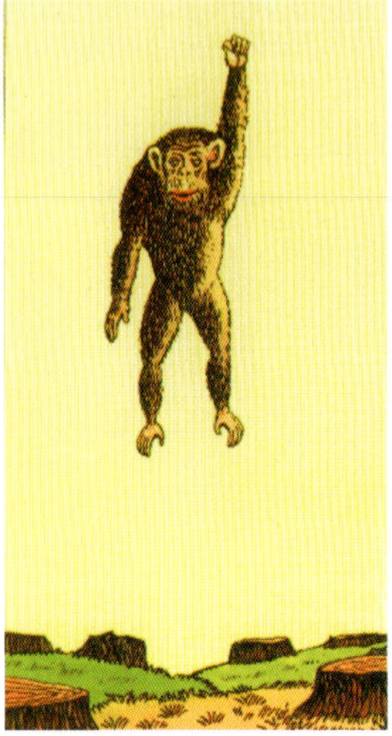

不给其他生物生存的机会

人竟然忘记了感恩（凯利·沃林斯基摄影）

忘记了所有的生命原本是同一个起源

地球像一枚易碎的鸡蛋，握在人类的手中

我们会有一个怎样的明天？

人类要重新学习低下头颅，与万物和谐共存（迈克尔·尼克尔斯摄影。生物学家简·古德尔低下头，让一只黑猩猩朋友触碰她的额头。）

我们踏出的每一步，
都将在大地上留下痕迹

大地上的生命
正在默默祈祷
（埃德瓦·奈菲摄影）

给我们一个值得期待的未来

敬启

严凌君先生主编的“青春读书课”系列丛书，立意高远，贴近青少年阅读心理，选文题材广泛，内容丰富。在编辑过程中，我们按照现代出版规范对选文进行了统一处理，力求提供一套符合现代文字规范的青少年读物，以帮助读者建立对纯洁汉语的认知与体悟。敬请作者、译者见谅。

另外，我们已经联系到部分选文的作者和译者，他们同意将作品列入“青春读书课”系列丛书出版，但由于作者面广，仍有部分作者和译者无法取得联系。请作者和译者看到本系列丛书后尽快与我们联系，以便奉寄样书和稿酬。

诚致谢意！

联系人：蒋鸿雁

电话：0755-83460371

Email: jhyl688@hotmail.com

海天出版社

SUNRISE IN HEART
A COLLECTION OF READINGS ON YOUTHFUL MIND

青春读书课·修订本　第二卷

成长教育系列读本

严凌君　主编 / 导读

心灵的日出

青春心智生活读本　第一册

海天出版社（中国·深圳）

图书在版编目(CIP)数据

青春读书课．心灵的日出．第一册 / 严凌君主编、导读．—深圳 ：海天出版社，2012.1 (2016.1重印)

ISBN 978-7-5507-0181-6

Ⅰ．①青… Ⅱ．①严… Ⅲ．①阅读课－中学－课外读物 Ⅳ．①G634.333

中国版本图书馆CIP数据核字(2011)第114108号

青春读书课．心灵的日出．第一册

QINGCHUNDUSHUKE．XINLING DE RICHU．DI YI CE

出品人　聂雄前
责任编辑　蒋鸿雁　谢　芳
责任技编　梁立新
责任校对　黄海燕
设计制作　龙瀚文化
插页设计　李晓光
封面设计
李松璋书籍设计工作室
Tel:86231958　Email:hkdadao@126.com
平面执行：李青华

出版发行　海天出版社
地　　址　深圳市彩田南路海天综合大厦（518033）
网　　址　www.htph.com.cn
订购电话　0755-83460293（批发）　83460397（邮购）
印　　刷　深圳市华信图文印务有限公司
开　　本　787mm×1092mm　1/16
印　　张　19.75
字　　数　360千
版　　次　2012年1月第1版
印　　次　2016年1月第4次
定　　价　28.00元

序

在阅读好书中构建自己的精神家园

（一）

简直不敢相信，这厚厚的七大卷书竟出自一位普通的中学老师一人之手——我编过类似的中学生课外读物：《新语文读本》。我们是动员了十多位朋友，先后折腾了两年，才编出来的，其中的艰苦，我是深有体会的。因此，我懂得这数百万字的分量。

对于一直在关注、思考中学语文教育的我，这套书更有一种特殊的意义。当我发现在许多重要的教育理念、编辑思想上，我，以及我们《新语文读本》的朋友与这套书的编者严凌君确有相通之处，自有一种志同道合的欣慰感，在某种程度上，这是反映了一种共同或类似的教育思潮的；而当我进一步发现，严老师的思考有许多属于他自己的独立创造与开拓，更是感到由衷的喜悦。这正是我要感激严凌君先生以及他的学生的：他们的试验激发与深化了我的思考。

因此，我十分乐意为这套书写序，也借此向严老师，以及所有处在教育第一线的语文老师们，表示我最大的敬意。因为只有他们，才是中国语文教育改革的主力，如果不能保证中学语文老师自由言说的权利，不能充分发挥他们的积极性与创造性，并且落实到他们的具体教学实践中，中国的教育改革，就会如有些老师所担心的那样，仅仅成为一阵喧嚣。有什么样的教师，就有什么样的教育；中学语文教育改革的成败，全系于语文老师的文化、精神素质和主动精神。严凌君老师编写的课外阅读教材和他主持的深圳育才中学“青春读书课”的成功，之所以如此令人振奋，就是因为这是期待已久的第一线老师的个性化的言说，是他们对中国语文教育的思考与追求的独立表达；而且我知道，像严凌君这样已经或准备发出自己的声音，并在努力实践的老师，其绝对量并不小，而且将会越来越多。这正是中国语文教育改革的希望所在，也是这套读本的独特价值所在。

（二）

严老师说，他的读书课和他编的教材，都是他送给学生的“礼物”。听听学生的反应，是不能不为之感动的——“读书课给予我们一个和伟人交流的机会和氛围，再不是和网友胡侃，不是包围在数理化的题海里，不是每天重复过着日子，平庸地思考。它让我知道世界上还有这么一群人，在思考着这么一些问题，发现原来世界并不像自己想象的那么简单，知道原来我们祖先是这样一步一步地走向文明……老师的一句解说让我们恍然大悟，豁然开朗，引起太多太多的思考——我们到底为什么活着？自由的意义是什么？……原来活在这个世界上，不仅需要知识，还需要那么一点精神支柱；我终于懂得，不仅需要知识武装自我，还需要有精神来升华自我。”

这里，涉及一个非常重要的问题：中学教育究竟意味着什么？我们知道，中学阶段，正是人生的起始，是人的个体生命的“童年”。而中学生活与人际关系的相对单纯、无邪、明亮、充满理想，就使得中学更是人生中的梦之乡，它不可重复，留下的却是永恒的神圣记忆：一个人有还是没有这样的神圣记忆，是大不一样的。中学阶段当然需要学习知识，但更需要的是通过知识的学习，构筑一片属于自己的精神家园，即使带有梦幻色彩，却会为终生精神发展垫底，成为照耀人生旅程的精神之光；而且可以时时反顾，是能够返归的生命之根。

严老师正是从构建学生精神家园这一大视野，去思考与设置他的中学阅读教育的作用与方式的。他提出了两个非常有意思的概念：“平面的生活”与“立体的生活”即“第二种生活”。所谓“平面的生活”是受具体时空限制的，是偏于肉体的、物质的；而“立体的生活”则是精神的、心灵的生活，是超越时空的。中学生就其平面生活而言，显然是狭窄有限的；但却可以通过书籍这个秘密通道，打破时空的限制，穿梭古今，漫游于人类所创造的精神空间，这不仅极大地扩展了学生的精神生活面，而且也极大地提高了学生精神生活的质量：在和创造人类与民族精神财富的大师、巨人的对话中，重新经历他们在书中所描述的生活，自会达到一种前所未有的精神境界。

由此而形成了一个基本理念：“在阅读好书中构建自己的精神家园”。这一理念是贯穿全书的。

严老师的这套读本共分七卷，按我的理解，似乎可以分为三大板块。一至三卷，即《成长的岁月——我的学生时代读本》《心灵的日出——青春心智生活读本》与《世界的影像——文学理想启蒙读本》，某种程度上可以视为“生命读本”，是和学生一起讨论他们从童年到少年、青年的生命成长过程中所遇到的各种精神命题，帮助他们认识自己和自己赖以生存的世界。其中又贯穿着两个教育理念：“成长的权利”与“敬畏青年”。严老师满怀激情地这样写道：“从出生到大学毕业，一个人要用二十几年来求学，在此期间，他无须对社会有所贡献，他的任务就是学习、成长”，于是就有了“成长之美”与“成长的感觉”，更重要的是，还有“成长的权利”：“儿童的权利，就是探索、发现和成长的权利。”而“青春时代不只是为了成年生活做准备，它本身就是一种生活，最多的梦想，最纯的情感，最强的求知欲，最真的人生态度……让我们一边欣赏自己青春的美，一边为自己的未来播种”。应试教育的最大问题正是在于对孩子仰望天空的幻想的权利的剥夺，对好奇、探索、发现、创造的欲望的压抑，用残酷的生存竞争，打磨年轻人生存的锐气，消解他们的理想与青春激情，最终把学生变成一个“成熟”的庸人。严老师的读本所要做的工作，不过是要把“属于孩子的还给孩子”，放手让他们自由而健康地成长。

第四卷《古典的中国——日常生活人性读本》，第五卷《白话的中国——20世纪人文读本》，第六卷《人类的声音——世界文化随笔读本》，则可以视为“文化读本”。严老师也自有独特的理解与处理：讲中国古代文化，他强调要引导学生“看中国人如何诗意地栖居在大地上”，“知道中国民族文化的好处，才能高高兴兴地做一个中国人”。他认为，引导青年学生“阅读20世纪白话文本”，“就是认识20世纪的中国，从文字上为百年中国把脉”。这是刚刚过去的历史，与“现在的中国”的现实生活有着血肉联系，与今天的学子是更为休戚相关，也更重要：“书籍一定要与人痛痒相关才值得去读。”而讲到外国文化，他这样开宗明义：“人所具有的，我都具有。世界，是我们共有的世界；一切的文化都有我的一份；一切的声音，都有我的音量。”他要引导学生建立一种“人类的家园”意识：一切非本民族的文化都不是“他者”，而是“我”的一个部分；“我”也应该对人类文化的创造做出自己的贡献。

第七卷《人间的诗意——人生抒情诗读本》，是以“诗歌”为“青春读书课”系列读本作“结”，这里包含着对“诗”与“年轻的生命”的内在联系的深刻理解：“几乎在每一个人的人生中，都有一段诗意盎然的岁月，仿佛只有诗歌才能述说满腹的心思、书写对生活最初的感应。每个年轻人天生的就是诗人。”严老师所要做的，正是要恢复诗歌本身，以及中学诗歌教学所应具有的神圣地位。从整套书系的结构上看，这显然是一个提升：将所有的阅读、思考、讨论，都升华为纯净而丰厚的心灵的诗。

这不仅是对生活的诗意的把握，更是对语言的诗意的感悟。“汉语家园”是“精神家园”题中应有之义：母语，是一个人存在的永远的皈依。引导中学生感悟汉语之美，感受正确而自如地用汉语表达自己的快乐，建立与母语的血肉联系，将母语所蕴含的民族文化、民族精神的根扎在心灵的深处，并在此基础上构造起自己的精神家园。这是中学语文教育的根本，也是严老师这套读本的归结点：这里充满着思想之美、文学之美与语言之美，相信孩子们会喜欢它，成年人，我们这些教育工作者，也能从中受到许多启示。

钱理群

前言

做一个人，有求知的权利，如果你不慎用这种权利，就是自我贬低。这也意味着，做一个人，没有蒙昧无知的权利。你一个人的蒙昧无知，就是对人类这种智慧生物的羞辱。

我们的祖先，不过是地球上芸芸众生中一种弱小的两条腿的生物。在起点上，人类与所有生物一样，都是大地母亲的弱小孩子，因为大地慷慨的恩赐，才得以幸运地生息繁衍。在终点上，人类只有与大自然和谐共存，才能为自己留一条活路。漫长的进化之旅，人类为什么能够跃升为万物的灵长？就因为他比别的动物更善于学习和创造。在残酷的生存竞争中，人类没有特意发展出强悍的身体构造，而是着意发展自己的智慧，事实证明，走智慧之路是快速成长的捷径，人类成为地球物种中软弱胜刚强的最佳典范。

所以，你必须学习，才配得上人的称号。然而，学习，与其说是一个人的天职，不如说是一个人的天性；与其说是一项沉重的任务，不如说是一个巨大的乐趣。

文字和书籍的发明，让后人从一开始就可以站在人类已有文明的起点上，继续出发。人比其他动物的优势在此显现出来——在物质的世界之外，人类另辟了一个精神的世界，这是第二个世界。人类也因此除了物质生活之外，还拥有一种精神生活——人类特有的第二生活。每一本优秀的书都开启了一扇智慧之门，每一扇门后都有一位智者在等待你来访，把你引领到新的境界。阅读，让我们进入人类的精神家园。当我们有所感动的时候，也尝试着拿起笔来写作，用文字表达自己，这就是建设我们自己的第二生活。

阅读是狂热的吸收，写作是稚嫩的创造，学习就是创造自我。就像女娲造人并给万物命名一样，每一个人的一生，就仿佛在重新经历一遍女娲命名世界的辉煌过程。因为学习，每天的太阳才是新的，我们也在发生奇妙的变化，日渐创造出一个全新的自我。大自然最壮美的景象是海上日出，每天送来一个新世界；青春最壮美的是心灵的日出，每天进入一个新世界。

人生天地间，物质生活总是有限，精神生活却可以广阔无边。高尚的文化、精美的文学，都是构成我们精神家园的材料。青春做伴好读书，为了美好的一生，我们要主动索取这种巨大的幸福，在宝贵的青春岁月，召唤我们每个人自己心灵的日出。

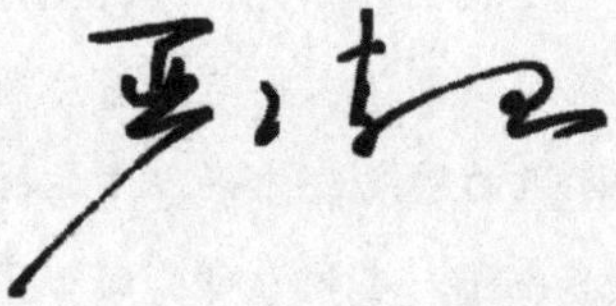

目录

心灵的日出
［第一册］

SUN IN HEART
A COLLECTION
OF READINGS
ON YOUTHFUL MIND

上编
大地鸡鸣

大地，早上好

万物欢欣

心中的大自然

我和大猩猩握了手

喧哗的田园

明天的寓言

下编 第二种生活

当有人开始写字

用文字创造世界

细节的魅力

让日子有味

苹果里的星星

一方水土养一方人

虚拟空间与心灵现实

大地鸡鸣

大地鸡鸣，人类的炊烟升起，
在这片友好的大地上，万物欢欣，
生命壮阔，土地丰饶，
我们用感恩的心情，声声祈祷：
大地，早上好！

【意大利】卡尔维诺
肖天佑 译

恐 龙①

46亿年前，宇宙中漂浮的尘埃和气体凝聚成了地球；漫长的沉寂之后，34亿年前，天工开物，地球出现了早期的生命形式——细菌和蓝绿藻；生命的历程漫长而充满奇迹，直到7亿年前，才开始出现较为复杂的植物和动物；到了2.3亿年前，地球上临水的地方布满绿色植物，气候温暖潮湿，大地郁郁葱葱。恐龙，就在这时现身而出。从此，在中生代（2.45亿年前~0.65亿年前，包括三叠纪、侏罗纪、白垩纪）大部分时间内，恐龙主宰了整个泛古大陆，长达1.65亿年，迫使其他爬行动物灭绝，成为地球上存在过的最为成功的动物。然而，到了0.65亿年前，由于至今无法确认的原因，恐龙大规模灭绝，从地球上消失得一干二净。绿色地球，恐龙时代，成为一个遥远而神秘的梦幻……

然而，又是然而，在作家卡尔维诺（1923~1985）笔下，有一只恐龙幸存下来了，而且，他混迹于猿人之中，再然后，他来到了现代“人间”……

从三叠纪到侏罗纪，恐龙不断进化发展，在各大洲称王作霸长达1.5亿年之久。后来它们却很快灭绝了，原因何在，至今仍然是个谜。或许是不能适应气候和植物在白垩纪发生的巨大变化的缘故，反正到了白垩纪末期，恐龙全部死了。

恐龙全部死了，但我除外——QFWFQ作了确切说明。一段时期内，大约5000万年吧，我也是恐龙。我不后悔自己是恐龙。当时是恐龙就意味着手中握有真理，到处大受尊敬。

后来情况变了。详情不必细述，无外乎各种麻烦、失败、错误、疑惑、背叛、瘟疫接踵而至。地球上出现了一批与我们为敌的新居民。他们到处捕杀我们，使我们失去了安身之地。现在有人说，对没落感兴趣，盼着被消灭，是我们恐龙当时的精神特征。我不知道是否真的如此，我可从来没有那种想法。其他恐龙如果

① 选自卡尔维诺《帕洛马尔》，肖天佑等译，花城出版社，1992年版。

有那种想法，那是因为它们知道劫数难逃了。

我不愿回忆恐龙大批死亡的年代。我当时没想到我能逃脱厄运，但一次长距离的迁徙却使我得以死里逃生。我走过了一个布满恐龙尸骨的地带，真像是一个大坟场。骨架上的肌肉已被啄食殆尽，有的只剩下一块鬐甲，有的只剩下一根犄角、一片鳞片或一块带鳞片的皮肉。这些就是它们的昔日仪态的遗存物。地球的新主人们用尖嘴、利喙、脚爪、吸盘在恐龙的遗骸上撕食着，吮吸着。我一直往前走，直到再也看不见生者和死者的踪影时，才停住脚步。

那是一片荒漠的高原，我在那儿度过了许多年华。我避开了伏击和瘟疫，战胜了饥馑和寒冷，终于活了下来。我始终很孤独。永远待在高原上是不行的，有一天，我下了山。

世界变样了。我再也认不出早先的山脉、河流和树木了。第一次遇见活物时，我藏了起来。那是一群新人①，个子矮小，但强壮有力。

“喂，你好！”他们看见了我。这种亲昵的打招呼方式使我顿觉一惊。我赶紧跑开，但他们追了上来。几千年来，我已习惯于在我的周围引起恐惧，我也习惯于对被惊吓者的反应感到恐惧。现在这一切都没有了。“喂，你好！”他们走到我身边，仿佛没事似的，对我既不害怕，也不怀敌意。

“你干吗跑？想到什么了？”原来他们只想向我问路。我结结巴巴地说，我不是当地的。“你为什么跑呀？”其中一个说，“像是看见了……恐龙！”其他人哈哈大笑。但我却第一次听出，他们的笑声中含有忧惧。他们笑得不自然。另一人沉着脸对刚才那人说：“别瞎说。你根本不知道恐龙是什么……”

看来恐龙继续使新人感到恐惧。不过，他们大概好几代没见过恐龙了，如今见了也认不出来。我继续走路，尽管惶悚不安，却迫不及待地希望再有一次这样的经历。一个新人姑娘在泉边喝水。就她一人。我慢慢走上前，伸出脖子，在她旁边喝水。我心里想，她一看见我，就会惊叫一声，没命地逃跑。她会喊救命，大批新人会来追捕我……我对自己的所作所为后悔了。要想活命，就应该马上把她撕成碎片：像从前那样……

姑娘转过身来说：“哎，水挺凉的，对吧？”她用柔和的声调，讲了一些跟外地人相遇时常说的客套话。她问我是否来自远方，旅途中是否淋着了雨，还是一直好天气。我没想到跟“非恐龙”能这样交谈，只是愣愣地呆着，几乎成了哑巴。

“我天天到这儿喝水，”她说，“到恐龙这儿……”

我猛地仰起头，瞪大了眼睛。

“是的，我们管它叫这个名字，恐龙泉，自古就这么叫。据说从前这儿藏着一条恐龙，是最后的几条恐龙之一。谁到这儿来喝水，它就扑到谁身上，把他撕成

---

① 新人：也称“智人”，指古人阶段以后的人类，约10万年前出现在地球上。

碎片。我的妈唷！”

我打算溜走。“她马上就会明白我是谁了，”我思忖道，“只要仔细看我几眼，就会认出来的！”我像那些不愿被别人看的人那样，垂下了脑袋。我蜷起尾巴，仿佛要把它藏起来。她笑吟吟地跟我告别，干自己的事去了。由于神经过于紧张，我觉得很疲乏，如同进行了一场搏斗，一场像当初那样的用利爪和尖齿进行的搏斗。我发现自己甚至没有回答她的告别。

我来到一条河边。新人们在这里筑有巢穴，以捕鱼为生。他们正用树枝筑一条堤坝，以便围成一个河湾，减缓水的流速，留住鱼群。他们见我走近，马上停止干活，抬头看看我，又互相看看，仿佛在默默询问。“这下完了，”我想，“准要吃苦头了。”我做好了朝他们扑去的准备。

幸好我及时控制住了自己。这些渔夫丝毫不想跟我过不去。他们见我身强力壮，问我是否愿意留下，跟他们待在一起，给他们扛树枝。

“这个地方很安全，”他们见我面有难色，便打了保票。“从我们的曾祖父时代起，就没见过恐龙……”

谁也没怀疑我是恐龙。于是我留下了。这儿气候很好，食物虽然不合我们恐龙的胃口，但还能凑合。活儿对我来说不算太重。他们给了我一个绰号——“丑八怪”。没别的原因，只因为我的长相跟他们不同。我不晓得你们用什么名字称呼新人，是叫潘托特里还是别的？他们当时还没有完全定型，后来才进化成名副其实的人类。因此，有的人跟别人很像，但也有人跟别人完全两样。所以我相信在他们中间我并不十分显眼，虽然我属于另一类。

但我没有完全适应这种想法。我仍旧认为自己是四面受敌的恐龙。每天晚上，他们讲起那些代代相传的恐龙故事时，我总是提心吊胆地往后缩，躲到暗处。

那些故事令人毛骨悚然。听的人脸色刷白，心惊胆战，不时发出一声惊叫。讲的人也吓得声音发抖。过不久，我还知道，大家虽然很熟悉故事内容（尽管内容十分丰富），但每次听故事照样会害怕得瑟瑟发抖。在他们眼里，恐龙就是魔鬼。他们描述得绘声绘色，具体到了每一个细节。仅凭这些细节，他们永远不能识别真正的恐龙。他们认为我们恐龙只想着怎么杀死新人，似乎我们从一开始就认为新人是地球上最重要的敌人，我们从早到晚的唯一任务是追逐他们。但我回忆往昔时想起的却是我们恐龙遭到的一系列厄运、痛苦和牺牲。新人们讲的恐龙故事同我的亲身经历相差甚远。他们讲的仿佛是同我们毫无关系的第三者。我完全可以不予理会。我听着这些故事，发现以前从没想到我们会给新人留下这种印象。这些故事尽管荒诞不经，但从新人的独特角度来看，有些细节是属实的。我听着他们由于恐怖而编出的故事，想起了我自己感到的恐怖。这两种恐怖在我的脑海中交混。所以，当我得知我们是怎样吓得他们瑟瑟发抖时，我自己也吓得瑟瑟发抖了。

他们轮流讲故事，每人讲一个。他们忽然说："嗳，丑八怪能给咱们讲点什么呢？"转而对我说："你难道没故事可讲吗？你们家从来没跟恐龙打过交道吗？"

"打过交道，可是……"我期期艾艾地说，"那是很久以前的事……唉，你们要知道……"

正好这时，凤尾花——就是我在泉边遇见的那个姑娘——前来给我解围，"你们别麻烦他……他是外地人，对这儿还不习惯，咱们的话讲得还不流利……"

他们终于换了一个话题。我松了口气。

凤尾花和我已经建立起一种推心置腹的关系，但我们之间并没有太亲昵的举动。我从来不敢去碰她。我们谈得很多；唔，说得准确点，是她滔滔不绝地给我讲她的生平。我怕暴露自己，怕她会怀疑我的身份，所以一直吞吞吐吐，欲言又止。凤尾花向我叙述她的梦中所见："昨晚我梦见一条怪吓人的大恐龙，从鼻孔里往外喷火。它走到我跟前，揪住我的后颈把我带走了，想把我活活吃掉。这个梦很可怕，很吓人，但奇怪的是，我却不害怕。怎么跟你说呢？我挺喜欢这条恐龙……"

我应该从她的话里听出许多弦外之音，尤其是明白这一点：凤尾花愿意被恐龙袭击。是时候了，我该去拥抱她了。然而我却想道，新人们想象中的恐龙和我这条恐龙是大不相同的。这个想法打消了我的勇气。我觉得自己跟恐龙更不一样了。就这样，我坐失了良机。平原上的捕鱼季节结束了，凤尾花的哥哥回到家里。姑娘受到了严密看管，我们的交谈次数大大减少了。

她的哥哥叫查亨，一见我就疑心重重。"他是谁？从哪儿来的？"他指着我问其他人。

"他叫丑八怪，是外地人，帮我们扛树枝，"他们告诉他，"怎么啦？他有什么古怪的地方吗？"

"我来问问他，"查亨板着脸说，"喂，你有什么古怪的地方吗？"

我该怎么回答呢，"我？什么也没有……"

"噢，这么说，你认为你不古怪喽？"他笑道。这次到此结束。我料到更坏的事在后头。

这个查亨是村里脾气最暴的一个。他在世界各地转悠过，懂的东西显然比其他人多得多。他听见别人谈起恐龙时，总是露出鄙夷不屑的神情，"纸上谈兵。"他有一次说，"你们是纸上谈兵，我倒想看看，这里真的来条恐龙时，你们会怎样。"

"恐龙很久前就绝迹了。"一个渔夫插嘴说。

"没有多久……"查亨冷冰冰地说，"谁也没说田野上就没有恐龙活动了……

在平原地区，咱们的人日夜轮流放哨，每个人都可信任。他们不让不认识的人待在身边……”他故意朝我瞥了一眼。

没必要跟他捉迷藏了，最好让他把话全说出来。我上前一步问：“你跟我过不去吗？”

“我只对那些不知道生在谁家、来自何处、吃我们的饭、追我们的姐妹的人过不去……”

一个渔夫替我辩护：“丑八怪的饭是靠干活挣来的，他干活很卖力气……”

“他扛得动树枝，我不否认，”查亨固执己见，“但到了需要我们进行殊死斗争保护自己的危险时刻，谁能保证他不干坏事呢？”

大家七嘴八舌地议论开来。奇怪的是，他们从没考虑到我有可能是恐龙。我的唯一罪名是：我跟他们长得不一样，又是外地来的，所以不堪信任。他们之间的分歧在于，如果恐龙重新出现，我的在场会增加多大危险。

“他的嘴脸长得像蜥蜴，我想看他在作战时有多大能耐……”查亨继续用轻蔑的口吻刺激我。

我走到他跟前，指着他的鼻子不客气地说：“你现在就可以看我有多大能耐，如果你敢跟我较量一番的话。”

他没料到这点，朝左右望望。其他人在我们身边围成一圈，没别的法子，只好较量一番了。

我上前一步。他张嘴来咬我，我一扭头闪开，然后飞起一脚把他踹倒在地，他仰天躺着。我扑到他身上。这是错误的一招。许多恐龙就是这么死的：它们以为敌人不能动弹了，不料它们的胸部和腹部却突然受到躺在地上的敌人的利爪和尖齿的致命攻击。仿佛我不知道这种事，没有目睹过这种惨相似的。好在我的尾巴很听话，它使我保持住平衡，没有被查亨掀翻在地。我使出了很大劲，渐渐觉得没有力气了……

这时，一个围观者大喊一声：“加油，恐龙！”我以为他们认出了我。一不做二不休，干脆露出本来面目吧。反正也隐瞒不住了，就让他们像原先那样吓得魂不附体吧。于是我使劲打着查亨，一下，两下，三下……

他们拉开了我们俩。“查亨，我们不是告诉过你吗？丑八怪肌肉发达，跟他是开不得玩笑的！”他们一边哈哈大笑，一边拍着我的肩膀表示祝贺。我原以为面目已暴露，因此不明白这是怎么回事，后来才晓得“恐龙”是他们的口头禅，专门用来鼓励角斗中的双方，意思是：“你更有劲，加油！”他们当时讲这话到底是为了鼓励我还是鼓励查亨也搞不清楚。

从那天起，大家更加看得起我了。查亨也对我佩服得五体投地，老跟着我，看我怎样表现我的力气。应该说，他们对恐龙的看法也有了一些变化，他们好像已经倦于用同一种方式对恐龙作出评价。他们知道时尚已经发生变化。这时，他们若是对村里的某件事看不惯，往往这么说：在恐龙中间这种事是不会发生的，恐龙在许多方面可以起表率作用，恐龙在这种或那种场合的表现（如在私生活中）是无可指责的，如此等等，不一而足。总之，这些谁也说不出所以然的恐龙死后，似乎赢得了新人的赞扬。

有一次我忍不住问他们："别胡扯了，你们知道恐龙是什么样子的吗？"

他们反问道："住嘴，你知道什么？你不是也从来没见过恐龙吗？"

或许该把事实真相和盘托出了。"当然见过，"我大声说，"如果你们爱听，我甚至可以向你们描绘恐龙的模样！"

他们不信，以为我想愚弄他们。他们对恐龙的新看法，在我看来，几乎同老看法一样不能容忍。除了我为自己的同类遭受厄运而深感痛苦外，还因为我作为恐龙家族的一员，了解恐龙的生活。我知道，当时在恐龙中间占统治地位的，是一种狭隘的、充满偏见的、不能与新形势同步前进的思想方法。可我现在发现，新人把我们那个局限的、可以说是枯燥乏味的小世界奉为圭臬！我被迫接受他们的意志，对我的同类表示某种我从来也没有过的神圣的敬意！不过，归根到底，这样做也是可以的：这些新人同鼎盛时期的恐龙有什么区别呢？他们认为待在自己的村子里，筑上堤坝，撒网捕鱼，是万无一失的。他们也变得自尊自大，颉颃傲世了……我开始对他们表现出我一度对自己的环境表现过的同样的冷漠。他们越赞扬恐龙，我就越恨他们，越恨恐龙。

"你知道吗，昨晚我梦见家门口来了一条恐龙，"凤尾花对我说，"一条很威武的恐龙。是恐龙王子，或是恐龙国王。我把自己打扮得漂漂亮亮，头上缠了一条饰带，走到窗前，打算引起恐龙的注意。我朝它鞠了一躬，可它仿佛没瞧见，连看也不看我一眼……"

这个梦向我提供了凤尾花对我有感情的另一个证据。她准把我的胆怯误作可恨的骄傲了。现在回想起来很清楚，当时我只要继续保持那种骄傲态度，故意同她若即若离，我就能完全征服她。但我不是那样，而是被她的剖白深深感动了。我扑通一声跪倒在她脚旁，噙着眼泪说："不，不，凤尾花，你的看法不对，你比任何恐龙都好，好一百倍。在你面前我觉得很渺小……"

凤尾花愣住了，往后退了一步。"你说什么呀？"她没料到这点，茫然不知所措了。她觉得这个场面很不愉快。等我明白过来，已经太晚了。我赶紧克制自己，但我和她之间已经出现了尴尬的气氛。

后来发生了许多情况，我顾不上思考这件事了。几个探子气喘吁吁地跑进村："恐龙回来了！"他们看见，平原上跑来了一群从来没见过的怪兽，按这种速度第二天早晨就能到达这个村子。新人们发出警报。

你们可以想象，我听到这个消息后，心里滋生了一种什么感情。我的同类没有灭绝，我可以重新跟我的兄弟们在一起，恢复原先的生活方式了！然而，在我记忆中重新出现的原先的生活是一系列无数的溃败、逃跑和危险；恢复原先的生活方式只能意味着再受一次煎熬，回到那个我希望业已结束的阶段。我已经在这个村子里取得一种新的宁静，失去这种宁静，我将感到很遗憾。

新人们的想法各不相同。有人害怕，有人希望战胜夙敌。还有人心想，既然恐龙能够活下来，现在还要报仇雪耻，这表明它们是不可抵御的，它们的胜利——即使是一次残酷的胜利——可能会对所有人有好处。换句话说，新人们既想自卫，又想逃跑，既希望消灭敌人，又希望被敌人消灭。这种混乱的思想状态在他们混乱的自卫准备工作中得到了反映。

“等一等！”查亨大声说，“咱们当中，只有一个人能担起指挥的重任！就是咱们当中力气最大的丑八怪！”

“说得对！应该让丑八怪担任指挥！”其他人异口同声地说，“对，对，让丑八怪当司令！”他们都表示愿意听我的命令。

“唔，不，你们怎么能让我，一个外地来的……我没能力……”我推辞道，但我没办法说服他们。

怎么办？当天夜里我通宵未眠。我的恐龙血统要求我逃离村庄，去找我的兄弟。但新人们接纳了我，招待了我，给我以信任。我应该忠于他们，站在他们一边。后来，我觉得恐龙也好，新人也好，都没资格让我效劳。恐龙们若是企图用入侵和杀戮的方式恢复它们的统治，这表明它们没有吸取教训，它们不该活下来。而新人们把指挥权交给我，显然找到了一个最好的计策：把全部责任推到一个外来者身上。打赢了，我是他们的救星。打输了，他们就把我当替罪羊交给敌人，以平息敌人的怒火；或者把我看做叛徒，是我把他们交到敌人手中的，何况这样又可以实现那个说不出口的希望被敌人消灭的意愿。总之，我既不愿为恐龙出力，也不愿为新人卖命。让他们互相残杀吧！我对双方都无所谓。我应该赶快逃走，让他们去混战吧，我不想重蹈覆辙了。

当天夜里，我趁黑溜出村子。我的第一个冲动是，尽量远离战场，回到原先的秘密藏身处。但我的好奇心更强：我想看看自己的同类，想知道谁将获胜。因此，我躲在山顶那几块俯视着河湾的岩石后面，等着天明。

晨光熹微中，地平线上出现了一些以很快的速度行进的影子。我还没看清这些影子，就排除了来者是恐龙的可能性，因为恐龙的动作不会这么笨拙。我终于认出了它们，真叫我啼笑皆非。原来是一群犀牛，最原始的犀牛。它们的躯体硕大，皮肤粗糙，长着坚硬的犀角，动作笨拙，一般不伤人，只吃草。新人们居然把它们当成了曾在地球上称王称霸的恐龙！

这群犀牛发出雷鸣般的吼声飞奔而来，啃食了几丛灌木后，又朝天边跑去了。它们甚至没发现这儿有渔夫。

我跑回村庄。“你们全搞错了！那不是恐龙！”我宣布道，“而是犀牛！已经走了！没有危险了！”为了替自己夜里开小差辩护，我又加上一句：“我出去侦察了一番，以便探明情况向你们汇报！”

“我们不知道它们不是恐龙，”查亨慢悠悠地说，“但我们知道你不是英雄。”他转过身不理我了。

当然，他们很失望：对恐龙大失所望，对我也大失所望。现在，他们讲的恐龙故事全成了笑话，可怕的恐龙在这些笑话中成了可笑的动物。我不想受他们的庸俗想法的影响。我认为，宁愿灭绝，而不愿在一个对我们不利的世界中苟且偷生，这是灵魂高贵的表现。我之所以活了下来，只是为了在那些以庸俗的嘲笑来掩盖自己恐惧的人当中继续以恐龙自居。新人们除了嘲笑和恐惧外，能有什么别的选择呢？

凤尾花又给我讲了一个梦，表明她的态度与其他人不同。“我梦见一条恐龙，模样很可笑，浑身绿油油的。大伙儿取笑它，揪它的尾巴；我却走上前保护它，把它带走，抚慰它。我发现它长相虽然可笑，内心却很伤感，那双黄红色的眼睛不断往外淌眼泪。”

听了这些话，我有什么感触？是讨厌把自己和她梦见的形象等同起来吗？是拒绝接受那种称之为怜悯的感情吗？还是对他们亵渎恐龙的尊严感到无动于衷？我突然产生了骄傲心理，板起面孔冲她说出几句轻蔑的话：“你为什么要用这些越来越稚气的梦来打扰我呢？你梦见的全是庸俗透顶的事！”

凤尾花放声大哭。我耸耸肩走开了。

这事发生在堤坝上。除我们俩外还有另外几个人。渔夫们没听见我们谈什么，但看见了我发脾气和姑娘掉眼泪。

查亨认为有必要干涉。“你以为自己了不起吗？”他恶狠狠地说，“竟敢欺负我妹妹！”

我停下脚步，不做声。他若想打架，我就奉陪。但村里人的习惯近来有了改变，他们对一切事情都采取无所谓态度。渔夫中的一个人尖着嗓子说：“算啦，算啦，恐龙！”我知道，这是最近常用的开玩笑说法，意思是“别这么气势汹汹的”，“别夸大其词”，等等。可我听后却热血沸腾了。

“对，告诉你们吧，我就是恐龙，”我大声说，“一条名副其实的恐龙！你们要是没见过恐龙，那就看看我吧！”

大伙哈哈大笑起来。

“昨天我可真见了一条恐龙，”一个老头说，“它刚从冰天雪地里钻出来。”

周围的人马上不做声了。

老头当时下山回村。解冻了，一条古老的冰川融化了，一具恐龙的骨架露了出来。

这个消息传遍了全村。“看恐龙去！”大家朝山上跑。我跟在他们后面。

穿过一片乱石滩，跨过几根砍倒在地的树干，越过一个布满飞禽尸骨的泥淖后，眼前出现了一道山坳。解脱了霜冻的束缚的岩石，蒙上一层碧绿的苔藓，一具硕大的恐龙骨架横卧在乱石之间：一条长长的颈椎骨，一根弯曲的胸椎，一排长蛇形的尾骨。胸腔弯成弧形，像是一面船帆；大风吹动胸椎上的扁平棘突时，胸腔里仿佛搏动着一颗看不见的心脏。头骨扭向一边，颌骨大张着，似乎在发出最后的一声惊叫。

新人们有说有笑地朝这里跑来。他们看见恐龙的头盖骨时，觉得那个空空的眼窝在瞪着他们。新人们在几步外停下，一句话也讲不出来。过了一会儿，他们转过身往回走，重新有说有笑起来。这时，只要他们当中一个人把目光从恐龙骨架移到正在凝视这副骨架的我的身上，就会发现我和恐龙长得一模一样。但谁也没这样做。这些骨骼，这些利爪，这些杀戮过生灵的四肢，这时讲的是一种谁也不懂的语言，人们除了想起“恐龙”这个与当前的经历毫无联系的模棱两可的名字外，从中得不到任何启示。

我继续望着这副骨架。它是我父亲，我哥哥，我的同类，我自己。我认出来了，这些被啄去肌肉的骨骼是我的四肢，这个嵌在岩石上的凹印是我的身形。这就是我们的已经永远失去的往昔，这就是我们的尊严，我们的过失，我们的毁灭。

如今，新出现的心不在焉的地球占有者，将把这具遗骸的所在地当作名胜古迹，他们将看着命运怎样把“恐龙”这个名字变成一个毫无意义的、念起来含糊不清的单词。我不能听之任之。与恐龙的真正本性有关的一切东西都应该隐藏起来。入夜，当新人们在这具骨架四周睡觉时，我搬走了恐龙的每一根骨头，把它们掩埋好。

早晨，新人们发现骨架无影无踪了，但他们并没有为此过久地担忧。与恐龙有关的众多秘密中又增添了一个秘密。他们马上就把这个秘密逐出了自己的脑海。

但骨架的出现还是在新人的头脑中留下了痕迹。他们回忆恐龙时准会联想到它们的悲惨结局。他们现在讲恐龙故事时，着重表达对我们蒙受的苦难的同情和哀怜。我不知道该对他们的怜悯抱什么态度。有什么可怜悯的呢？我们恐龙得到了充分进化，达到过鼎盛时期，得意洋洋地称王称霸过了很长一段时期。我们的灭绝是一首伟大的终曲，可以与我们的光辉过去相提并论。这些傻瓜懂得什么？每当我听到他们对恐龙表示哀怜时，我都想挖苦他们一番，讲几个杜撰的荒唐故事。反正现在谁也不知道恐龙的真实情况，这个秘密只有我知道。

一群流浪汉在村里停下，其中有一个年轻姑娘。我看见她后大吃一惊：如果我的眼睛没看错，她的血管里不仅流着新人的血，而且还有恐龙的血。她是一个混血儿。她自己知道吗？从她的自若神态判断，她大概不知道。或许她的父母不是恐龙。她的祖父母，或者曾祖父母，甚至是先祖，有可能是恐龙。这位恐龙后裔的性格和举止带有明显的恐龙特征，但谁也没看出来，她自己也没发现。她长得很标致，脸上老挂着笑靥，身后马上就有了一群追求者，其中最喜欢她、追她追得最紧的是查亨。

夏天已经来临，年轻人到河边相聚。“你也去吧！”查亨邀我同行。我们虽然吵了不少次，他倒一直想跟我交朋友，话刚说完，他就围着混血儿打转了。

我走到凤尾花跟前。也许已经到了作出解释、达成谅解的时候。“昨夜你梦见什么了？”我没话找话地问。

她低着头，“我梦见一条恐龙受了伤，在垂死挣扎。低下高贵而美丽的脑袋，感到很痛苦，十分痛苦……我看着它，无法移开自己的视线。我发现，看着它受苦我隐约感到高兴……”

凤尾花的唇边露出一个恶意的笑容。以前我从来没见过她这样。我很想对她说，我不想介入她这种卑劣的、不足称道的感情游戏。我要享受生活，我是一个幸福家族的后裔。我开始围着她跳舞，用尾巴拍打河水，使水花溅在她身上。

“你只会讲这种凄凄惨惨的话！”我用轻佻的语调说，“别说了，来跳舞吧！”

她不理解我，撇了撇嘴。

“你不跟我跳，我就跟别的姑娘跳！”我一边大声说，一边抓住混血姑娘的一条腿，把她从查亨身边拽走了。查亨整个儿沉浸在对她的爱慕中，看着她的离开，开始不明白是怎么回事，后来才突然醒悟过来。他妒忌得勃然大怒，但已经太晚了：我和混血姑娘已经跳进河里，游到对岸，藏进了灌木丛。

我这样做或许只想向凤尾花显示我的真实性格，驳斥人们对我的一贯错误看法；或许出于对查亨的宿怨，故意拒绝他作出的友好表示；或许因为混血姑娘与众不同的但我很熟悉的外形勾起了我的欲望，驱使我同她建立一种直接和自然的关系。我们之间将不会有秘密的想法，我们不必在回忆中生活。

第二天早晨，流浪汉们就将离开这里；所以混血姑娘同意在灌木丛中过夜。我和她一直亲热到拂晓。

在我的四平八稳、很少发生什么事件的生活中，这件事只是一个瞬息即逝的小插曲而已。关于恐龙的真实情况，以及关于恐龙雄踞地球的那个时代的真实情况已经湮没在沉默中。对此，我无可奈何。现在谁也不再谈起恐龙，或许人们已不再相信恐龙曾经存在过。凤尾花也不再梦见恐龙了。

有一次她告诉我："我梦见山洞里有一只动物，是同类中的最后一只。谁也记不得这种动物叫什么名字，所以我就去问它。洞里很黑，我知道它在里面，但看不见它。我心里明白它是什么动物，长的是什么模样，但嘴里讲不出来。我不知道是它在回答我的问题，还是我在回答它的问题……"对我而言，这是一个象征：我们之间终于有了一种爱的谅解。我第一次在泉边停留时就盼着能有这一天。

从那时起我懂得了很多东西，尤其是懂得恐龙通过什么方式取胜。我从前认为，恐龙之所以灭绝，原因在于我的兄弟们宽宏大度地接受了失败。现在我明白了，恐龙灭绝得越彻底，它们的统治范围就扩展得越广，不仅控制着覆盖各大洲的森林，而且能进入留存在地球上的人的思维深处。从久远的、引起恐惧和疑虑的祖辈开始，它们不断伸出颈项，举起利爪，扩大自己的势力范围。后来，它们的躯体在地球上消失了，但它们的名字在各种生物的关系中继续存在，并不断获得新的含义。如今，它们将成为一个只存在于人们思维中的默不作声的佚名物件，但它们将通过新人、新人的下一代及下下一代，获得自己的生存形式，实现自己的理想。

我环顾四周：我作为外来者进入这个村子，而现在我完全可以说，这个村子是我的，凤尾花是我的。当然，这是恐龙的讲话方式。我默默向凤尾花告别，离开这个村子，永远离开了这里。

路上，我看着树木、河流和山脉，可我分不清哪些是恐龙时代就有的，哪些是后来出现的。一些巢穴周围露营着流浪者。我远远认出了混血姑娘，她还是那么讨人喜欢，只是稍稍发了胖。我躲进树林，以免被人们发现。我偷偷看着她。一个刚会用腿走路的小家伙跟在她身后，一边跑一边摇尾巴。我有多久没看见小恐龙了？它发育得十分匀称，浑身充满恐龙的精华，可又完全不知道恐龙这个名字意味着什么。

我在林中空地上等着他，看他玩耍，追蝴蝶，用石头砸开松球取食松子。我走到他跟前。他的确是我的儿子。

他好奇地看着我。"你是谁？"他问。

"谁也不是，"我答道，"你呢？你知道你是谁吗？"

"嘿，真逗！大家都知道，我是一个新人！"他说。

果真不出所料，我想他是会这么回答的。我抚摩着他的脑袋对他说："好样的。"我走了。

越过山谷和平原，来到一个火车站。我上了车，混进旅客群中。

【丹麦】爱华耳特

李小峰 译

两条腿①

大约200万年前，最早的人类开始崛起于地球。在其他动物眼里，这种直立行走、手握利器、与火为伍的动物，显然是一群危险的暴发户。它们对于这种“两条腿”的动物深感恐惧不安而又无可奈何。而人类，作为一个新兴的弱小无力的种族，要在弱肉强食的大地上生存繁衍，需要经历多少痛苦的选择，才能转弱为强？人类祖先的每一步进化，如果出现差错，就不会有今天的人类了。“两条腿”，一路走好！

（一）

雨季过去了，阳光回复他的强力；雨和阳光轮流地来着。时光必然地继续地流过去。

两条腿的家族现在迁到新屋里，比岛上的草屋和苹果树上的住处都要舒服了。

所谓新屋，是石堆中的一个洞，两条腿在一次散步时发现的。暖天极凉快，而冷天是暖的，对于雨是稳当的障蔽，夜间就可用一块大石关住洞口。他铺了皮毛，用苔藓放在地上；他在那里面同他的家族和狗极愉快地住着。

他有许多事情要做，因为家中增加人口了。他现在有三个儿子，他们做事极超拔，食量如狼一般大。他必须处处小心，因为自从那天晚上他用羊骨掷击狮子的头以后，他不但成为百兽之王的仇敌，而且林间的其他动物也大都对他怀疑了。

他们已经知道：两条腿已成为有力的猎夫，一点也不比狮子低下。

两条腿在后洞的后房放着两支长矛，一支小矛，小的是他的长子用的，他已能使用得极精熟了。他们机敏地躺在地上等待猎物，正同林间的狮子及别种猎者一样。狗驱着野兽向他们走来，他们便上前掷矛，将它杀掉。

有一晚，狮子向他的妻子说：“他比我还善于打猎。今天我挑中的一只小鹿，被他用矛打中捉去了。”

---

① 选自《蛮性的遗留·外一种：两条腿》，李小峰译，海南出版社，1994年版。

牝狮问道："你为什么不取为己有呢？"

他答道："我正在草中匍近她去。但是在我能跳上前捕捉她时，两条腿已把她杀死了。他的矛穿通颈子，鹿倒地死了。"

牝狮又问道："那么在他杀死鹿之后，你为什么不把鹿抢过来呢？"

牡狮说道："他的手里还有一支矛。他的小孩也有一支。我不明白矛这种东西。谁被矛击中，没有不倒地而死的。"

牝狮冷笑道："你是怕两条腿啊。他才是百兽之王，不是你。倘使你的儿子像你一样怯懦，我们就算完了。"

牡狮一声不响，两只绿油油的眼睛向前凝视着。

（二）

但是天明的前一刻，他偷偷地走到两条腿的洞前，躲在树丛中，耐心等着搬开挡住石洞的门。这是在东方日出之后不久，他准备跃起。他眼睛一红，便毫不思索，直向第一个走出门来的扑去。那人被他有力的爪扑倒了，带着跃进树丛里。

两条腿听见可怕的叫唤声，连忙赶到洞口。他两手各执一矛站着。狮子看见他所杀害的不是他的仇敌，不过是两条腿的一个儿子，便放开尸体，预备再向前扑来。此刻两条腿从叶丛之间看见他了。两条腿飞过一矛，没有掷中。他于是再掷第二支矛，但是狮子已飞奔而去了。

两条腿同妻子哭哭啼啼地把死的孩子带回洞中。狮子为恐惧所迫，狂奔过林。他所到之处，惊骇的动物都在一旁跌倒。

麻雀报告道："狮子正从两条腿那里逃回来。"

于是这个消息传布全林间了。

乌鸦叫道："两条腿用矛刺伤狮子了。"

小鼠唧唧道："两条腿把牡狮杀了，此刻正在攻打牝狮呢。"

狮子向前奔走着。

他冲过他的洞穴，仿佛他不敢见妻子的面。他直到深夜方才回家去。

牝狮讥笑地问道："你还活着吗？大家都以为你死了。两条腿怎样了？"

狮子怒气冲冲地答道："我杀了他的一个孩子。"

她问道："那有什么好处呢？"

他于是在她耳上打了一拳——她以前从没有被这样地打过——躺下来，两眼绿油油地向前直视着。

但是林中的动物惊愕而且互相耳语道：

"狮子是害怕了……狮子从两条腿那里逃回了。"

牛说道："我不是这样告诉你的吗？我们应当趁早杀掉他的。"

马说道："是呀！只要狮子能听我们的忠告啊！"

鸭、鹅和鸡叹息道："是啊！"

但是猩猩走到一旁思索道："我的堂兄弟并不像我所想象的那么蠢。我真不懂为什么我不去同样地做。我是像他，但是我有许多才能他是没有的；我应该至少能同他一般。"

他拿了一根棍，来试试能否像两条腿一样行走。他尝试成功了，于是要去吓别种动物。他举起棍来，叫着，做出可怕的眼色。但是群兽聚集嘲笑他。狐从他手中抢过棍来，鹿撞他的背，麻雀啄他的头，他们都这样地打趣他，后来他逃走了，躲在浓密的矮林里。

（三）

第二天早晨，动物又有谈话的新资料了。

他们看见两条腿带着尸体走进树林，在尸体上筑起一个大石墩。他的妻子采集最红的花，放在石墩上。

夜莺说道："我从未如此过！有一个死了，就葬在他所死的地方。他对这小孩如此铺张，仿佛他的纪念要永久存在。我甚且不知我的去年活着的孩子现在怎样，更不用说跌出巢来折断颈子的可怜的小东西了。"

牛说道："你看着，还有不幸的事情发生啊！"

不久果然发生了。一星期之后，又遇到一件事使林间的动物比以前加倍发怒。两条腿太太看见一只美丽的风雀停在一棵树上，她说：

"多么艳丽的羽毛啊！倘使我能有一扎戴在发上，我将多么快乐啊！"

两条腿因她丧子的悲痛正要想种种方法去安慰她，因此立刻带着矛出去，不久拿了死的风雀回来了。她拔下毛来，插在头上，以为很美丽；两条腿也这样想。

夜莺说道："这真是太坏了。杀害一只鸟为的是要用羽毛来装饰他的妻子！在你生的日子尽做罢！我横竖是年老且丑了！"

风雀的寡妻被一大队戴孝的陪伴着，急忙地飞到狮子那里。

她说："新动物杀害我的丈夫。我变成寡妇了，留下四个冷蛋。现在替我寻食的是被杀了，我不能留在巢里孵蛋，除非我愿意饿死。因此我离开他们，出外寻些食物。我回巢时，他们是冻死了。我来求你替我复仇。"

狮子说道："叫我怎么办呢？林中不知有多少寡妇啦！就是我自己饿的时候，也不管我所杀害的动物家里有没有妻子和儿女的。"

风雀的寡妻说道："他并非为饿而杀害的。他不过要取一束羽毛献给妻子插在发上。”

狮子说道：“总是他的妻子要求他去干的罢？夫人的命令不是好玩的。”

有几个动物笑了。但是大部分都摇头，以为这是愚蠢的说笑，百兽之王是不该这样的。

（四）

次日，林中的动物只谈些关于两条腿的事：他们对于他各有怨言。

母鸡说：“前日他把我一窠新生的十四个蛋全拿去了。”

水獭说：“河中全没有鱼留下了，谁同他理论就要被打。”

鹿说：“我不再能在草地上平安地啮草了。”

羊忧愁地说：“而且保护我们的是一个也没有。”

忧虑和恐怖虽然弥漫于大而重要的动物中，但是有一种小而下贱的动物并不怎样担心，且还幸灾乐祸呢。

苍蝇问道：“为什么我们要去管他们呢？让那大的动物互相吞食就是了；和我们有什么相干。在我一方面，宁可有两条腿，不愿有夜莺的。”

蜜蜂说道：“谁都不得平安了。他昨天取我的蜜呢。”

蚯蚓说道：“是的。前几天他提了我的亲兄弟去钉在垂在竿头的钩子上了。”

【美国】马克·吐温
曹明伦 译

亚当夏娃日记[1]

人类与一般动物的区别，在于他获得了更高的智慧。这种高智慧保障了人类在生存竞争中的优势地位，促使他有了发达的语言和丰富的内心世界。从以后的情况来看，人类在没有了生存危机之后，似乎过多地把这种高智慧用在了谈情说爱上面。假设（为了叙述方便起见，采用《圣经》的传说），世上最初的男女就叫亚当和夏娃吧，他们安全无忧地生活的那片地方就叫伊甸园，那么，设想一下，当最初的一个男人遇到最初的一个女人，他们会怎样运用自己的高智慧，彼此相识、相处、相亲、相爱呢？换言之，人类的第一场爱情故事将如何展开呢？且听幽默大师马克·吐温提供的证词——

亚当是个朴实、鲁莽、爱冒险的男人，夏娃是个好奇、爱美、聪明、善良的女人。由现代人推想远祖的脾性，也是符合科学原理的，现代人不是继承了远祖的基因吗？所以，亚当和夏娃的恋情有点现代爱情故事的模式，不是完全没道理的。区别在于他们是人类的第一对男女，一切的尝试都是新鲜的，他们命名世界万物，彼此了解对方，寻找男女相处的最初模式……这一切，光想象一下就非常动人，你不妨撇开《圣经》的设计和马克·吐温的构想，在原始的场景中，自创一个人类始祖相亲相爱的故事。

马克·吐温（1835~1910），美国作家、演说家，19世纪后期美国现实主义文学的杰出代表。代表作品：《百万英镑》《哈克贝利·费恩历险记》《汤姆·索亚历险记》。

亚当日记

星期一

这个有着一头长发的新造物真太碍事。它总是在我身边闲荡，或在我身后追逐。我可不喜欢这样；我不习惯有陪伴。我但愿它能同其他动物待在一起……

① 选自马克·吐温小说《亚当夏娃日记》，曹明伦译，安徽文艺出版社，1998年版。本文是节选。

今天是阴天，风自东边吹来；想来我们要挨雨……我们？我从哪儿学来这个词？——想起来了——那个新造物就爱用这个词。

星期六

那新造物吃太多的果子。我们的果子都快要吃完了，差不多快完了。我又用了“我们”——那是它用的词；现在我也用，因为听的次数太多了。今天早上大雾。我自已从不到雾中去，可那新造物去。它什么天气都要出去，用它那双沾满泥的脚笃笃地走，而且还说话。它在这儿通常总是那么快活，那么镇静。

星期一

那个新造物说，它的名字叫夏娃。这没问题，我毫无异议。它说如果我想要它来，就喊那个名字。于是我说，这话纯属多余。那个名字显然引起了我的重视；那确实是一个美妙的大字眼，值得重复。它说它不是它，而是她。这或许倒是个问题：然而，这对我反正都一样；她是什么于我毫无关系，只要她能独自去一边，能不叽叽喳喳地说个不停。

星期二

她告诉我，她是用我身上的一根肋骨做成的。这话若不是瞎诌，至少也令人怀疑。我从来就没有丢失过肋骨……她现在正为秃鹰而感到十分苦恼：她说秃鹰不适宜吃青草，担心她没法饲养它；她认为秃鹰生来就应该吃腐肉。秃鹰必须尽力靠指定的食物活下去。我们不能为了迁就秃鹰而破坏整个秩序。

星期二

她最近常同一条蛇交往。其他动物都为此而高兴。因为她平日老爱拿它们做实验，搅扰它们；我也为此而高兴，因为那蛇会说话，这使我能休息一下。

星期五

她说，那条蛇劝她尝尝那棵树上的果子，并说其结果将是一种伟大的、美妙的、高尚的教育。我告诉她还会有另一种结果——那会把死亡引入这个世界。我犯了一个错误——我本来应该把这一点憋在心里；我的话只能使她产生一个念头——她能拯救那生病的秃鹰，能为那些没精打采的狮子、老虎提供鲜肉。我劝她别靠近那棵树。她说她做不到。我预见到了灾难。我将迁居他乡。

星期三

我经历了一个瞬息万变的时刻。昨晚我骑马出逃，马不停蹄地奔跑了整整一夜。我希望尽快远离那座公园，在灾难降临之前到别的地方躲起来，但我却未能如愿以偿。大约在太阳升起来一个时辰之后，当我策马驰过一片鲜花盛开的平原之时，我看见成千上万的动物正按照它们以往的习惯在那片平原上吃草、酣睡、嬉戏；突然，它们发出一阵暴风雨般的可怕的声音，平原顿时陷入了疯狂的骚乱之中，每一头野兽都在扑杀它邻近的动物。我知道那是怎么回事——夏娃已经吃了那棵树上的苹果，死亡已经来到了这个世界……老虎吃掉了我的马，我命令它们停止它们也不理会，假若我继续待在那儿，它们也会吃掉我——我没有久留，而是尽快离开了那里……我发现了这个地方，这个公园之外的地方，并在这过了几天舒舒服服的日子，可她又找到了我。她找到了我，并把这个地方命名为托纳瓦达——她说这地方看起来就像是托纳瓦达。事实上，她的到来并不使我感到难过，因为这地方只有些动物采摘之后剩下来的半生不熟的果子，而她却带来了那棵树上的一些苹果，我不得不吃那些苹果，因为我饿极了。这违背了我的原则，但我发现，当一个人食不果腹之时，原则于他并无真正的效力……她来时腰间围着一圈枝叶，当我问她这样做是什么意思，并扯下了那些枝叶抛到地上时，她嗤嗤偷笑，脸也红了。我以前从来没看见过人嗤笑，脸红，我觉得那似乎傻里傻气，极不体面。她说，我自己很快就会知道那是怎么回事。她说对了。尽管我还饿着肚子，但我仍然放下了手中刚啃了一半的苹果（就那么晚的季节而论，那肯定是我所见过的最大的苹果），捡起刚才被我扔下的枝叶把自己遮了起来，然后用严肃的口吻对她讲话，命令她去弄更多的枝叶，别让身子那么裸露无遗。她照我的话去做了，随后我俩蹑手蹑脚地来到野兽厮斗过的地方，剥下了一些兽皮。我用兽皮给她做了两件适合在公共场合遮体的衣服。那衣服穿起来极不舒服，这一点儿不假，但却很时髦，这是做衣服时需要首先考虑的一点……我发现她是一个绝妙的伴侣。我终于领悟，既然我已经失去了自己的领地，没有她在身边我将会感到孤独，感到沮丧。还有一件事，她说我们今后得靠劳动为生。她将帮助我，我将管辖她。

夏娃日记

星期六[①]

我来到这个世界上差不多已有一天了。我是昨天来的。我觉得好像是昨天来的，而且也应该是昨天来的。因为如果在昨天之前还有过一天的话，那我当时肯定不在这儿，不然我是应该记得的。当然，昨天之前也许真的有过一天，只是我没注意罢了。好吧，从现在起我将留心，如果有任何昨天之前的一天发生，我将把它记录下来。最好是一开始就记录准确，避免混乱，因为有一种本能告诉我，这些详细的记录有朝一日对历史学家将会非常重要。因为我觉得自己好像是一种实验，我觉得自己确是一种实验；不可能有人比我更觉得自己是一种实验，于是我渐渐确信自己就是一种实验；只是一种实验，此外什么也不是。

如果我就是一种实验，那我就是这实验的全部吗？不，我认为不是：我认为

① 据《圣经旧约·创世记》第一章记载：上帝创造世界共用了六日，第一日造昼夜，第二日造天空，第三日造海洋陆地并造生长于陆地的草木果树，第四日造日月星辰，第五日造水中鱼天上鸟，第六日造昆虫走兽并依照自己的形象造人。

其他的一切也是这实验的一部分，我在这场实验中居主要地位，但我认为其他的一切也都具有相应的地位。那么，我的地位到底是已经确定，还是需要我小心保持呢？恐怕应该是后者。本能告诉我，永远谨慎乃是无价之宝。（我想，于我这样的年轻人，这是一句有益的格言。）

今天的一切都显得比昨天的好。由于昨天在匆忙间赶成，山峰丘陵都显得凌杂错乱，有些平原也被垃圾废物弄得乱七八糟，样子极不雅观。

高贵而美丽的艺术品是不应该在匆忙中被造就的：而这个庄严的世界就的确是一件最高贵、最美丽的艺术品。虽然它在极短的时间内被创造，但它却令人不可思议地近乎于完美。有些地方的星星多了一点儿，有些地方则少了一些，不过这种瑕疵很快就可以得到补救，这一点是毫无疑问的。昨天晚上月亮松动，下滑，掉到图案外边去了——这是一个极大的损失，想起来就令我心碎。在所有的装饰品中，没有哪一样能比月亮更漂亮、更精美。它本来应该被系得紧一些。要是我们能把月亮找回来就好了……

但谁也不知道月亮掉在了什么地方。再说，谁拾到它都会把它藏起来；我之所以知道这一点是因为我自己就会那样做。我相信我在其他事情上都会很诚实，但我已经开始意识到，我的天性是爱美的，我的心灵深处有一种对美的渴求，所以，如果月亮属于别人，而那个人又不知道是我拾得了它，那我的诚实就不一定靠得住了。假若我是在白天拾到月亮，我会把它交出去。因为我怕有人看见；但倘若我是在夜里拾到它，那我肯定会找出这样或那样的借口使自己守口如瓶。因为我实在很爱月亮，它们是那么美丽，那么富有浪漫色彩。我恨不得我们有五个或者六个月亮；如果真是那样的话，我将永远不去睡觉，我将永远不知疲倦地躺在覆盖着苔藓的水岸边仰望着它们。

星星也很美。我真想弄几颗来戴在头上。但我想我办不到。你若是知道那些星星离我们有多远，你肯定会大吃一惊，因为它们看起来似乎并没有那么远。昨天晚上，当它们开始出现时，我想用树枝敲落几颗，可树枝居然够不着，这使我极为惊讶；接着我又掷土块去打，结果累得我精疲力竭也没能打下一颗。那是因为我惯用左手，而且我掷土块也掷得不好。即使我瞄准一颗我并不想要的星星，我也打不中另外的一颗，尽管有时候我也差点儿打中，因为有那么四五十次，我看见黑色的土块直端端射向那金灿灿的星群，但结果都刚刚错过。如果我能再坚持一会儿，我或许能得到一颗。

我因此稍稍哭了一阵，我认为，对于我这种年龄的人，哭是自然而然的事。稍事休息之后，我挎上一只篮子，朝着星星离地面最近的天边走去，在天边我可以用手摘星星，这比用树枝打、用土块掷更好，因为我可以小心翼翼地摘，不会把它们弄破。可天边却比我想象的要远得多，最后我不得不放弃了这一计划：我累得连一步也走不动了，两只脚也又酸又疼。

我没法走回家去；路太遥远，而且天气也变得寒冷；但我却发现了几只老虎，跻身于它们中间我觉得非常舒服。它们的呼吸甜蜜芬芳，令人愉快，因为它们以草莓为生。我以前从未见过老虎，但一看见它们身上的斑纹我就认出了它们。要是我能有一张它们那样的斑皮，我将做一件漂亮的大衣。

今天我对距离这一概念有了更清楚的认识。我是那么渴望得到每一样美丽的东西，以至于我常常心旷神怡地伸手去抓它们。有时所抓的东西离我很远，而有时所抓的东西看起来离我一英尺实际上离我六英寸——天哪，中间还隔着荆棘！我得到了一次教训，我也发现了一个原理，这完全是自己想出来的——我发现的第一个原理：被荆棘划伤的实验躲避荆棘。我想，这个原理对年轻人不无好处。

昨天下午，我远远地跟在另一个实验的身后，想尽可能地看出它究竟是干什么的。但我没能看出来。我想它是个男人。我从来没见过男人，可它看起来就像是个男人，而我也确切地感觉到它是个男人。我意识到，我对它比对别的任何爬虫都更好奇。它是不是爬虫呢，我想是的；因为它有蓬乱的毛发和蓝色的眼睛，看起来就像是爬虫。它没有后臀，身体像胡萝卜一样是圆锥形：它站立的时候，身体展开像一架动臂起重机；所以我认为它是一个爬虫，虽然它说不定是一座建筑。

开始我有点儿怕它，每当它一回头，我便转身跑开，因为我以为它会来追我；但我慢慢发现它只不过是想避开我，于是我再也不怕它了，而是在它身后二十码远的地方几个时辰几个时辰地紧追不舍，弄得它非常紧张，极不快活。最后它终于狼狈不堪地爬上了一棵树。等了许久也不见它下来，只好将它放弃，自己回家去了。

今天又发生了同样的事。我又把它追到树上去了。

星期日

它还在树上。分明是在休息。可那是一个诡计：星期日并非休息的日子；星期六才是指定的休息日。在我看来，它对休息比对其他任何事情都更感兴趣。要叫我休息那么久，我一定会累得要死。就这么坐在地上抬头望树就使我感到疲倦。我真想知道它有什么用处，因为我从来没看见它做任何事情。

昨天晚上，他们把月亮还回来了，我真高兴！我认为那些人很诚实。月亮又滑落了，但这用不着焦虑，因为我有那么好的邻居，他们会把它送回来的。我真想做点什么来表示我的谢意。我想送他们一些星星，因为我们的星星绰绰有余。我的意思是说我的星星绰绰有余，不是说我们的，我看得出，那个爬虫绝不会在乎这种事情。

它情趣低下，而且极不仁慈。昨天傍晚我到那里去的时候，它已爬下树来，正试图去捉在池中嬉游的小斑鱼，我不得不朝它掷土块，逼它重新回到树上，让小斑鱼得到安宁。我真想知道，莫非这就是它的用处？它难道没有心肠？它难道对这些小生物毫无怜悯之情？从表面上看，它的确如此。一块泥团打在它的耳朵后边，它竟开口说出话来。这使我大吃一惊，因为除了我自己之外，我这是第一次听见有人说话。我听不懂它的话，但那些话听起来像是富有意义。

发现它会说话，我对它产生了一种新的兴趣，因为我喜欢说话，整天自言自语，连睡觉也不闭嘴。我很有说话的兴趣，但如果有另一个人和我说话，那我说话的兴趣将会倍增，只要我愿意，我可以永远说个不停。

倘若这个爬虫是个男人，那就不能称之为它，因为那种称谓不合文法。我认为应该称它为他。我想应该如此。假如真是这样，那称谓就应该区别如下：主格为he，宾格为him，所有格为his。好吧，我将把它看做男人并称之为“他”，直到证明出它是别的什么东西。这样总比让许多事情悬而不决要方便一些。

次星期日

整整一个星期我一直紧跟在他身后，试图与他相识。我不得不主动开口说话，因为他很害羞，不过我对此并不在意。他似乎喜欢和我待在一起，而我则反复使用“我们”这一便于交际的字眼，谈话中把他包括在内，他好像因此而十分得意。

星期三

现在我们相处得很好，彼此间也越来越熟悉。他不再躲避我，这是个好兆头，说明他喜欢有我做伴。我为此而高兴，同时我学着在我力所能及的范围内给他以帮助，以增加他对我的重视。最近一两天，我替他做了给所有事物命名的工作，这对他来说真可谓如释重负，因为在这种事情上他毫无天赋。显而易见，他对我是万分感谢的。他简直想不出一个合适的名称来掩饰他的难堪，但我从来不让他看出我知道他的弱点。每当一个新东西出现在我们眼前，我不待他有难堪的工夫就抢先给那东西取出了名称。这样就避免了他的窘迫不安。我可没有他那种弱点。我一看见什么动物马上就知道它是什么。我用不着多想，正确的名称就会闪过我的脑际，仿佛是一种灵感，毫无疑问，那就是灵感，因为我敢肯定，半分钟之前我脑子里绝对没有那个名称。我似乎只需要看一看动物的形体和它行动的模样，便可知道它是什么动物。

当渡渡鸟从我们身边走过，他以为那是一只野猫——我从他的眼神里看出了他的判断。但我没让他当面出丑，我做得非常巧妙，以免伤了他的自尊。我只是用一种欣喜、惊诧而又极其自然的口吻，仿佛我并不是在传递什么信息，我说：“啊，这就怪了！那难道不是一只渡渡鸟！”我解释我为何知道那是渡渡鸟，但却不露出我是在解释的样子。不难看出，他对我非常钦佩，尽管我认为他也许会因为我知道那是渡渡鸟而他却不知道而有点儿怄气。这种事非常令人适意，睡觉之前，我不止一次地、心满意足地回想着这件事。只要我们觉得事情是通过自己的努力做成的，哪怕是一件极其细微的小事也会使我们感到幸福。

星期四

我第一次感到了悲哀，昨天他避开了我，看样子是不愿意我同他说话。我不相信这是他的本意，我认为肯定有什么误会，因为我喜欢和他在一起，喜欢听他说话。既然如此，我又没得罪他，他怎么能这样无情无义地对待我呢？但事情似乎真是那样，于是我离开了他，跑到我们初次相遇的地方，孤零零地坐在那里。就是那个早上，我们一起在那里被创造，当时我不知道他是什么，对他满不在乎；可现在，那里成了我的伤心之地，所有的小东西都勾起我对他的回忆，我心里充满了痛苦。我不太清楚那是为什么，因为那是一种新的感情，一种我以前从未体验过的感情，一种神秘的、我了解不透的感情。

但当夜晚来临，我耐不住那种孤寂，便跑到他新造的藏身之处，想问他我到底做错了什么事，我应该怎样改正才能重新获得他的友情；可他却把我推到屋外的雨中。这是我的第一次悲哀。

星期日

现在又快乐了，我感到很幸福；但过去的那些天是很沉郁的日子，我将竭力不再去回想那些日子。

我很想给他弄些那棵树上的苹果，但我学不会笔直的投法。我失败了，但我认为我的好意使他感到高兴。那是禁果，他说我将因此而遭到不幸。可是，我因为要讨得他的欢心而遭受不幸，那不幸又有什么可怕的呢？

堕落之后

当我回首往事，伊甸园于我就好像一个梦。那是一个美丽的梦，美得超凡绝伦，美得令人销魂；可现在，梦境已经消失，我再也不会看见它了。

伊甸园虽然失去，但我却寻到了他，这我就心满意足了。他尽心尽意地爱我，我也以我多情的天性和全部的力量爱他，我想，这种爱是适合我这样的年轻女孩子的。假若我问自己为什么爱他，我发现我并不知道，而且也不大想去知道；所以，我认为这种爱并不是用推理或统计可以说清楚的，这种爱不同于一个人对其他动物的爱。我认为事情肯定是这样的。我爱一些鸟是因为它们会唱歌；但我爱亚当却并非是因为他的歌声——不，不是因为他的歌声；其实，他越唱歌，我越不自在。但我却请求他唱，因为我希望能学会喜欢他感兴趣的事。我敢肯定我能学会，因为他开初唱歌时，我简直受不了，但现在我习惯了。他使牛奶变酸，但那有什么关系呢？我可以渐渐习惯喝那种酸牛奶。

我爱他并不是因为他聪明——不，不是因为他聪明。其实，他聪明与否都不能怪他，因为他的聪明不是由他自己创造的，而是像他本身一样是由上帝创造的，这就够了。我知道，这里边有聪明的意旨，到时候便会开启发展，但我认为不会突然开窍；再说，也没必要着急，他现在这样就够好了。

我爱他并不是因为他的和蔼、他的体贴、他的周到。不，不是因为这些。其实，在这些方面他都很欠缺。然而，即便如此他也已经够好了，而且他还正在不断改进。

我爱他并不是因为他吃苦耐劳——不，不是因为他吃苦耐劳。我认为他身上具有这种优点，但我不知道他为什么要对我掩饰。这是我唯一的痛苦。在其他方面他对我都很坦诚。我敢肯定，除了他的吃苦耐劳，他什么也没瞒着我。但他毕竟有一个秘密瞒住我，这使我忧伤，有时竟使我夜不能寐，整夜想着这件事，但我将把这种不愉快驱出我的脑子，不让它来搅扰我这颗充满幸福的心灵。

我爱他并不是因为他的殷勤温柔——不，不是因为这个，他使我精神疲惫，身体衰弱，但我不怪他；我认为这是一种性别的特征，而他的性别并不是他自己造成的。当然，我不会让他疲惫，让他衰弱，我会先死去；但这也是一种性的特征，我不将此归功于自己，因为我的性别也不是我自己造成的。

那么，我为什么爱他呢？我想，仅仅因为他是个男人。

他待我很好，我因此而爱他，但倘若不是如此，我也会爱他。假若他打我骂我，我也一定会继续爱他。我知道自己会这样。我想，这完全是一种性别上的关系。

他强壮而英俊，我因此而爱他，我赞慕他的强壮，为他的英俊而骄傲，但即使他不强壮不英俊我也会爱他。即使他相貌平平，我也会爱他；即使他身体残废，我也会爱他；而且我将为他劳苦，为他服役，为他祈祷，还要终日守候在他床前，直到我死去。

是的，我认为我爱他仅仅是因为他属于我，仅仅因为他是男人，此外再没有别的什么原因了。所以，我想正如我前面所说：这种爱并不是用推理或统计可以说清楚的。只是它产生了——谁也不知道它从何而来——却不能解释，而且也无须解释。

以上便是我思索的结果。但我还只是女孩子，又是第一个研究爱情的人，也许有朝一日人们会发现，由于我的无知无识，我所思索的结果并不正确。

四十年后

唯愿我俩能一同告别这个世界，这便是我的祈祷，这便是我的企盼——这种企盼永远不会从这个世界上消失，直到世界的末日它也会存在于每一个钟情妻子的心中，而且将被冠以我的名字。

但倘若我俩必须有一人先去，那我就祈求让我先去；因为他是强者，我是弱者，我对于他，并不像他对于我那样必不可少——人生若没有他，那就算不得人生了：我怎么能忍受那样的人生呢？这种祈求也永远不会消失，当我的后代繁衍生息之时，这种祈求将不会停止。我是世界上第一个妻子，世上最后一个妻子将把我重复。

在夏娃墓畔

亚当：她在哪儿，哪儿就是伊甸乐园。

【德国】利普斯
汪宁生 译

友好的大地①

别以为人类是凭着自身的聪明生存到今天的，天空的星辰那么多，随便把人抛到哪个星球上去，也没有活下来的可能。人类和所有动物一样，之所以获得生存的机会，是因为我们有幸生活在地球上，因为我们拥有一片广袤富饶的“友好的大地”。“人类从其开始，就依赖大地所赐予的礼物而生存。”而且，至今也不例外！无论人类科技多么发达，也没有能力再造一个地球。对于地球这个生命的庇护所，我们应当心怀感恩之情，并倍加珍惜。

那么，让我们拿出一点耐心，听一听“经济的故事”：最初，大地上生长什么，人类就获得什么。最早的人类是靠采集大地上的果实和猎杀动物为生，可称作“采集者”和“狩猎者”，他们追逐着食物，四处流浪，与其他的动物没多大区别。后来，某一片土地丰饶得足够让他们定居下来，他们学会了贮藏和加工食物，有了最早的家，他们变成了“收获者”。然后，人的智慧的作用开始显露出来，人学会了不能一味向大自然索取，开始了播种和畜牧，成为“播种者”和“耕耘者”，用有意识的劳动向大地付出，大地则友好地回馈给人类生存发展的机会。人的“劳动者”特性使他在动物界卓尔不群，人类由此进入农业文明时代，一个人类主动与大地唇齿相依的时代。

人类从其开始，就依赖大地所赐予的礼物而生存。我们今天的基本食物——面包、肉、鱼、水果和蔬菜，同样是最早在地球上游荡的人类赖以生存的东西。即使在此“原子时代”，我们也不曾创造出神仙的美酒或哲学的药丸，可以作为这些基本食物的替代品。今天和古代唯一不同的是世界已经收缩，现在较之以往更加世界一体化。

今天，干旱毁灭了阿根廷、加拿大的小麦和缅甸、泰国的稻米收成，产牛国

① 选自利普斯《事物的起源》，汪宁生译，敦煌文艺出版社，2000年版。

家的肉类减产，这时饥饿便统治全球，这一点和原始人并无不同。每当野牛群离开草原，加拿大印第安人的驯鹿没有出现，埃及尼罗河的水未曾泛滥，东非畜群为刺舌蝇所困扰，西伯利亚的驯鹿退向最远的北方，非洲布须曼人野生甜瓜因炎热而死，澳大利亚野生植物大叶苹[1]和“本雅—本雅”[2]的籽实为火烧毁，这些都会使原始人那更小的世界受到饥饿的折磨。

我们虽然通过从土壤中榨取更多食物，为地球上人口增长创造了前提，而在原则上我们取得食物的方法仍以祖先的实践为基础。我们和他们一样，仍然依靠来自植物界和动物界的产品。今天和几千年前一样，耕种是养活我们的基本条件，而且原始的祖先和我们现代人都不能克服气候的危害。

所有动物和植物的生长，在很大程度上依赖于气候，人类一切生活方式的形成也间接受气候的影响，故人类为了适应他们生活于其中的气候，曾被迫调节其习惯、所有物和一切物质需要。与此相适应的，动物界成员们也不得不改变身体上的器官和机能，以适合喜怒无常的气候。

7.5万年前创造石器时代历史的种族——尼安德特人，面临着大概是最为严重的气候变迁和随之而来的动植物界大变迁。这个非常古老和有才能的种族，能随着环境改变而成功地改变其经济和文化，以此来应付气候的巨大变迁。尼安德特人没有发展出农业和植物栽培的知识，但可能正是由于他们在这方面的无知，才能在连续变化的条件下保存下来。无论大自然给予他们什么东西，他们都能赖以生存。

这种旧石器时代人类经济形式的特点是一群人的集体狩猎。他们以犀牛、猛犸、鹿、欧洲野牛、多毛犀和洞熊的肉，作为浆果、籽实等植物性食品的补充。这些早期人类留下的狩猎工具和武器表明，单独猎人若无他人合作是不可能杀死任何巨兽的，因此必然要集体狩猎。这一经济形式决定了集团组织是个人能够生存的前提条件。整个集团合作的另外原因是，一个猎物的肉的数量远远超过个体家庭的需要，足够在家庭圈子以外分配。这种社会习俗决不是为了人道主义，“大家平分”出之于经济的需要。猎物大家平分有很大的好处，某个集团狩猎运气不好，人们仍能从其他集团所获中分得东西。这种类型的社会又以其赶围野兽的知识，发展出第一个机器人——最早的动物捕机。

这种经济形式无疑是人类所有经济形式中最古老的一种，今天并未灭绝，现代原始部落仍在实行，这些部落我们称之为狩猎者和采集者。

他们遍布全球，处于各种不同的地理条件下。最显著的特征是由于缺乏食物

---

① 大叶苹（nardoo），澳洲植物，学名为marsilea nacropsu。——译者。

② “本雅—本雅”（Bunya-bunya），澳洲一种松柏科植物，树干极高，俗称猴愁树，学名为Araucarid-bidwillii。——译者。

而导致生活的不固定；为了生存，一个小的集团亦必须开拓大片领土，这使他们不得不连续地迁徙。

在此社会发展早期阶段，劳动分工已有发展，妇女主要采集植物性产品，如水果、籽实、根和球根，男子则提供肉和鱼。妇女敲碎土壤挖取植物球根和块茎的工具是简单的掘土棒，通常只是一根有尖的树枝。男子狩猎工具是矛和棒，有时也用弓箭。

他们使用原始工具的技术使目睹者大为惊讶。正如探险者塞韦尔特（P.J.Seiwert）所说喀麦隆俾格米人的一个部落——巴吉利人那样，他们的感觉和行动都像“森林中的主人”。尽管身材矮小，却无畏地攻击黑猩猩、大猩猩、豹子和野牛，甚至还有巨象。令人感兴趣的是这位作者描写巴吉利人猎象方法，和冰川时期猎取猛犸有类似之处：

> 他们先用象粪涂身，掩盖人的气味，以便接近动物时不被发觉。他们匍匐缓行，到达动物身边，突然用力把一根毒矛刺入象身下部柔软部位，象随即倒地，然后他们用锋利的大镰刀宰割象身，使象流血至死。

这是早期人类克服原始装备的不完善条件而采取的聪明方法之一例。在开发有用的植物食品资源时，他们同样富有创造性。一个地方资源枯竭，立即在别的地方安身，有时将几平方英里的地区全部开拓。采集之物随着季节变化而不同。布须曼人在干季用钉耙采集卡拉哈里沙漠贫瘠土地中的甜瓜，使他们没有水也能活得下去。

这些从事狩猎和采集的部落建立了很好的传统，决不是看见东西就拿。他们仔细地区别有用植物和无用植物，将后者从食物中排除出去。对他们来说，发现一种新植物就是一项伟大的发明。

我们即使把狩猎和采集当作最古老的经济形式，也不意味着这种生活方式就是“开始”。他们许多技术和关于武器、工具、捕机、狩猎方法和熟食的知识，证明已经过了长时期的发展。在此以前人类的智力，已使人超越于动物之上，动物被迫使自己身体适应于食物的天然状态，而人类却发现一种方法使所发现的食物更适合自己的体质。他借助于火把粗糙之物变为可食之物，使食物有味道和易于消化。

人类如何从最早的攫取经济进化到农业和畜牧业的发展阶段，是古代和近代科学上最有吸引力的问题之一。

民族学材料清楚地表明，在狩猎者和采集者之意识中，并不存在从事农业的思想准备。思想准备中最重要的因素是要能等待收获植物果实。

一个白人传教士企图使非洲的狩猎采集部落瓦西喀利人接受基督教和从事

农业，受到他们这样的责问："难道猴子会饿死吗？我们了解森林和水道，我们从一个地方迁到另一个地方，是神要我们这样的。我们决不用锄头耕地，因为神禁止我们这样做。"听了这番话，谁还能不恍然大悟呢？

吕宋的尼格利陀人有时被劝说试作一点种植之事，据万劳维堡（M.Vanoverbergh）说，他们"总是不想束缚在固定土地上"。"时常在种植物结实以前，他们已远走高飞，到森林其他地区去了。"

狩猎者和采集者不能发明或发展农业的一个最佳例证是比属刚果俾格米人的古老传说。这些俾格米人以自己的勇敢和自由而骄傲，认为自己胜过从事农业的尼格罗人。他们虽然生活于尼格罗人之中却未曾采用其经济方式。谢贝斯塔（P.P.Schebesta）记述他们为什么有权从尼格罗人种植园中采摘香蕉的传说如下：

> 一个俾格米人在森林中游荡，有一天来到黑猩猩的"村庄"，同行者还有一个尼格罗人。他们生平第一次看到一片香蕉林，结满了金黄色的香蕉。他们以为有毒，不敢吃，然而尼格罗人却怂恿俾格米人尝尝它的味道如何。最后，俾格米人吃了些，发现味道是可口的。尽管这样，尼格罗人还是不敢吃。到黄昏他们睡觉时，尼格罗人相信他的同伴夜间必将中毒而死。次晨他看到俾格米人还活着，非常惊讶。这时他自己才敢吃这种新的水果，他也发现味道很好。两人都想设法把香蕉在他们家的附近种植起来。俾格米人拿了一些果实，而尼格罗人拿了一些嫩芽，俾格米人嘲笑尼格罗人"愚蠢"。两人回家了，矮小的俾格米人把果实种在田野中，尼格罗人把嫩芽栽种在种植地里。俾格米人徒劳地等待香蕉成长，香蕉烂在土壤中了。而几个月以后他到尼格罗人村庄发现了一片美丽的香蕉树，结满果实，使他大为惊奇。但他向尼格罗人指出：自己不是一个种植者，从事狩猎要好得多。他劝告尼格罗人继续种植香蕉，他有时要进来取一份。从那时起，贝姆布蒂（当指俾格米人——译者）就宣布有权在尼格罗人种植园中采集香蕉，因为俾格米人是这种水果的发现者，尼格罗人是从他们那里学会吃这种水果的。

什么样的民族集团才具有思想上和实际上的一切前提条件，使他们可以成为农业的发明者呢？

这样的民族集团是存在的，他们的经济类型在一切方面都能补足采集、狩猎和生产经济之间的缺环，我们把他们称为"收获者"。他们依靠收获一种或几种野生植物，作为全年的食物。他们既不从事畜牧，也不从事农业，把全部经济体系建立在收获而不是采集野生植物的基础之上。

收获者部落曾经生活或今天仍然生活在世界的五大洲。从旧石器时代晚期到新石器时代开始时期的经济，就以收获野生果实或谷物为基础。

希罗多德（Herodotos）报导，埃及人大量收获莲花百合，晒干后磨成粉，用来焙制面包。据他描述，其根很甜，大如苹果。柯茨（Kotschy）报导，科尔多瓦地区收获野生稻谷来焙制面包。

亚洲古代驯鹿部落在其养鹿以前可能是捕鱼者和收获者。收获野生的葱类和蒜类在今天北极大部分地区居住着的楚克奇人、雅库特人、通古斯人生活之中，仍然起着重要的作用。特别是楚克奇人，收集一种马齿苋科植物（Claytonia acutifolia willd）的根部和心部腌泡起来，可以吃一年，直到下一个收获季节为止。玻利尼西亚人若无面包树和野生的椰子树，即不能在珊瑚礁上生存。

南美查科地区则收获长角豆（algaroba）和一种名叫“图斯卡”的植物。阿劳卡人和古代秘鲁人收获野生的马铃薯。秘鲁哈什伯格（Harshberger）地方收集到的史前遗物中，发现了野生马铃薯小的块茎，直径约三厘米，很像今天墨西哥某些山区生长的野生马铃薯。

北美收获者最重要食物是野生稻谷、矮松子实和橡子。此外，还有豆荚、仙人掌根、芦苇根和许多野生子实，作为补充物和代替品。中部加利福尼亚之东的部落，主要依靠橡子和矮松为生。

北美大湖地区收获经济的重要产品是野生稻谷和野生燕麦。早在1683年，神父亨尼平（Hennepin）报导说：“湖中不经过任何耕种，生长着丰富的燕麦。”

根据传说，野生稻谷是“伟大的神灵为了使印第安人健壮而准备的”。后来，许多河流、湖泊和村庄，便以野生稻谷命名。在齐佩瓦人语言中，八月的意思是“收获野生稻谷之月”。

收获地成为部落和社会活动之中心。生活有了保障，使部落成员增多，比起狩猎者和采集者来，收获者的公社要大得多。温尼巴戈人每个居留地都有300人。新几内亚瓦卡蒂米人和奥布图斯人每个公社由1000人组成，都是以西谷椰为生的。在美洲，野生稻谷地曾是苏人和阿尔衮琴人分布之中心。玻利尼西亚多次种族迁徙均与面包树有关。

只有这些不从事耕作却和农业部落同样收获的人，才能看做是农业的发明者。此外，收获者经济又为畜牧业的发明创造了前提。狩猎者和采集者不时为需要所烦扰，对捕得的动物不可能有友好的态度，他们为了生存不得不杀死眼前的任何东西。而收获者的生活有收获来的果实作为保障，他们能以友好的态度来对待野生动物。

收获文化的民族为农业和畜牧业的发展提供了前提条件，农业和畜牧业的技术可能就是从这种进步的攫取经济中发展而来的。在地球上所有适合的地区，这种经济在其历史发展过程中完善起来，最后和发达文化的特征——犁耕结合在一起。农业发明的确切地点，今天尚难决定，然而许多迹象表明，亚洲南部和中部具备导致农业发明的有利条件。

我们已从早期新石器文化中获得一些关于农业存在的证据，故能将农业最早发展年代上溯到大约公元前5000年。科学家海涅·革尔登[①]和门金[②]，把所谓"圆柱形锄文化"定为新石器时代最古老的农业生产经济，这种文化遍及全球，其最早分布地点据推想是在亚洲中部以南，可能是在中国。圆柱形的锄就是横断面成圆形的石斧，有着锋利的刃和圆形或圆锥形的柄，这种文化即以此而得名。

"圆柱形锄文化"的农业经济虽然因地而异，总是常常和猪的培育和饲养联系在一起。这意味着只要可能便将野猪活捉加以饲养，常常是把它们关在栅栏中，直到需要吃它为止。这就是为什么很多发掘地点中发现的野猪骨多于家猪的缘故。

关于人类种植最早植物类型是灌木、鳞茎、块茎或树，是不能确定的。沃斯（W.Werth）认为，在南亚香蕉是最早栽培的植物。根据布龙敦（G.Brunton）的意见，最古的栽培植物是红小麦（emmer），公元前5000年前埃及农业中已有之。史前遗物的发现，对确定鳞茎和灌木最早栽培年代是没有帮助的，却可为最早栽培的谷物提供可靠的证据。关于栽培谷物的穗的图形已有发现，其年代上溯到新石器时代早期。苏联外里海的安诺的发掘证明，公元前4500年已知大麦的种植。瑞士新石器时代的"湖居文化"种植的植物有矮小麦、红小麦、一种谷类、两种大麦和一种小米。他们还种植了豌豆、扁豆、亚麻、罂粟籽和一种嫁接的苹果树。

毫无疑问，农业的发明是妇女对人类财富的最大贡献之一。在攫取经济中，经常关心以植物产品供应家庭的是妇女，因此妇女可以把种植这项伟大的发明付诸实现。当然，男子的狩猎活动并不因农业的发明而停止，他们像过去一样继续狩猎，尽管部落主要给养已靠种出的植物来提供。

清除耕地，开始栽种，确定何处作为耕地，时常是举行庆祝活动的机会，因为全村居民都是积极参加农业劳动的。

例如，巽他群岛的西弗洛勒斯岛（Western Floves）的纳达人，确定耕地决不冒险从事，他们用一根称为"梯波"的竹子进行占卜。竹子放在火上烧出裂纹，裂纹大小和方向"告诉"他们应该做什么事。他们对"梯波"这样说："'梯波'！我们想开一块新耕地，假如通往耕地的道路有什么不吉，或耕地有什么危险，请在您的右上方出现裂纹。"假如回答是令人满意的，就要立即开始工作。

当一个锄耕文化的部落决定了新耕地，每人都要唱歌跳舞来庆祝，这时常在

① 海涅·革尔登（Robert Heine-Geldem，1885～？），奥地利人类学家和考古学家，专门研究东南亚和太平洋地区的史前考古和民族学，著有《太平洋地区迁徙的若干问题》（1954）、《南美冶金术的亚洲起源》（1954）等。——译者

② 门金（Oswald Menghin，1885～？），奥地利历史学家，著有《石器时代的世界历史》（1931）。——译者

巫师领导下进行。耕地既已确定，次晨便出发工作。他们把一片树林、灌木丛或草地清除出来，用石锄把树砍倒，树根留在土中，砍下的树枝就地烧掉，灰耙入土中作为肥料。男子从事费力的工作，妇女则准备“野餐”用的食篮。清除耕地时常要经过几天艰苦的劳动，此后妇女便进行栽种。这时要以各种巫术来保证所有作物的成长。例如上述纳达人再次和他们的“梯波”商量，设法“召唤谷魂到耕地集中”。他们对小竹棒这样说：“‘梯波’，我们现已清理好大片耕地，所有杂草都已拔起，灌木都已烧掉，它是干净了。我们现在邀请谷魂来到这块地方，附身于谷物之上，这样我们可以有一次丰收。我们希望收来的谷物把仓房的梁柱压断，把仓房的地板压穿。‘梯波’，请允许我们有这样一次收成吧。假如您答应，请在左下方出现裂纹。”这时，妇女便把籽种放入土中。

供欣赏用的花园起源于锄耕文化。人们把各种花和葡萄种在地边，或者如巴布亚人那样，种在果树之间。墨西哥湖中的浮动花园①，以及传说中西米拉米斯皇后②的空中花园，使早期花园达到完善的程度。

另一种生产经济是家畜（特别是牛）的驯化和饲养。它从其开始就对世界经济和世界历史有着重要的影响。

人们也许以为，动物的驯化和饲养是从锄耕文化中发展出来的，这是不真实的。驯化动物的最早证据和锄耕文化本身的结构，推翻了这种假定。牧人的文化和精神状态，与农民大不相同。我们在现代一些锄耕文化村落中，偶尔会发现豢养着一群动物，并不能证明那里在饲养家畜，它们处于野生状态，仅是捕捉起来加以豢养而已。

鸡和猪似乎情况特殊，因为它们是非迁徙性的。新石器时代遗物表明，当时已有大量野鸡和野猪被关起来保存着，留待庖厨需要时再杀。锄耕文化中若遇到正式的家畜饲养，皆是学自牧人。

狗是人类驯养的最早伴侣，旧石器时代就起着伴侣的作用。狗的祖先是狼。最古老的养狗中心是在北亚，冰川时期从这里传到欧洲。它完全驯化以后，才随着最早的定居者传入美洲。

马、牛、羊的饲养，是在有大量野生品种分布的地方发展起来的。中亚山区及其北的高原地区，具备着有利的条件。弗劳（Flohr）和门金（Menghin）相信，土耳其西部到西藏高原，是养牛业发展的舞台。今天西藏牦牛的畜养，仍具有古代畜牧文化的所有标志。最早驯养的牛著名品种是长角类型，它可以上溯到亚洲牛的野生品种。山羊的驯养后于绵羊的驯养，它们看来都起源于这个特殊地区。

非洲主要经济形式是养牛，而亚洲则养绵羊和牦牛。畜群一般当作财富的

---

① 浮动花园，墨西哥城等地在湖中漂浮的木筏上铺以泥土，种植花草，故名。——译者

② 西米拉米斯皇后（Queen Semiramis），传说中的亚述皇后，据说她曾建巴比伦城及空中花园。——译者

象征，没有迫切需要是不屠杀的。因此，奶、毛和粪成为主要产品，对肉则不甚重视。

农业和畜牧业是生产经济的两个分支，皆是从收获者的经济形式中发展出来，它们在地球广大地区相遇，并且互相混合。只有它们混合起来，才为世界性经济征服创造了前提条件。但是若无犁的发明，地球上广大空间还是不能被利用来养活日益增长的人口。犁的发明和利用畜力（主要是牛，后来还有马）拉犁，使人们可能开发大片耕地，作为真正的农业生产的基础。犁本身是应用了锄和一种特殊的铲形刃的掘土棒的机械原理，其最早证据可以上溯到公元前3000年。

犁耕文化仅发生在历史上某一时期，在它散布到其他地区前仅发生在世界某一个地区。这个最早地区可能是有发达文化的美索不达米亚和埃及。

犁耕文化显著特色是有计划地施肥和复杂灌溉体系的发展。18世纪末期以前，古代的犁不曾有什么急剧的革新。此后，犁的木架终于用钢铁制造了；并把几种犁结合起来，成为一体。后来犁又用蒸汽机和内燃机之类机械动力来驾驶。

经济的故事就是这样结束了。这是使人类可以日益增长地生活在地球上的一种最重要因素如何发展的故事。犁和养牛的知识，使掌握世界谷仓和家畜资源的民族，不仅能养活自己，而且能够满足近代全体人类的需要。

【印度】《梨俱吠陀》
金克木 译

蛙[1]

春江水暖鸭先知，雨季到来蛙最乐。瞧那帮小东西，在雨水中欢蹦乱跳、你挤我撞，经过一个旱季的沉默，如今被雨水激活，开始无所顾忌地大叫大嚷，像牛叫，像羊嚷，像诵经的师生互相模仿，像雄辩家互不相让，像婆罗门教徒在大汗淋漓地祭祀歌唱——雨季来了，大地又将生机沛然，美好富有的一年正在到来。鸣蛙，成为大地生物欢呼雨季的代言者。

默默沉睡了一年，
好像婆罗门守着誓愿；
青蛙现在说话了，
说出雨季所激发的语言。

他们躺在池塘里像干皮囊。
天上甘霖落到了他们身上；
真像带着牛犊的母牛叫声，
青蛙的鸣声一片闹嚷嚷。

雨季到来了，雨落了下来，
落在这些渴望雨的青蛙身上。
像儿子走到了父亲的身边，
一个鸣蛙走到另一个鸣蛙身旁。

一对蛙一个揪住另一个，
他们在大雨滂沱中欢乐无边。
青蛙淋着雨，跳跳蹦蹦，
花蛙和黄蛙的叫声响成一片。

① 选自《印度古诗选》，湖南人民出版社，1984年版。

一个模仿着另一个的声音，
好像学生学习老师的经文。
他们的诵经声连成了一片，
像雄辩家在水上滔滔辩论。

一个像牛叫，一个像羊嚷，
一个是花纹斑驳，一个遍身黄，
颜色不同，名字却一样，
他们用种种色调把话讲。

像婆罗门在苏摩酒祭祀的深夜，
围坐在满满的苏摩酒瓮边谈论；
青蛙啊！你们也围绕这池塘，
歌颂一年中这一天，欢迎雨季来临。

这些婆罗门行苏摩祭，提高了声音，
进行一年一次的祭祀歌唱。
这些主祭人热气腾腾，流着大汗，
个个都现出来，一个也不隐藏。

他们守护着十二个月的秩序，
这些人从来不弄错季节流光。
当一年中雨季来到时，
这些热气腾腾的人都得到解放。

像牛叫的鸣蛙，像羊叫的鸣蛙，
花蛙，黄蛙，都使我们富有；
他们给我们千万头母牛，
在千次榨苏摩酒中使我们长寿。

【法国】米什莱
徐知免 译

云雀[1]

大地上的一切生物都是平等的，但是人类对它们的态度却是大相径庭。经过悠久的文化积淀，人类似乎对动物也分出个三六九等，而且好恶标准也各不相同，莫名其源。以鸟类为例，法国人爱云雀，英国人爱夜莺，中国人爱燕子，却很少有人喜爱乌鸦、秃鹫。在众生平等的前提下，你能说出一点人类好恶的理由吗？当人类已经强大到对任何生物都无所畏惧的时候，许多生物变成了人类生活中象征性的文化符号，你能举出一些例子来吗？

米什莱（1798~1874），法国史学家，作家，作品有《法国史》《鸟》等。他怀着一种泛爱的柔情把自然界的生物视为“人类的低级兄弟”。他对“云雀”的热爱溢于言表，说她“充满了法兰西式的乐天精神”，是“白天的女儿”，断定她生命中最重要的两样东西是：“阳光和爱情”。作者借物咏志，仿佛说的是一名可爱的少女，同时又在说法兰西的民族精神。

云雀是最典型的田野里的鸟儿。这是庄稼人的珍禽。她总是殷勤地伴随着他们，在艰辛的犁沟中间，到处都有她的足迹。她给他们鼓劲，加油，为他们歌唱希望。希望，这是咱们高卢人的古老名言。正因为如此，他们把这种平凡的鸟儿尊为“国鸟”[2]。她的羽毛并不美丽，但是她天性勇敢，充满欢乐。

大自然似乎有些亏待云雀。她的脚爪长得使得她不适合在林间栖息，她只好就地筑巢，与野兔为邻，田沟是她的穹庐。当她孵化幼雏的时候要度过多少动荡不定、布满风险的生活啊！无数的烦忧，无数的忐忑不安！一片浅浅的草皮怎么能给这位母亲掩藏起她的小宝贝儿，抵挡住狗、鸢和鹰隼的窥伺呢。她匆忙地把小鸟孵化出来，又匆忙地把颤颤抖抖的幼雏抚育成长。谁能不想到这不幸的鸟儿和她那忧郁的邻居野兔有着同样的悲怆呢！

---

① 选自郭宏安编《世界散文随笔精品文库·法国卷·那天夜里我看见了巴黎》，中国社会科学出版社，1994年版。

② 在罗马人征服高卢以前，高卢人把云雀作为民族徽记之一。

此物多愁结，惊惧噬其心

——拉封丹

然而由于她生性愉快，善忘，或者你要愿意，也可以说她轻率，总之是充满了法兰西式的乐天精神，于是相反的情况发生了：一旦脱离险境，“国鸟”又重新获得静谧，她又像从前那样歌唱：显示出无法抑制的喜悦。更令人惊奇的是：她多灾多难的动荡生活，那无数残酷的苦难并没有使她的心变得僵硬无情；她仍然那样快活，善良，合群，满怀信心。她具有这些稀有的优秀品质，堪称鸟类中友爱的模范。云雀像燕子一样，必要时还会哺育自己的姐妹们呢。

有两样东西支持着并鼓舞着她，这就是阳光和爱情。一年之中她有半年恋爱。每年有两三回，她得承担起做母亲的多灾多难的幸福，忍受着无数风险去尽那份哺育的辛劳。在没有爱情的时候，她拥有阳光，阳光令她兴奋。只要有一抹阳光，她就会引吭歌唱。

她是白天的女儿。每天晨曦降临，茜红微微染上天边，太阳即将升起的时候，她就像箭一样地从田沟里直冲出去，在天空中高唱欢悦的颂歌。这是一首神圣的诗篇，像黎明一样清新，像童心一样纯洁、快乐！这嘹亮而有力的声音正是收获的信号。“走吧，”父亲说，“你们没听见云雀在召唤吗？”云雀跟随着他们，不停地给他们鼓劲。到了炎热的中午，为他们驱赶虫蚋，连连催他们进入梦乡。她把流泉般的柔和曲调倾泻在少女侧过的、朦胧欲睡的头上。

【法国】列那尔
苏应元 译

冷冰冰的微笑[①]

肤浅的人往往居高临下地对待身边弱小的生物，他没有原始的狩猎者那样勇敢和求生的智慧，却继承了远祖的嗜血和愚昧。真正的文明人应该对万物怀抱悲悯和敬畏之情，法国作家列那尔就是一例。列那尔（1864~1910）关注人们身边的“小自然”，对卑贱的事物怀着深厚的同情和冷冷的哀伤，写下许多玲珑剔透、隽永幽默的短文，结集有《自然纪事》《冷冰冰的微笑》和《胡萝卜须》等。读这些美丽的文字，除了欣赏作者细微的观察、新奇的想象、简练的表达，更要体会作者易感的心情——从理智上明白，再微小的生物，也有它生存的理由；再用移情的方法去感受，任何的生命，都有它个体的情绪。

萤火虫

夜幕降临到困倦的树林。鸟儿回来了，在树叶间相互追寻。叶子声不比他们的翅膀声更响。他们很希望能看见点什么。但是，星星太远了，而月亮也未落到足够近的位置。此外，山楂果和蔷薇子的殷红色泽也并不够。

忽然，为了给鸟儿的谈情说爱照明，谙于调配光度的青苔媒婆燃亮所有的小虫子。

牛

老牛缓慢地、安静地过来喝水。他们把脊背挺直，喝着水。水在极轻微地颤动。最后，他们凉快了，似醉非醉，又同时抬起头，像来时那样，乖乖地离去。

但是，有一头牛留着。

十分温柔的牧人并无恶意地戳着悬在他臀部的干粪片，但没有用处：一头牛

① 选自郭宏安编《世界散文随笔精品文库·法国卷·那天夜里我看见了巴黎》，中国社会科学出版社，1994年版。

留着，蹄子插在土中，凝视着双角倒影，忘掉了自身。

收获葡萄

整整一天，那些可怕的东西就像有生命的稻草人，割去了葡萄。在葡萄藤根旁，生锈的叶片飘来飘去，竭力要把叶柄挂上某一个物体。鸟儿回来了，用不同的声调表露着他们的惊讶：

是谁竟在他们不在时收掉了他们的葡萄？

多疑的鸫鸟怒目监视着画眉的姿态。

猪和珍珠

猪一放到草地，张嘴就吃，丑陋的嘴脸再也不离开地面。

他并不选择鲜嫩的草。他碰上什么咬什么。他盲目地向前伸着那永不疲倦的鼻子，既像是一把犁刀，又像一只瞎眼鼹鼠。

他只关心使那个已经像只腌桶的肚子滚圆。他永远也不注意天气。

刚才，他的鬃毛差点儿在中午的太阳光下烧起来，但那有什么关系？而现在，低沉的云团充满雹子，正伸展着，向着草地倾泻，但这又有什么要紧？

不错，嘉鹊在不由自主地展翅逃窜。火鸡都藏进篱笆，而幼稚的马驹子在一棵橡树下躲避。但猪还是留在他吃东西的地方。

他一口也不放过。

他的尾巴摇晃着，照样显得非常惬意。

他浑身挨着飞雹，但只是偶尔咕噜一声：

“老是这些肮脏的珍珠！”

翠 鸟

今晚，鱼没有一条上钩，但是，我带回来一种不寻常的情感。

当我伸着笔直的钓竿，一只翠鸟过来歇在上头。

没有比他更光彩夺目的鸟了。

仿佛是一朵很大的蓝色花朵开在细长的枝条之端。钓竿在重力下弯曲。我屏住呼吸，因被翠鸟当作了一棵树而感到十分自豪。

我坚信，翠鸟不是因为害怕飞走的，不，他以为自己不过是从这根树枝跳到了另一根树枝。

雌火鸡

看，大路依然是雌火鸡的寄宿学校。

每天，不管是什么天气，她们都在散步。

她们不怕雨，因为没有谁会比雌火鸡裤脚管卷得更高；她们也不怕阳光，因为一只雌火鸡出门是永远也不会不带着她的小阳伞的。

蛇

太长了。

孔 雀

他今天肯定要结婚了。

这本来是昨天的事。他穿着节日礼服，准备就绪。他只等他的新娘了。新娘没有来。她不该再拖延了。

他神气活现，迈着印度王子的步伐散步，身上佩带着丰富的常用礼品。爱情使他的色泽更加绚丽，顶冠像古弦琴颤动着。

新娘还没有到。

他登上屋顶高处，向太阳方向眺望。他发出恶狠狠的叫唤：

“莱昂！莱昂！”

他就这样称呼他的未婚妻。他看不到谁来，也没有人理睬他。习以为常的家禽甚至连头也不抬一抬。她们都腻烦了，不再去欣赏他了。他下到院子，对自己的美如此自信，所以也不可能有什么怨气。

他的婚礼延到明天。

他不知道如何度过白天剩下的时间，又向台阶走去。他迈着正规步子，像登庙宇台阶那样登上梯级。

他翻起燕尾服，上面满缀着未能脱离开去的眼睛。

他在最后一次复习礼仪。

天 鹅

他像白云的雪橇，在水池子里滑行，从这朵云到那朵云。因为他只贪馋流苏状的云朵。他观看云朵出现、移动，又消失在水里。有朵云是他所向往的。他用喙瞄准它，突然扎下他裹雪的脖子。

然后，活像是女人的一条胳膊伸出衣袖，他抽回脖子。

他什么也没有得到。

他一看，惊慌的云朵已经消失。

但他只失望了片刻，因为云朵未等多久又回来了。瞧，在那水的波动渐渐消逝的地方，有朵云正在重新形成。

天鹅坐在他的轻盈的羽毛垫上，悄悄地划行，向云朵靠拢。

他竭尽全力捞着幻影，也许，在获取哪怕是一小片云朵之前，他就会死去，成为这幻觉的牺牲品。

但是，我在胡说些什么啊？

他每次扎下脖子，都用喙在富有营养的淤泥里搜寻，并带上来一条小虫子。

他像鹅一样肥起来。

蟋 蟀

是时候啦！黑昆虫游荡够了，停止散步，回去细心修补他乱七八糟的领地。

首先，他耙平狭小的沙子通道。

他锯下细屑，洒到住地入口处。

他挫倒那株专给他添麻烦的大草根。

他休息了。

然后，他给他的微型手表上发条。

他完事了吗？表打碎了吗？他又歇了一会儿。

他回到屋里，关上门。

他用钥匙在精致的锁里长时间转圈。

他又在倾听：

外面没有一点不安的声音。

但他还是不放心。

他好像抓着一根小链条一直下到大地深处，装链条的滑轮刺耳地响着。

什么也听不见了。

寂静的田野上，白杨树像手指般伸向天空，指着月亮。

云 雀

我从未见到过云雀，即使黎明即起也是徒劳。云雀不是地上的鸟儿。

今天早晨以来，我就踩着泥块和枯草寻找。

一群群灰色的麻雀或艳丽的金翅鸟，在荆棘篱笆上飘荡。

八哥穿着省长制服检阅树木。

一只鹌鹑贴着苜蓿地飞翔，划出一条笔直的墨线。

牧人比女人还灵巧地打着毛线，在他后面，样子相似的绵羊一只接着一只。

一切都浸润着鲜艳的光泽，即使是不吉祥的乌鸦也令人微笑。

但是，请像我一样倾听。

你们听到了吗，上面，在某一个地方，水晶碎块在一只金杯里冲舂？

谁能告诉我云雀在哪儿歌唱？

如果我抬头望天，阳光会烧炙我的眼睛。

我只得放弃见她的念头。

云雀生活在天上。天鸟中唯有她的歌声能一直传到我们这里。

喜鹊

她全身漆黑；但是，她去年冬天是在田野上度过的，因此，身上还带着残雪。

蝴蝶

这封轻柔的短函对折着，正在寻找一个花儿投递处。

鹿

我从路的一端走进树林，而他是从另一端来的。

起先，我以为那是一个陌生人带着一瓶花前来。

然后，我发现这是一棵矮矮的小树，枝条丫杈，没有叶子。

最后，鹿一下子出现了。我俩全停住脚步。

我跟他说：

“靠拢来，什么也别怕。我带着枪，那为的是有气派，想模仿那些煞有介事的人。我永远也不会使用枪，我把子弹留在子弹盒子里。”

鹿听着、嗅着我的话。我一说完，他毫不犹豫地拔腿就跑，像是一阵风刮得枝条一会儿交叉，一会儿又不再交叉。他逃走了。

“多遗憾！”我朝他喊，“我都已幻想咱俩一起上路了。我呢，我将把你所喜爱的草儿亲手献给你，而你，你就把我的枪横在鹿角上散步。”

一个树木的家庭

我是在穿过了一片被阳光烤炙的平原之后遇见他们的。

他们不喜欢声音，没有住到路边。他们居住在未开垦的田野上，靠着一泓只有鸟儿才知道的清泉。

从远处望去，树林似乎是不能进入的。但当我靠近，树干和树干渐渐松开。他们谨慎地欢迎我。我可以休息、乘凉，但我猜测，他们正监视着我，并不放心。

他们生活在家庭里，年纪最大的住在中间，而那些小家伙，有些还刚刚长出第一批叶子，则差不多遍地皆是，从不分离。

他们的死亡是缓慢的，他们让死去的树也站立着，直至朽落而变成尘埃。

他们用长长的枝条相互抚摸，像盲人凭此确信他们全都在那里。如果风气喘吁吁要将他们连根拔起，他们的手臂就愤怒挥动。但是，在他们之间，却没有任何争吵。他们只是和睦地低语。

我感到这才应是我真正的家。我很快会忘掉另一个家的。这些树木会逐渐逐渐接纳我，而为了配受这个光荣，我学习应该懂得的事情：

我已经懂得监视流云。

我也已懂得待在原地一动不动。

而且，我几乎学会了沉默。

【美国】杰克·伦敦
孙毅兵 崔永禄 译

荒野的呼唤①

一只温驯的看家犬“巴克”，被人拐骗到北极雪国，在淘金者的鞭打役使下，套着挽具拉着雪橇跋涉在茫茫荒野。在残酷的生存环境中，与狗斗，与人斗，“尊贵”的巴克重新学习生存之道，渐渐变得凶悍、机智、狡诈。它体验过人的残忍和愚蠢，它也感受到人的友爱和温情。最后，当它对人一无所恋的时候，森林中狼群的呼唤，惊醒了它体内狼性的遗传，它投奔自己的同类，变成了一只令人恐惧的传奇的狼。大自然是可以这样充满神奇的，大自然是可以不遵循人类的法则的。种族、遗传、环境、变异……一部“进化论”，是说不完这些话题的。

杰克·伦敦（1876~1916），美国小说家，写过数篇以狗为主角的小说，《荒野的呼唤》写狗变狼的故事，《白牙》写狼变狗的故事，可以互相参看。

在森林深处回响的呼唤使巴克坐立不安，心中充满了奇异的欲望。这使它隐约感到一种甜蜜的喜悦，而且它也意识到一种莫名的东西，产生了难以抑制的渴望和冲动。有时它追随着呼唤进入森林，好像那呼唤就是一种切切实实的东西。它有时轻轻地叫，有时叫声里又充满了挑战，这取决于它当时的情绪。它会把鼻子伸入林子里冰凉的苔藓中或长着很高的草的黑土里，满心喜悦地嗅着肥沃泥土的气味；有时仿佛是为了隐蔽，它会在倒在地上长满木耳的树干旁边蹲卧几个小时，睁大眼睛，竖起耳朵，注视和谛听着周围的一切动静。也许是它希望这样卧着，会让它不理解的呼唤大吃一惊。它急切地要做这些事情，从不想想这样做到底有什么道理。

一阵阵不可抗拒的冲动袭上它的心头。暖洋洋的白天，它静卧在营地打盹，突然它会抬起头，竖起耳朵，聚精会神地听着，随后猛地跳起来，冲出营地，不停

① 选自杰克·伦敦《荒野的呼唤》，孙毅兵、崔永禄译，中国青年出版社，1995年版。本文节选了小说的结尾部分。

地向前，一直跑上几个小时，穿过林间道路和长着一丛丛黑苔的空地。它喜欢沿干涸的河道奔跑，喜欢匍匐着侦察林中鸟类的生活。有时它会在灌木丛中卧上一整天，看鹧鸪嘎嘎叫着走来走去。但是它最喜欢的是在夏季午夜的灰蒙蒙的光线中奔跑，听着森林里低沉的充满睡意的沙沙的响声，像人们读一本书那样仔细分辨每一种迹象和声音，寻找着那无时无刻、无论它睡着还是醒着、都在召唤它前去的那种说不清楚的神秘的东西。

一天夜里，它从梦中惊醒，跳了起来，眼睛急切地搜索着，鼻孔颤动，用力嗅着，鬃毛波浪般地耸动。森林中传来了呼唤（或者说是呼唤的一种音调，因为那种呼唤是多音调的），比以前任何时候都更加清晰确定——那是一声长长的嗥叫，像是一条爱斯基摩狗的叫声，然而又有点不太相像。但是它熟悉这种叫声，它以前曾经听到过。它从沉睡的营地蹿了出来，在树林中静悄悄地穿行。在它接近呼唤声的时候，它放慢了脚步，每一动作都小心翼翼，直到它来到一块林间空地，抬头看见一只又长又瘦的大灰狼，身子挺直蹲着，鼻子指向天空。

它没有发出声响，但那只狼却停止了嗥叫，用鼻子嗅着，试图发现它在哪里。巴克走进空地，半蹲着，身子收拢，尾巴挺直，落脚时异常小心，每一动作都既有威胁又求和好。这是猛兽相遇时特有的对峙。但那只狼一看见它就逃跑了。巴克急速跳跃追随，拼命要赶上它。巴克把它追赶到一条无路可通的小河沟里，前面茂密的树木挡住了去路。那只狼像乔或者被逼急的爱斯基摩狗那样，以后腿为轴急速转过身来，鬃毛立起，厉声咆哮，连续不断地扑咬，牙齿格格作响。

巴克没有进攻，只是绕着它转，从四面向它做些友好的表示。那只狼却满怀疑虑和恐惧，因为巴克的体重是它的三倍，而它的头只与巴克的肩膀一般高。它找个机会就向外冲去，于是追击又一次开始。它一次又一次地被逼得无路可走，一次又一次地寻机逃脱，这不过是因为它身体状况不佳，否则巴克也不会这么快就追得上它。它一直跑到巴克的头与它的肩并齐时，便急转过身来作困兽之斗，只待一有机会便冲出去逃跑。

但到最后，巴克的坚持终于得到报偿：那狼最后发现对方并无恶意，于是和它对嗅了鼻子。它们变得友好了，半是紧张半是羞怯地在一起玩，这是猛兽掩盖它们凶猛本性的一种方式。这样戏耍了一会儿，那只狼从容慢步跑开，那样子清楚地表明它要到一个地方去。巴克明白了它也得去，于是它们并肩在熹微的曙光中前行，直顺着小溪，进入溪水流出的峡谷，然后跨过源头的分水岭。

在分水岭的另一侧，它们沿山坡向下来到平地上，那里有大片大片的森林和一条条的溪流。它们在森林中不停地跑着。一个小时又一个小时，太阳越升越高，天气也渐渐暖和起来。巴克高兴得发狂。它知道，这样和它森林中的兄弟并肩跑向那它认定是呼唤发出之地，它就终于对那呼唤做出了回答。古代的记忆迅速回到它的脑子里，使它为之倾心，就像过去对那些作为记忆影像的现实倾心一样。这样的事情它从前做过，那是在另外一个模模糊糊的记忆的世界里；现在它又在这样做，在旷野里自由地奔跑，脚下是松软的土地，头上是开阔的天空。

它们在一条流水潺潺的小溪旁停下来喝水，但一停下来，巴克就想起了约翰·桑顿。它坐了下来，狼开始跑向肯定是发出呼唤的地方。然后又回来招呼它，和它嗅鼻子，做一些似乎鼓励它前进的举动。但是巴克转过身子，慢慢地向回走去。林中兄弟在巴克旁边跑了大半个小时，同时一边呜呜地叫着。然后它坐下来，鼻子指向天空，嗥叫了起来。这是一种悲哀的嗥叫，随着巴克头也不回地向前走去，这嗥叫声逐渐变得微弱，直到最后消失在远方。

巴克奔回营地时桑顿正在吃饭，它对桑顿的爱使它发疯般扑到桑顿的身上，撞翻他，抓他，舔他的脸，咬他的手——如桑顿所说，“真是大大地胡闹了一番”。桑顿也报之以前推后搡和亲切的叫骂。

整整两天两夜，巴克不离营地一步，也从不走开到看不到桑顿的地方。桑顿工作时它跟着，吃饭时它看着，还看着他晚上钻进毯子睡觉。早晨钻出毯子起床。但两天之后，森林中传来的呼唤变得急迫，巴克开始坐立不安，脑海里萦回着那日的情景：荒野中的那位兄弟，分水岭那边诱人的田野，以及和那位荒野的兄弟在辽阔的森林中并肩奔跑的欢乐。它又一次开始在森林中游荡。但那位荒野的兄弟却始终没有再来；虽然它曾长时间谛听，却再也没有听到那悲哀的嗥叫。

它开始在外面过夜，有时一连数天不回营地。一次它越过了小溪源头的分水岭，走下山坡进入了那片布满森林和溪流的土地。它在那里徘徊了一个星期，徒劳无功地寻找着那位荒野兄弟的踪迹。它跨着大步子悠闲地奔跑着，游荡着，似乎从不疲劳，同时猎取野物果腹。它在一条流向大海的宽阔溪流中捕捉鲑鱼，还在溪边杀死一只大黑熊。这只黑熊是在溪流中捉鱼时被蚊虫叮瞎了眼睛，于是就在森林中发泄怒火，绝望而且可怕。即使如此，这也是一场艰苦的战斗，它唤起了巴克本性中最后一点残存的潜在凶猛。两天后它回到被它杀死的黑熊旁边时，发现十几只狼獾在争夺它的战利品，它毫不费力地就把这群无能之辈驱散，逃跑者丢下的两只从此也就再也不会争吵了。

巴克杀戮的欲望比任何时候都更加强烈。它是一个杀手，在这种只有强者才能生存的充满敌意的环境里，它凭借自己的力量和勇猛捕捉那些孤立无援的动物，并以它们为食，从而使自己胜利地生存下来。这一切使它感到非常自豪，这自豪感就像身体害着传染病一样流露出来。它的每一个动作都显示出这种自豪，它的每一块肌肉的屈伸都明显体现着自豪，它走路的姿态像语言一样清楚地诉说着它的自豪。而且如果有什么东西更为光彩照人的话，那就要算它的皮毛了，但是它这皮毛的光彩也来自于它的自豪感。要不是它嘴上和眼睛上方几块零散的棕色和它胸部中间的一大片白毛，它会被误认为是一只形体巨大的狼，比狼群中最大的狼都大。它从它的圣贝尔纳德父亲那里继承了体形和重量，但是使之成形的却是它的牧羊犬母亲。它的嘴是一只长长的狼嘴，只不过比任何狼的嘴都大；它的头除了稍宽一点以外，完全是一只大型的狼头。

它的狡猾是狼的狡猾、野性的狡猾；它的智力是牧羊犬和圣贝尔纳德犬的智力；所有这些，加上它残酷野蛮的经历，使它比荒野中游荡的任何一只动物都更令人生畏。它是一只食肉动物，吃清一色的肉食，现正精力旺盛，处在生命的巅峰，处处散发着朝气和活力。桑顿用手抚摸它脊背的时候，随着手的动作会发出噼啪的响声，它的每一根毛发一经触摸就释放出久被抑制的磁力。它头脑和身体的每一部分，每一条神经组织和纤维都极为巧妙敏锐，各个部分之间都保持着一种完美的平衡。对于需采取行动的情景、声音和事件，它都闪电般地迅速做出反应。爱斯基摩狗防卫和进攻都极为迅速，但巴克跳起的速度要比它们快上一倍。它看到动作、听到声音并做出反应所需的时间比另一条狗只是看和听所需的时间还要少。它的感官接受刺激、下定决心并做出反应是在同一瞬间发生的。事实上，接受刺激、下定决心和做出反应是三个连续的过程，但它们之间的间隔是如此之微小，看起来就像是同步的一样。它的肌肉里充斥着过剩的活力，能像钢簧一样迅速利索地启动屈伸。生命在它体内涌动，欢快而猛烈，直到似乎要在狂喜之中把它迸裂为碎片，然后涌流到世界各地。

“从来没见过这么棒的狗。”一天桑顿说，他和他的伙伴们正看着巴克走出营地。

“它做成之后，模子就裂了。”皮特说。

“一点不错，我也是这么想的。”汉斯表示赞同。

他们看到它走出营地，但没有看到它一处于森林的秘密之中时即刻发生的可怕变化。它不再大步走路，它立刻变成荒野的动物，悄悄地潜行，像猫一样蹑手蹑脚，像影子一样在树影中忽隐忽现。它知道如何利用每一地形地物隐蔽自己，会像蛇一样匍匐爬行，像蛇一样突然跳起攻击。它能够抓住巢中的雷鸟，杀死睡梦中的野兔，连疾速逃跑的金花鼠，如果上树迟了一步，也会在半空中就被它抓获。解冻的水塘中的鱼，游得再快也躲不过它的爪子；筑坝的河狸，再小心也逃不脱它的追捕。它杀戮是为了充饥，并非滥杀，但它喜欢吃自己杀死的猎物。所以它的行为中有一种引而不发的欢愉，它会悄悄走近松鼠，快要抓住它们时又让它们逃跑，把它们吓得吱吱叫着爬上树顶，它却快活极了。

秋天要到来的时候，大群大群的麋鹿出现了，它们慢慢地转移到地势较低气候不那么恶劣的山谷去度过冬天。巴克杀死过一只离群的半大麋鹿；但是它强烈希望打一只更大也更为凶猛的猎物，有一天它在小溪源头的分水岭处遇到了这种猎物。那是一群二十只左右的麋鹿，从布满溪流和树木的那边走了过来，领头的是一只身形高大的雄麋鹿。它性情凶猛，身高六英尺，是巴克早就盼望的那种令人生畏的敌手。它不停地前后摆动着一对巨大的掌形鹿角，鹿角有十四个枝叉，两角端相距七英尺宽。它的小眼睛放出恶毒而仇视的光芒，一看到巴克它就暴怒地吼叫。

在这只麋鹿的腰部肋肋上方，露出一只羽箭的末端，这就是它性情凶恶的原因吧。按照远古时期遗传下来的狩猎天性，巴克开始把这只麋鹿和鹿群分隔开。这可不是一件容易的工作。它在这只鹿的前面又叫又跳，但决不让那巨大的鹿角和那可怕的大蹄子碰着，要是那大蹄子踩上它，一下子就会要它的命。麋鹿不能甩开犬牙的危险继续前进，就发出一阵阵狂怒。这时它就会向巴克直冲过去，而巴克则巧妙地退开，同时装出一副不能逃脱的样子来引诱它。但当它被这样从它的伙伴那里分隔开来时，两三头年轻的麋鹿就会掉头向巴克冲击，从而使这只受伤的鹿回到鹿群里。

荒野有一种耐心——像生命本身一样执拗倔强，不知疲倦，坚持不懈——这种耐心使蛛网上的蜘蛛、盘蛇以及潜伏的豹子一动不动地等上数个小时；这种耐心特别属于以猎取活物为食物的生命；而当巴克缠着鹿群不肯离去，滞碍它们前进，激怒年轻的麋鹿，使雌鹿为未来长成的小鹿担忧，并把那头受伤的雄鹿逼得无可奈何地发怒的时候，这种耐心就属于巴克。这种情况持续了半天的时间。巴克加紧从各个方向发起攻击，以旋风般的威胁包围着鹿群，不等它攻击的对象回到伙伴中去就又把它们分隔开来，一点一点地消磨被捕食的动物的耐心，因为它们的耐心比不过追捕者。

随着时光的流逝，太阳从西北部落下（黑夜又来临了，而秋天的夜晚要长达六个小时），年轻的雄鹿越来越不情愿去支援它们受到攻击的领袖。冬天的到来驱使着它们尽快赶到较低的地带去，但似乎它们永远不能摆脱那只阻碍它们前进的不知疲倦的动物。而且受到威胁的不是鹿群的生命，也不是这些年轻小鹿的生命，现在所要的只是它们中一个成员的生命，这与它们本身的生命相比就显得微不足道，于是它们最终只好留下了买路钱。

黄昏到来的时候，老麋鹿站在那里，低着头，望着它的伙伴们——它爱过的母鹿，它生养的小鹿和一只只它主宰的雄鹿——在渐渐昏暗下来的光线中匆忙向远方蹒跚而去。它不能与它们同去，因为在它眼前跳来跳去的这只长着虎牙的讨厌的东西不放它走。它体重一千三百多磅，长长的一生中曾经历过无数次的战斗，现在却面临死亡，葬身于头还高不过它粗大的膝关节的小动物的牙齿之下。

从此刻开始，无论是白天还是黑夜，巴克一刻也不离开它的猎物，不让它有片刻的喘息，不让它吃到树叶或小白桦树和柳树的枝芽。巴克也不让这只受伤麋鹿到它们曾蹚过的流水潺潺的小溪去缓解它那如焚的口渴。常常是，在绝望之中，麋鹿会突然奔逃上一阵子。此时巴克并不试图去阻止它，只是从容地跟在它的后面，欣赏着它把猎物搞得如此悲惨的做法，麋鹿站住时它就卧下，麋鹿试图吃东西或喝水时它就猛烈地攻击。

麋鹿那压在枝状鹿角下的巨大的脑袋越垂越低了，它那蹒跚的步伐也越来越软弱无力。它开始久久地站着，鼻子贴着地面，软软的耳朵无力地耷拉着，巴克却因此有更多的时间饮水，有更多的时间休息。这时，吐着红红的舌头喘着气、用眼睛盯住那只大麋鹿的巴克似乎感到事情正在发生变化。它感到大地上有一种新的悸动。在鹿群来到这块土地上的时候，其他种类的生命也正在到来，它们的到来使森林、河流和空气为之悸动。这信息的获得，不是通过视觉、听觉或嗅觉，而是通过某种更为微妙的感觉。它没有听到什么，也没有看到什么，但它知道这块土地上的情况已经出现某种变化，陌生的东西正在这块土地上走动和奔跑。它下定决心，手上的事情一结束后就立即进行调查。

终于，在第四天就要结束的时候，它把这只大麋鹿打倒了。整整一天一夜，它待在猎物身边，吃了睡，睡了又吃，二者交替进行。然后，休息过来了，精力和体力也都恢复了，它转身向营地和桑顿走去。它一路从容地大步跑着，跑着，一小时又一小时，从不因路径错综复杂而迷失方向。它穿过陌生的土地一直向家跑去，识别方向的能力使带着指南针的人类都相形见绌。

巴克在向前行进的同时，越来越清楚地觉察到这块土地上发生的新的悸动与不安，与整个夏天都在这里的生命不同的一种生命已经出现在这块土地的各处。这种情况再也不是一种微妙神秘的感觉。鸟儿们在谈论它，松鼠在唧唧喳喳地议论它，甚至风儿也在悄悄地说到它。有好几次它停了下来，深深地吸口清晨新鲜的空气，从中嗅出的一种信息使它加速前进。它不安地感到如果灾难还没有发生的话，那么也即将降临。跨过最后一个分水岭进入通向营地的山谷时，它更加小心谨慎。

离营地还有三英里远的时候，它看到一条新踩出的小路，这使它脖子上的毛发耸动竖立起来。这条路直通营地和桑顿。巴克急切地前进，迅速而隐秘，每根神经都绷得紧紧的，警惕地注视着令人迷惑的各种迹象——但结局是掩盖不住的。对于它正在追踪的从路上走过去的生命，它的鼻子从几个不同的方面捕捉到了信息。它注意到森林中令人不安的寂静。鸟儿全都飞走了，松鼠都躲藏了起来，它只看到一只大灰松鼠，全身紧贴在一个灰色的枯枝上，像是树的一个部分，树上的一个木瘤。

正当巴克像一条灰色的影子疾速前进的时候，它的鼻子突然歪到一边，仿佛被一种很大的力量抓住拉了一下。它追踪着这股新气味来到密林中，在那里发现了尼格。尼格侧着身子躺着，拖着走了一段路后才死在这里。一支箭射穿了它的身体，箭头和羽尾露在两边。

又走了一百码，巴克看到桑顿在道森买的一条雪橇狗。这条狗就在路当中翻滚着垂死挣扎，巴克绕了过去，丝毫没有停留。从营地隐约传来嘈杂的声音，一起一落的单调吟唱。它匍匐爬到空地边上，在那里发现了汉斯，躺在地上，身上被射满了箭，像一只豪猪一样。在这同一瞬间，巴克向那座用云杉树枝搭成的小屋望去，看到的景象使它脖子和肩膀上的毛全都倒立了起来，一股按捺不住的狂怒涌向它的心头。它身不由己地咆哮了一声，声音凶猛可怕，一生中这是它最后一次让感情压倒狡诈和理性，这是因为它对桑顿强烈的爱使它头脑发了昏。

那些伊哈特人正在围着用云杉树枝搭成的木屋的残骸跳舞，突然听到一声可怕的怒吼，随之就见一只动物向他们冲了过来，那动物的样子他们从来没有见过。那是巴克，它像一股有生命的愤怒的旋风，带着摧毁一切的疯狂向他们扑去。它扑向最前面的一个（这个人是伊哈特人的头领），撕裂开他的咽喉，直到破裂的血管中血液像喷泉一样涌出。它并没有停下来折磨它的受害者，而是一边前进一边进攻，又一次跳起攻击并撕开了第二个人的咽喉。没有什么能阻止住它。它在他们中间横冲直撞，扑咬着，撕裂着，摧毁着，它的动作是如此之敏捷，他们射的箭无法伤害它。事实上，它的动作是如此不可思议的迅猛，印第安人又如此密集地纠结在一起，以至于他们在用箭射它时实际上都射到他们自己。一个年轻的猎手向巴克投去一只长矛，却投中了另一名猎手的胸膛，由于用力非常之猛，矛尖刺透了胸背，露到外面。伊哈特人开始感到惊慌，他们惶惶逃往森林，呼喊着躲避这凶煞神的降临。

此时的巴克的确就是魔鬼的化身。这些伊哈特人在林中奔逃之时，巴克在后面疯狂地追逐着，把他们一个个像小鹿一样扑倒咬死。对伊哈特人来说，这天可真是灾难降临的一天。他们四处奔逃，溃散到各地。一星期之后，他们中的幸存者才在下面的山谷中重新汇集起来，清点伤亡人数。至于巴克，它对追逐感到厌倦之后，就回到凄凉的营地。它发现了皮特，还裹在一惊醒时就被杀死的毯子里。桑顿拼命斗争的痕迹清楚地印在大地上，巴克用鼻子嗅着每一细微的印迹，一直跟踪到一个深水池边。到最后一刻仍忠于主人的斯基特躺在池边，头和前脚泡在水里。被杉木洗矿槽弄得浑浊变色的池水掩藏住了池中的一切，其中就有约翰·桑顿；因为巴克追寻他的踪迹一直到水中，却不见有出来的痕迹。

整整一天巴克都在池边抑郁沉思，或心神不安地在营地徘徊。它懂得死亡是活动的终止，是离开活着的生命，而且它知道约翰·桑顿是死了。它感到一种巨大的空虚，有点像饥饿，但这种空虚使它感到说不尽的痛苦的折磨，是一种食物所不能填补的空虚。有时，它停下来凝视伊哈特人的尸体时，就忘记了痛苦；因为此时它有一种巨大的自豪感——这是它以前从未经历过的。它杀死了人。所有猎物中没有什么比人更杰出了，而且这些人还手持棍棒武器。它好奇地嗅嗅这些尸体，他们这么容易就被杀死，杀死一条爱斯基摩狗比杀死他们还要困难一些。如果不是因为他们拿着弓箭、长矛和棍棒，他们就根本不是对手。因此，除非他们手持弓箭、长矛和棍棒，它就无须再害怕他们。

夜幕降临，一轮满月从树梢高高升入天空，照亮了大地，直到阴森森的白天取而代之。而每到夜晚，当巴克在水池边抑郁悲哀地沉思时，它就会兴奋地感到森林中新的生命引起的悸动，这是与伊哈特人引起的悸动截然不同的。它站起来听着、嗅着。从遥远的地方飘来一声隐约尖细的嗥叫，接着就是一阵类似的尖细嗥叫的合唱。一会儿的工夫，叫声愈来愈近，也愈来愈响。巴克又一次清楚地知道，这是顽强地存在于它记忆中的另一世界的动物的声音。它走到林中空地的中央，静心谛听。这就是那呼唤，那多音调的呼唤，现在听上去比以往任何时候都更具引诱力和强制性。它准备听从这呼唤，以往从来没有这样过。约翰·桑顿死了，最后一线牵挂就断了，人类和人类的权力，再也不能束缚它了。

像打猎的伊哈特人一样，追逐猎物的狼群也跟随着迁徙的麋鹿最后穿越过了布满溪流和森林的土地，侵入巴克的山谷，来到了月光像流水一样淌着的林间空地。它们如泛着银光的洪水一样涌了进来。空地的中央站着巴克，一动不动如一座雕像，等待着它们的到来。它是如此的沉静，而身形又是如此高大，这使它们感到畏惧，于是出现了片刻的停顿，直到它们中胆子最大的那只跳起向它直冲了过去。巴克如闪电般攻击，咬断了它的脖子。然后它站在那里，一动不动，像以前一样，那只被咬断脖子的狼在它身后痛苦地翻滚挣扎着。另外三只狼连续发动猛攻，但一个接着一个地退了回去，咽喉和肩膀被撕裂处淌着血。

这就足以使整个狼群蜂拥而上，它们混乱地拥挤着，争先恐后地要冲上去撕裂它们的猎物。巴克令人惊奇的机警和敏捷使它处于优势地位。它以后腿为枢轴转动着，咬着，撕裂着，它面面俱到，如此迅速地旋转防守，组成了一道俨然是连续不断的防线。为了防止它们背后偷袭，它被迫后退，退过水池，回到溪谷，直到退至一段很高的沙砾河岸。它步步为营，沿河岸退到采矿的人们挖出的一个直角处。至此它已无路可退，三面有堤岸保护，正前方开阔，面对敌手。

它战斗得如此漂亮，半个小时之后，狼群被打得溃散退开。它们一个个张口喘气，耷拉着舌头，白白的牙齿在月光下显得更加凶残。有的卧在地上，扬着头，竖着耳朵；有的直立站着，望着巴克；还有的则在池中用舌头舔水喝。一只身体瘦长的灰狼小心翼翼地走上前来，样子很友好，巴克认出了这是和它一起奔跑过一天一夜的荒野兄弟。它轻轻地呜呜叫着，在巴克呜呜叫着回答之后，它们鼻子碰了鼻子。

随后，一只满身战斗伤疤身形憔悴的老狼走上前来。巴克扭动嘴唇做出准备咆哮的样子，但却与它嗅了鼻子。于是老狼蹲到地上，鼻子指向月亮，发出那长长的狼嗥，其他的狼也蹲到地上嗥叫了起来。此时这种呼唤以正确无误的声调传入巴克的耳朵里，它也蹲下嗥叫了起来。结束之后，它从角落里走了出来，狼群把它围住，半是友好半是野蛮地用鼻子嗅它。头狼们提高了狼群呼嗥的声调，然后便向林中跑去。狼群在后面跟着跑，一面和声叫着。巴克加入到它们之中，和它的荒野的兄弟并肩跑着，边跑边吠叫。

到这里巴克的故事可以结束了。没过几年伊哈特人就注意到灰狼种群的变化，在一些狼的头上和嘴上可看到一片片棕色，胸脯中间有一长长的白道。但更引人注目的，伊哈特人说是在狼群最前头带领狼群奔跑的一只魔狗。他们害怕这只魔狗，因为它比他们更狡猾，在冰封雪冻的冬天到他们营地偷东西，抢走他们陷阱中的猎物，杀死他们的狗，而且把他们最勇敢的猎手也不放在眼里。

故事远不止此，还有更骇人听闻的。有的猎手出去了再也没有回到营地；有的猎手被部族人发现时，咽喉被残忍地撕裂，周围的雪地上满是狼的脚印，不过比普通狼的脚印要大得多。每到秋季，当伊哈特人在追逐迁徙的麋鹿群时，有一个山谷是他们始终不敢进入的。女人们在火边谈起这只邪恶的幽灵，说到它竟选中了那座山谷作为居住地时，心中就充满了悲伤。

但每逢夏日，山谷中就会有一位来访者，关于这一点伊哈特人是不知道的。那是只身形高大、皮毛闪烁着光泽的狼，它像其他的狼，然而又有点不太像。它独自一身，从那明媚的森林地带，来到这块林中的空地。在这里有一道黄色的水流，从腐烂的鹿皮袋子下流出，流了一段就渗入地面，水中长出高高的野草，向四周延伸的腐殖土遮掩了阳光下水流的黄色。它在这里沉默地站立一会儿，悲哀而悠长地嗥叫一声，然后离去。

但它并不总是独自一个。在漫长的冬夜降临、狼群追逐猎物来到地势较低的山谷的时候，就会看到它在淡淡的月光里或在极地闪烁的星光下，带领狼群穿行，它那超出伙伴们的高大身形跳跃着，硕大的喉咙一起一伏，它唱起了一支年轻的世界的歌，这就是那狼群的歌。

【挪威】耶可布森
郑敏 译

嘘，轻点①

海浪轻舐岸滩，向人们悄声细语："嘘—— 轻点。"人啊，你原本也是这大地的一分子，不要自命不凡，张牙舞爪，为所欲为。大地不只是专属于人类的，也是我们世间万物的，是"咱们"共有的，也是咱们唯一的永恒的生存之所。谁也不要试图去破坏她，在你有所行动时，请提醒自己：嘘—— 轻点。

耶可布森（1907年生），挪威第一个现代派诗人，因为他的诗歌表达了不屈不挠的乐观精神而被人称为光明的"洁白的影子"。

嘘——轻点，大海说。
嘘——轻点，岸边的小浪说。
嘘——不要
这么凶猛，不要
这么高傲，不要
这么突出。
嘘——轻点。
波峰涌向滩头的白浪
嘘——轻点。
它们向人们说：
这是咱们的大地，
咱们的永恒。

① 选自诗刊社编《世界抒情诗选》，春风文艺出版社，1983年版。

【挪威】耶可布森
郑敏 译

向阳花

大地上的朵朵鲜花，和我们有什么关系呢？诗人说，那是我们内心的火种，被神秘的播种人播在冻土荒地上，为了见证我们对生活的热爱，才开出了各式各样的花朵。诗人相信，我们内心的每一个良好的愿望，都会化作大地上明晰可见的美丽。我们虽然无法参与上帝的“创世记”，但是我们每天都在创造现实生活。

是哪个播种人，走在地上，
播下我们内心的火种？
种子从他紧握的掌心射出，
像彩虹的弧线，
落在
冻土上，
沃土上，
热沙上。
它们静静地睡在那儿，
贪婪地吸着我们的生命，
直到把土地轰裂成片片，
为了长出
这朵你看到的向阳花，
那株草花穗，或是
那朵大菊花。
让青春的泪雨来临吧，
让悲哀用宁静的手掌抚摸吧，
事情并不是你所想的那么阴暗。

【美国】彼得·斯坦哈特
曾庆强 译

初升之月的魅力①

低头生活的人们，偶尔抬头看天，也许会感慨一声：今晚的月亮好美！然后继续低头赶路。月亮已是现代人的身外之物——感觉范围之外的事物，我们不再需要去关注它了。虽然我们已经可以在月亮上漫步，但月亮却离人类的实际生活越来越远，人们很少抬头看天，对月亮的感觉反而越加陌生了。科学似乎拓展了人类的视野，但普通人的感觉范围却日益龟缩于人造的世界——城市、街道、店铺、娱乐场、灯火、家、电视、网络……人离开自然越来越远，并逐渐产生一个可怕的错觉——人类不需要大自然也能过得挺自在。这是一条退化之路，它是看不见美好前景的毁灭之途。21世纪，人类所能接触的自然之物渐渐稀有，夜空中的那轮明月，或许可以当作我们眺望自然和宇宙的一扇明窗，从这里看过去，窥见人类内心的深层渴求。

随着每一次月亮的升起，一个古老的奥秘就会复活并显示出魔力。

我家附近有一座小山，我常常在夜间爬上去。城市的噪音变成了远远的低语。在黑暗的寂静中，我分享着蟋蟀的欢乐和鸱鸺的自信。但我来观看的是月出的活剧。因为，这使我心中重新获得被城市过于慷慨地消耗掉的宁静与明澈。

从这座小山上，我已观看过多次的月出。每一次月出都有其独特的情调。有又大又圆、充满信心的丰收的秋月；有羞涩、朦胧的春月；有升起在浓墨般的天空那完全的宁静中的孤独、发白的冬月；有挂在干旱的田野上，被烟雾熏染的橘色的夏月。每一次月出，就像美妙的音乐一样，激动我的心弦，然后又抚慰我的心灵。

凝望月亮是一门古老的艺术。对于史前时代的猎人们来说，头顶上的月亮就像心跳一样准确无误。他们知道，每隔29天，月亮就会变得丰满圆润，光华四射，然后生病消瘦而死去，接着又再次诞生。他们知道，逐渐丰盈的月亮在一天接一

① 选自《读者》杂志。

天的日落之后会显得更大，在头上的位置更高。他们知道，逐渐亏缺的月亮一夜比一夜升起得晚，直到消失在日出之中。能凭经验懂得月亮的变化模式一定是一件很深奥的事。

但我们住在户内的人，却与月亮失去了联系。路灯的闪烁和污染的灰尘像面纱一样遮住了夜空。虽然，人类已经在月球上漫步，但月亮却变得不是那么熟悉了。我们之中很少有人能说出当晚的月亮将在什么时间升起。

然而，它仍然在吸引着我们的思绪。如果我们毫无预料地突然看到一轮满月，巨大金黄，挂在地平线上，我们会茫然不知所措，只能凝眸回望它那端庄的仪容。而对那些凝望者，月亮是会有所赐予的。

我懂得月亮的赐予是在一个七月的晚上，在山上。我的汽车的发动机神秘地熄了火，我给困在那里，孤身一人。太阳已经落山了，我注视着东面，在一道山脊的那一边有一团明亮的橘黄色的光亮，看上去像林中的篝火。突然间，那道山脊本身似乎猛地燃烧了起来。接着，那初升的月亮又大又红，由于夏日大气中的灰尘和水汽而变得形状怪诞，从树林中赫然升起。

就这样，由于被大地灼热的气息所歪曲，月亮看起来性格乖戾，残缺不全。附近农舍的狗都神经质地吠叫起来，似乎这种怪异的光唤醒了树林中邪恶的精灵。

但是，当月亮脱离了山脊而升起时，它聚集了越来越多的坚定性和权威感。它的面色变化着，从红色变成橘色，变成金色，再变成冷黄色。它似乎是从暗淡下来的大地中吸取着光明，因为，随着月亮的上升，下面的山峦和山谷变得越来越暗淡无光。当月亮脱离了地平线，胸脯丰满浑圆，带着象牙色的清辉独自挂在那里时，山谷已成了这幅景色中的一些深深的阴影。那些狗，意识到这依然是熟悉的月亮，停止了吠叫。突然间，我感到一种自信和一种几乎想放声大笑的欢乐。

这一幕延续了一个小时。月出是缓慢的，充满了种种微妙之处。要观赏它，我们必须渐渐置身于更古老、更耐心的时间观念之中。观赏月亮执著地逐渐升高就是在我们自己心中找到一种不寻常的宁静。我们的想象力渐渐意识到宇宙的广漠，大地的无垠，感到我们自身的存在是多么不可思议。我们感到渺小，但享有特殊的荣幸。

月亮从不向我们显示生活的任何一道较坚硬的边缘。月光下，山坡看起来如丝织银铸，海洋则显得静谧、深蓝。在月光中，我们变得不再那样斤斤计较，而更被我们的感情所吸引。

在这样的时刻，会发生一些奇迹。在那个七月之夜，我观赏了一两个小时的月亮，然后回到汽车中，转动点火器的钥匙，接着便听见发动机开动了起来，正像几小时熄火时一样神秘。我驱车下山，肩上浴着月光，心中充满宁静。

我常常回到初升之月的身边，特别是当各种事务把悠闲和梦幻的清晰挤到我生活的一个小小的角落中去时，我更受到强烈的吸引。这种情况在秋天经常发生。于是我就到我的小山上去，等待那猎人的月亮，巨大、金黄的月亮升起在地平线上，使夜充满梦幻。

一只鸥鸺从山岭之巅猝然扑下，无声无息，但明亮如焰。一只蟋蟀在草丛中尖声吟唱。我想起诗人和音乐家，想起贝多芬的《月光奏鸣曲》，想起莎士比亚在《威尼斯商人》中创作的罗兰佐说道："月光睡眠在这岸上何等美妙！让我们在这里坐下，让音乐之声轻轻注入我们耳中。"我思索着，他们的诗句与音乐是否像蟋蟀的乐曲一样，在某种意义上正是月亮的嗓音。带着这样的思绪，我那城市生活引起的茫然迷乱融化在夜的安谧之中。

恋人们和诗人们在夜里找到更深刻的含义。我们也都会情不自禁地提出更深刻的问题——关于我们的起源、我们的命运。我们沉溺在谜之中，而不是那统治着白昼的世界的没有人情味的几何。我们变成了哲学家和神秘主义者。

在月亮升起时，当我们按照天空的速度减缓我们大脑的节奏时，魔力就悄悄地笼罩了我们。我们打开感情的阀门，使我们大脑中那些在白昼里被理智锁住的部分驱动起来。越过遥远的时空，我们倾听古代猎人们的喃喃低语，看见久远以前诗人们和恋人们的幻梦重现。

【中国】唐敏

心中的大自然①

大自然不会经常向人显示奇迹的，如果有幸遭遇了，还要有心力能够领受。像当代女作家唐敏那样，在秋天的山林中，劈面撞见老虎，四目相对的一刹那，人定然魂飞魄散，然而事后回想起来，却只记得虎视眈眈的眼神是如何高贵——“金色的目光和阳光溶在一起，飘过一绺嫣红的烈焰。”“人类最美的目光都死了。”作者的情绪反应非常特别，她觉得老虎的眼神打倒了人的骄傲，自己在被蔑视中感到“彻骨的幸福”。仿佛老虎的美目传递给作者某种力量，让她豪气顿生，“从此以后，没有一个人能用蔑视来伤害我了。”来自虎的蔑视让人幸福，来自人的蔑视却让人不幸，如何理解这两种“蔑视”呢？原文有三节，分别写鹰、虎、虹，此择其一。

画册、故事、电影，所有幼年的教育告诉我——老虎是个坏东西。

因为不想看见老虎，连心爱的动画片也不敢去看了。外公一再保证：今天的没有老虎。

糟糕，又跳出一只嘴巴血红，不讲道理的傻老虎！它伸爪子，撅屁股，尾巴来回扫，威风地跳来跳去，发出呜呜长鸣。

照例来了一只洁白的羊羔。我神昏气短，缩在坐椅里。它无忧无虑走向老虎。我转过身，看着放映孔里旋转的光柱。

“吃掉了吗？”我浑身发抖，“吃掉了吗？”

“吃掉了。”外公说。

回过头来，老虎正得意洋洋逼向羊羔。

我又扑到椅背上。

外公说了二十遍“真的吃掉了”。前后左右的邻座也保证：“是吃掉了。”

我回过头来。森林里鲜花盛开，百鸟鸣唱。

“我要回家，我要回家。”

一直吵到邻座们气愤了，外公只好携着我离去。他忧心忡忡：“这么胆小，长

① 选自唐敏《青春缘》，群众出版社，1994年版。

大了有什么用呢？”

为了让我勇敢，爸爸妈妈残忍地拖我去动物园看老虎。我决一死战，闭上眼睛。

“老虎不可怕。你看一下。”

“只要看一下！”

“要不我们就等下去。等到你哪天肯看了，我们再回家。”

天知道，我多么厌恶、想吐！

备受迫害的我！睁开一只眼睛，看了！扭头就跑。

铁栅栏深处有一个乌黑的方穴，拖出来一条大于猫腿一千倍的后腿。又脏又潮，自暴自弃，绝望的大后腿。

老虎！最恶心！最难看！老虎！良心烂透！

一直到十五岁那年，我才真正看到了真正的虎。

到闽北山区，我首先就问山里人：“这儿有老虎吗？”

“老虎？可惜现在不多了。”

他们满脸缅怀神圣事件的表情。

“老虎，会吃人的！”我说。

“不，你不害它，它不会来吃你。”山里人说，“难得也有吃人的虎。它们喜欢偷猪吃。”

山里人好像巴不得有老虎来村里偷猪。那样可以整夜点起火把，妇女们聚在村中心，从小到老的男人围着村子跑动、喊叫。火把的龙向着深夜的高山峻岭示威。

山上的老虎仿佛心领神会，好久不来拖猪。

老虎不来，山里人竟有点寂寞。

山里有了老虎，便有了生与死的种种情趣。山里人最喜欢讲他们遇到老虎的经历。

那种兴奋，那种自豪，仿佛得到荣誉。

冬月清澈，白雪遍地。打着手电筒走路，危险比点火把的大。迎面看见有人打着手电过来，近在咫尺了，才从黑暗中显出狰狞的虎头，一双金亮的圆眼睛！

彼此都误会了，以为遇见了同类。

停下来，双方都珍惜生命。这时候不能喊，不能奔，脚趾一点一点移向路边，彬彬有礼地、贴着草木，蛇一样地溜过去。

老虎站在那儿，动它的脑筋。一会儿，它低下头来，继续赶路。

有时遇到好奇心强的老虎，会掉转头来跟着人走。要非常非常坚强，才能保持正常的步子走回村里再昏倒。往往是忍不住又跑又喊，激起老虎的追逐猎物的本能，一直扑逗到人气绝身亡。就是老虎不扑来，狂呼乱叫奔进家门，气一松，暴出浑身大汗，倒地便死。

这种恐惧强烈地刺激着山里人的心。大白天走路也感受到广阔的危险感。枯树怪石荒草。生命在热血中涌动，晨星暮日，荡涤胸怀。

猎虎的人从江西、浙江过来，山里人讨厌他们。“为了钱，什么都不放过啦！”然后唾一口，把脸板紧。猎人被虎吃了，山里人感到自豪，又有点怜惜：“我们山里的虎啊！”

我听了许多关于老虎的事。

老虎不住在树林里。它们极爱清洁，闻不惯兽类的气息，受不住落在头上的鸟粪、虫子。

它们住在茅草覆盖的山冈上，到很远的地方狩猎，在溪流里沐浴。干干净净的老虎走到长风拍打的山冈顶上，等待明月从东方升起。

鹅黄的月儿从高高山冈下群山的海洋里露出来，光辉冲散星斗。

老虎发出渴望的、忧郁的长鸣，通过风送向月儿，催促圆满的月亮从地上跃起。

这是孤独的男子汉在呼唤永远不来的情人。

我开始盼望见到老虎。山里人传染给我这份奇怪的愿望。

只要是诚心的愿望，大自然一定会听到。

秋天来啦，山坡上盖满黄叶，红树、绿树在干燥的空气中噼啪拍手。阳光是凉凉的金色。

秋天，砍柴的季节。一握粗的杂木敲上去梆梆响。梆声沿着山谷好听地跑远。

我贪心地砍倒一棵棵落尽树叶的小杂木。我眼前金灿灿的秋色突然聚成一团，在黄叶盖满的坡顶上无声无息地移过。透过疏疏的杂树灌木，星星般耀眼的红浆果向两旁分开。

柴刀栽进厚厚的落叶下，一只年轻的虎站在不到五米远的坡上。斜阳从它背后照来，它被明亮的火焰包围，颀长优美的身子呈现在我眼前。它停下来两秒钟，一只前足停在空中。

它侧首看了我一眼，似乎感到意外。

金色的目光和阳光溶在一起，飘过一绺嫣红的烈焰。就看了这短短的一眼。

人类最美的目光都死了。

静静的、威严的、穿心透腑的、超然的一眼。它转过头，踏下前足，走向太阳。一身富贵光亮的皮毛，棕色的横纹随着步子流水般滑动。爽白的天空把每一丝虎毛映衬得清清楚楚。

像无形无具的梦，消失了。

我沿着山坡狂奔下去，血液在全身蒸腾。激情脱去沉重的躯壳，裹着我轻盈地滑翔，哽咽堵塞了喉咙——

我受到了真正的蔑视！

仅仅两秒钟！人的骄傲颓然倒地。这轰顶的刺激炸开一片崭新的欢喜狂悦。

大自然用两秒钟告诉我，人可以夷平山川，制造荒凉，掏空地球，但是依然侵犯不了它的自由！这肃然起敬的、无法驾驭的自由！

彻骨的幸福倾倒下来。从此以后，没有一个人能用蔑视来伤害我了，绝对没有了！

老虎光艳夺人的美目敌御四方。

我飞奔回村，跃进家门，彻底欣慰地扑到床上，每根骨头、每块肌肉都在发抖——

啊，我见到了老虎！

【中国】张晓风

常常，我想起那座山[①]

“我看青山多妩媚，料青山见我应如是。”“相看两不厌，只有敬亭山。”古人与山的情感沟通之道，现代人可能不容易体会了。旅游的时候，我们不过是看客，去风景区瞧瞧新鲜。看客的心情与访友的心情截然两样，古人与山水眉目传情的“秘技”似乎已经失传了，所以，看过风景之后，我们除了失望就是无趣。不过，还是有人独得秘传，张晓风就是一个。作者以探亲的心情去会山，看他们如何逐渐亲近：首先，从“烟岚是山的呼吸”观景，眼前的山已经是一个活物。然后，登山看神木，山与树无言，作者代言：“树在。山在。大地在。岁月在。我在。你还要怎样更好的世界？”青山在，水长流，大地安好，生活平安，人生正好，“每一种存在都是适者”，不需要什么特别的事件，这些，本身就是美和奇迹。一种被山水召唤的情绪开始汹涌，最后，发出惊人的玄想：“由于天地的仁慈，他俯身将我们抱起，而且刚刚好放在心坎的那个位置上。山水是花，天地是更大的花，我们遂挺然成花蕊。”在山水之间，自觉“万千宠爱在一身”，人类的尊严与柔弱并存，这真是一种健康而温馨的情怀。

张晓风（1941年生），台湾散文作家。文字精美，情调高雅，是我向有写作兴趣的学生经常推荐学习的汉语作家之一。

山水的圣谕

我终于独自一人了。

独自一人来面领山水的圣谕。

一片大地能昂起几座山？一座山能出多少树？一棵树里能秘藏多少鸟？一声鸟鸣能婉转倾泻多少天机？

鸟声真是一种奇怪的音乐——鸟愈叫，山愈幽深寂静。

流云匆匆从树隙穿过——云是山的使者吧——我竟是闲于闲云的一个。

① 选自张晓风《晓风吹起》，作家出版社，1992年版。有删节。

"喂！"我坐在树下，叫住云，学当年孔子，叫趋庭而过的鲤，并且愉快地问他，"你学了诗没有？"

并不渴，在十一月山间的新凉中，但每看到山泉我仍然忍不住停下来喝一口。雨后初晴的早晨，山中轰轰然全是水声，插手入寒泉，只觉自己也是一片冰心在玉壶。而人世在哪里？当我一插手之际，红尘中几人生了？几人死了？几人灭情灭欲大彻大悟了？

剪水为衣，抟山为钵，山水的衣钵可授之何人？叩山为钟鸣，抚水成琴弦，山水的清音谁是知者？山是千绕百折的璇玑图，水是逆流而读或顺流而读都美丽的回文诗，山水的诗情谁来领管？

俯视脚下的深涧，浪花翻涌，一直，我以为浪是水的一种偶然，一种偶然搅起的激情。但行到此处，我忽竟发现不然，应该说水是浪的一种偶然，平流的水是浪花偶尔憩息时的宁静。

同样是岛，同样有山，不知为什么，香港的山里就没有这份云来雾往，朝烟夕岚以及千层山万重水的故国韵味，香港没有极高的山，极巨的神木，香港的景也不能说不好，只是一览无遗，坦然得令人不习惯。

对一个中国人而言，烟岚是山的呼吸，而拉拉山，此刻正在徐舒地深呼吸。

在

小的时候老师点名，我们一一举手说：

"在！"

当我来到拉拉山，山在。

当我访水，水在。

还有，万物皆在，还有，岁月也在。

转过一个弯，神木便在那里，在海拔一千八百公尺的地方，在拉拉山与塔曼山之间，以它五十四公尺的身高，面对不满五尺四英寸的我。

他在，我在，我们彼此对望着。

想起刚才在路上我曾问司机：

"都说神木是一个教授发现的，他没有发现以前你们知道不知道？"

"哈，我们早就知道啦，从做小孩子就知道，大家都知道的嘛！它早就在那里了！"

被发现，或不被发现，被命名，或不被命名，被一个泰雅族的山地小孩知道，或被森林系的教授知道，它反正在那里。

心情又激动又平静，激动，因为它超乎想象的巨大庄严。平静，是因为觉得它理该如此，它理该如此妥帖地拔地擎天。它理该如此是一座倒生的翡翠矿，需要用仰角去挖掘。

路旁钉着几张原木椅子，长满了藓苔，野蕨从木板裂开的瘢目间冒生出来，是谁坐在这张椅子上把它坐出一片苔痕？是那叫做“时间”的过客吗？

再往前，是更高的一株神木，叫复兴二号。

再走，仍有神木，再走，还有。这里是神木家族的聚居之处。

十一点了，秋山在此刻竟也是阳光炙人的，我躺在复兴二号下面，想起唐人的传奇，虬髯客不带一丝邪念卧看红拂女梳垂地的长发，那景象真华丽。我此刻也卧看大树在风中梳着那满头青丝，所不同的是，我也有华发绿鬓，跟巨木相向苍翠。

人行到复兴一号下面，忽然有些悲怆，这是胸腔最阔大的一棵，直立在空无凭依的小山坡上，似乎被雷殛过，有些地方劈剖开来，老干枯干苍古，分叉部分却活着。

怎么会有一棵树同时包括死之深沉和生之愉悦！

坐在树根上，惊看枕月衾云的众枝柯，忽然，一滴水，棒喝似的打到头上。那枝柯间也有汉武帝所喜欢的承露盘吗？

真的，我问我自己，为什么要来看神木呢？对生计而言，神木当然不及番石榴树，而番石榴又不及稻子麦子。

我们要稻子，要麦子，要番石榴，可是，令我们惊讶的是我们的确也想要一棵或很多棵神木。

我们要一个形象来把我们自己画给自己看，我们需要一则神话来把我们自己说给自己听：千年不移的真挚深情，阅尽风霜的泰然庄矜……

树在。山在。大地在。岁月在。我在。你还要怎样更好的世界？

适者

听惯了“物竞天择，适者生存”，使人不觉被绷紧了，仿佛自己正介于适者与不适者之间，又好像适于生存者的名单即将宣布了，我们连自己生存下去的权利都开始怀疑起来了。

但在山中，每一种生物都尊严地活着，巨大悠久如神木，神奇尊贵如灵芝，微小如阴暗岩石上恰似芝麻点大的菌子，美如凤尾蝶，丑如小蜥蜴，古怪如金毛狗，卑弱如匍匐结根的蔓草，以及种种不知名的万类万品，生命是如此仁慈公平。

甚至连没有生命的，也和谐地存在着，土有土的高贵，石有石的尊严，倒地而死无人凭吊的树尸也纵容菌子、蕨草、藓苔和木耳爬得它一身，你不由觉得那树尸竟也是另一种大地，它因容纳异己而在那些小东西身上又青青翠翠地再活了起来。

生命是有充分的余裕的。

在山中，每一种存在的都是适者。

水 程

……船来了，但乘客只我一人，船夫定定地坐在船头等人。

我坐在船尾，负责邀和风，邀丽日，邀偶过的一片云影，以及夹岸的绿烟。

没有别人来，那船夫仍坐着。两个小时过去了。

我觉得我邀到的客人已够多了，满船都是，就付足了大伙儿的船资，促他开船。他终于答应了。

山从四面叠过来，一重一重地，简直是绿色的花瓣——不是单瓣的那一种，而是重瓣的那一种——人行水中，忽然就有了花蕊的感觉，那种柔和的，生长着的花蕊，你感到自己的尊严和芬芳，你竟觉得自己就是张横渠所说的可以“为天地立心”的那个人。

不是天地需要我们去为之立心，而是由于天地的仁慈，他俯身将我们抱起，而且刚刚好放在心坎的那个位置上。山水是花，天地是更大的花，我们遂挺然成花蕊。

回首群山，好一块沉实的纸镇，我们会珍惜的，我们会在这张纸上写下属于我们的历史。

【中国】苏童

河流的秘密[1]

假如河流有智慧、有心灵，他会转些什么念头呢？苏童以小说家的想象力和观察力，不断猜测河流的秘密，探索河与鱼、河与岸、河与人的种种关系、揣想河的性情和委屈，甚至想到了水鬼，但是，最终没有说出河流的秘密，谁有这个能耐呢？然而，在曲里拐弯的探测中，作者凸现了河流的沉默的尊严。人只能与河流和谐地洁净地相处，却不可征服河流。

苏童（1963年生），当代小说家。著有《一九四三年的逃亡》《妻妾成群》等。

对于居住在河边的人们来说，河流是一个秘密。

河床每天感受着河水的重量，可它是被水覆盖的，河床一直蒙受着水的恩惠，它怎么能泄露河流的秘密？河里的鱼知道河水的质量，鱼的体质依赖于河流的水质，可是你知道鱼儿是多么忍辱负重的生灵，更何况鱼类生性沉默寡言，而且孤僻，它情愿吐出无用的水泡，却一直拒绝与河边的人们交谈。

河流的秘密始终是一个秘密。"亲爱的，我永远也不会对你讲/河水为什么这么缓慢地流淌。"这是西班牙诗人加西亚·洛尔加的诗句。这是一个热爱河流的诗人卖关子的说法，其实谁又能知道河水流得如此缓慢，是出于疲惫还是出于焦虑，是顺从的姿态还是反抗的预兆，是因为河水昏昏欲睡还是因为河水运筹帷幄？

岸是河流的桎梏。岸对河流的霸权使它不屑于了解或洞悉河流的内心，岸对农田、运输码头、餐厅、房地产业、散步者表示了亲近和友好，对河流却铁面无情。很明显这是河与岸的核心关系。岸以为它是河流的管辖者和统治者，但河流并不这么想。居住在河边的人们都发现河流的内心是很复杂的，即使是清澈如镜的水，也有一个深不可测的大脑器官，河流的力量难以估计，它在夏季与秋季会适时地爆发一场革命，淹没傲慢的不可一世的河岸。这时候河与岸的关系发生了倒置，由于这种倒置关系，一切都乱套了，居住在河边的人们人心惶惶，他们使用

① 选自王剑冰主编《2000中国年度最佳散文》，漓江出版社，2001年版。

一切可能使用的建筑材料来抵挡河水的登门造访，不怪他们慌张失态，他们习惯了做水的客人，从来没有欢迎河水来登堂做客的准备。河边的居民们在夏季带着仓皇之色谈论着水患，说洪水在一夜大雨之后夺门而人，哪些人家的家具已经浮在水中了，哪些街道上的汽车像船一样在水中抛锚了。他们埋怨洪水破坏了他们的生活，他们没有意识到与水共眠或许该是他们正常生活的一部分。河水与人的关系被人确立，河水并没有发表意见，许多人便产生了种种误会，其实本着公平交易的原则，河流的行为是可以解释的。试想想，你如果经常去一个地方寻找欢乐，那么这地方的主人必将回访，回访是一种礼仪，水的性格和清贫决定了它所携带的礼物：水，仍然是水。

河流在洪水季节中获得了尊严，它每隔几年用漫溢流淌的姿势告诉人们，河流是不可轻侮的。然后洪水季节过去了。河边的居民们发现深秋的河流水位很高，雨水的大量注入使河水显示出新鲜和清澈的外貌。秋天的河流与岸边的树木做反向运动，树木在秋风中枯黄了，落叶了，而河流显得容光焕发，朝气蓬勃。如果你站在某座横跨河流的大桥上俯瞰秋天的流水，你会注意到水流的速度、水流的热情足以让你感到震撼，那是野马的奔猎，是走出囚室的思想者在旷野中的一次长篇演讲，那是河流对这个世界的一年一度的倾诉。它告诉河岸，水是自由的不可束缚的，你不可拦截不可筑坝，你必须让它奔腾而下；河流告诉岸上的人群，你们之中，没有人的信仰比水更坚定，没有人比水更幸运。河流的信仰是海洋，多么纯朴的信仰啊，海洋是可靠的，它广阔而深邃的怀抱是安全的，海洋接纳河流，不索香火金钱，不打造十字架，不许诺天堂，它说，你来吧。于是河流就去了。河流奔向大海的时候一路高唱水的国歌，是三个字的国歌，听上去响亮而虔诚：去海洋，去海洋！

谁能有柔软之极雄壮之极的文笔为河流谱写四季歌？我不能，你恐怕也不能。我一直喜欢阅读所有关于河流的诗文篇章，所有热爱河流关注河流的心灵都是湿润的，有时候那样的心灵像一盏渔灯，它无法照亮岸边黑暗的天空，但是那团光与水为友，让人敬重。谁能有锋利如篙的文笔直指河流的内心深处？我没有，恐怕你也没有。我说过河流的秘密不与人言说，赞美河流如何能消解河流与我们日益加剧的敌意和隔阂？一个热爱河流的人常常说他羡慕一条鱼，鱼属于河流，因此它能够来到河水深处，探访河流的心灵。可是谁能想到如今的鱼与河流的亲情日益淡薄，新闻媒体纷纷报道说河流中鱼类在急剧减少，所有水与鱼的事件都归结为污染，可污染两个字怎么能说出河流深处发生的革命，谁知道是鱼类背叛了河流，还是河流把鱼类逐出了家门？

现在我突然想起了童年时代居所的后窗。后窗面向河流——请允许我用河流这么庄重的词汇来命名南方多见的一条瘦小的河，这样的河往往处于城市外围或者边缘，有一个被地方志规定的名字却不为人熟悉，人们对于它的描述因袭了粗放的不拘小节的传统：河。河边。河对岸。这样的河流终日梦想着与长江黄河的相见，却因为路途遥远交通不便而抱恨终生，因此它看上去不仅瘦小而且忧郁。这样的河流经年累月地被治理，负担着过多的衔接城乡水运、水利疏导这样的指令性任务。河岸上堆积了人们快速生产发展的房屋、工厂、码头、垃圾站，这一切使河流有一种牢骚满腹自暴自弃的表情。当然这绝不是一种美好的表情——让我难忘的就是这种奇特的河水的表情。从记事起，我从后窗看见的就是一条压抑的河流，一条被玷污了的河流，一条患了思乡病的河流。一个孩子判断一条河是否快乐并不难，他听它的声音，看它的流水，但是我从未听见河水奔流的波涛声，河水大多时候是静默的，只有在装运货物的驳船停泊在岸边时，它才发出轻微的类似呓语的喃喃之声，即使是孩子，也能轻易地判断那不是快乐的声音，那不是一条河在欢迎一条船，恰好相反，在孩子的猜测中，河水在说，快点走开，快点走开！在孩子的目光中，河水的流动比他对学习的态度更加懒惰更加消极，它怀有敌意，它在拒绝作为一条河的责任和道义，看一眼春天肮脏的河面你就知道了，河水对乱七八糟的漂浮物持有一种多么顽劣的坏孩子的态度：油污、蔬菜、塑料、死猫、避孕套，你们愿意在哪儿就在哪儿，我不管！孩子发现每天清晨石埠前都有漂浮的垃圾，河水没有把旧的垃圾送到下游去，却把新的垃圾推向河边的居民，河水在说，是你们的东西，还给你们，我不管！在我的记忆中河流的秘密曾经是背德的秘密。我记得在夏季河水相对清净的季节里，我曾经和所有河边居民一样在河里洗澡、游泳，至今我还记得第一次在水底下睁开眼睛的情景，我看见了河水的内部，看见的是一片模糊的天空一样的大水，就像天空一样，与你仰望天空不同的是，水会冲击你的眼睛，让你的眼睛有一种刺痛的感觉。这是河流的立场之一，它偏爱鱼类的眼睛，却憎恨人的眼睛——人们喜欢说眼睛是心灵的窗户，河流憎恨的也许恰好是这扇窗户。

我很抱歉描述了这么一条河流来探索河流的心灵。事实上河流的心灵永远比你所描述的丰富得多，深沉得多，就像我母亲所描述的同一条河流，也就是我们家后窗能看见的河流。那是一个多么神奇的故事：有一年冬天河水结了冰，我母亲急于赶到河对岸的工厂去，她赶时间，就冒失地把冰河当了渡桥，我母亲说她在冰上走了没几步就后悔了，冰层很脆很薄，她听见脚下发出的危险的碎冰声，她畏缩了，可是退回去更危险，于是我母亲一边祈求着河水一边向河对岸走，你猜怎么着，她顺利地过了河！对于我来说这是天方夜谭的故事，我不相信这个故事，我问母亲她当时是怎么祈求河水的，她笑着说，能怎么祈求？我求河水，让我过去，让我过去，河水就让我过去了！如果你在冬天来到南方，见到过南方冬天的河流，你会相信我母亲的故事吗？你也会像我一样，对此心怀疑窦。但是关于河流的故事也许偏偏与人的自以为是在较量，这个故事完全有可能是真实的，请想一想，对于同一条河流，我母亲做了多么神奇多么瑰丽的描述！

河水的心灵漂浮在水中，无论你编织出什么样的网，也无法打捞河水的心灵，这是关于河水最大的秘密。多少年来我一直难以忘记我老家一带流传的关于水鬼的故事，我一直相信那些湿漉漉的浑身发亮的水鬼掌握了河水的秘密。原因简单极了，那些溺死的不幸者最终与河水交换了灵魂，他们看见了河水的心灵，这就是水鬼们可以自由出入于水中不会再次被溺的原因，他们拿到了一把钥匙，这把钥匙能够打开河流的秘密之门。

可是在传说之外我们从来没有与水鬼们邂逅过，不管是在深夜的河岸边，还是在沿河航行的船上。水鬼如果是人类的使者，那他们一定背叛了人类，忠实于水了，他们不再上岸是为了保持河流的秘密。水鬼已经被水同化，如今他们一定潜伏在河流深处，高昂着绿色的不屈的头颅，为他们的祖国发出了最后的呐喊：岸上的人们啊，你们去征服月球，去征服太空吧，但是请记住，水是不可征服的。

【日本】东山魁夷
陈德文 译

心灵的镜子[①]

东山魁夷（1908~1999），日本风景画家，画品高贵、绝美，内含神韵，异常迷人。画家毕生用色彩礼赞自然，他对风景的感悟也异常体己。从小，体弱多病的东山魁夷常常被母亲领着登山，并长时间独居在海滨小屋里疗养，他感觉，大自然不仅给了他健康的身体，也疗救了他沉落的灵魂，让他变得坚强有力，甚至，指引了他的人生之路——做一名风景画家。他对风景的认识细腻丰富，比如说，南国的风景“反映了人们的温馨和友善”，而北国的风景则能“产生庄重的精神，朴素的人情”。画家一生远游，行踪四海，越和风景相融，内心越是博大丰盈。他对风景的定义耐人寻味：“风景是心灵的镜子。”每个人心中的风景都是不一样的，有怎样的心灵，就有怎样的风景。同样，风景也反映出人的心灵，甚至“可以说，一个国家的风景就象征着这个国家国民的心灵”。按照画家提供的美学原则，请你留神关注我们身边的“风景”。

夏季早晨的风是清爽的。脚下的草被夜露打湿了。城镇刚刚苏醒过来。眼底出现了一户户人家。对面是静寂的海，明朗而辽阔。

高高隆起的小丘，背后绵延着碧绿的山峦，西端沉落到了海里。那儿可以望到巨大的迷蒙的倒影。

母亲和儿子站在山丘上。这个穿着蓝底白条纹和服的孩子，就是少年时代的我。每逢暑假，母亲常常领着多病而带有神经质的我，一大早就登上这座山丘。

被母亲叫起来，揉着惺忪的睡眼，勉强着来到这里。从山丘上望去，风光使得幼小的心灵充满了快乐，我感到浑身神清气爽。

幼小时候的记忆，随着年龄的增长，在心中涂上了一层色彩，到头来会弄得面目全非，而且还会随着场所和时间的变更而改变。但是两年前我到神户时就不由想起了这个地方，便去看了看。如今，这里已经整顿成小公园的样子，从前那夏

① 选自陈德文译《东山魁夷散文选》，百花文艺出版社，1989年版。

天的朝露濡湿足履的草丛没有了。但站在这里向四方眺望，看到的依然是藏在心中五十多年前的风景。

为什么这风景一直给我留下这般新鲜的印象呢？少年时代的我，虽然当时没有意识到这点，但不正是从这种风景里感受到母亲慈悲的心怀和生命的泉源吗？这风景对于我是不灭的。

我没有把自然当成人的对立面，这种感受，这种想法，在我幼小的心灵中早已萌生了，这是事实。初中三年级的时候，我的一幅风景画在校内展览会上展出过。画的是山中的小水池，周围环绕着碧绿的树木，画题叫《静》，这是在须磨山中荒无人烟的密林内制作的油画。同时，还画了一幅水彩，刀削般的灰色的断崖下面，一群人抬着棺柩向火葬场走去，他们看起来显得非常渺小。这是在学校的后山上亲眼看到的情景。这幅画谁也没给看过。

这两幅作品虽说幼稚，但都是我心象中的风景。尽管这两种风景迥然不同，却是自己内心的感受和外部世界相呼应而结成的印象。少年的我是一颗遭受侵蚀的青果，带着无法违拗的情绪，凝视着身心交瘁的病体；一方面又向包蕴着净福的静谧的风景祈求救助。

这年，上学期过了一半就休学了。淡路岛志筑町村头有一所孤零零的小房子，我在那里一直住到暑假。在那个十分冷清的地方，让小孩子一个人待下去，一般的父母都会放心不下，何况我的父母对待孩子比别人更加娇惯。

可是，那里住着长年在我家帮工的佣人的娘家，她家一位独居的老母亲对我照顾得很周到。打初中一年级时候起，每年暑假我都要到她家住些日子。再说，我的父母很了解我的性格，一个人独处心情会更舒畅些。

这座房子靠近海，到了夜间，可以清楚听到奔涌的波涛，带着沉郁而甘美的情调，把我送进安谧的梦乡。我看不厌黎明和黄昏大海那雄奇的光芒和色彩，看不厌风和浪无休止地相互嬉戏的情景。自然和我，成天价都在亲切地交谈着。

有时候，风激烈地叩打着挡雨窗，波涛冲击着海滩，高扬起银白的飞沫。这海边的风景永远留在我的记忆里，它亲昵地包裹着我，给我以安适。暑假结束了，我被太阳晒黑了，带着一副健康的神态，回到了双亲的身旁。

面临着濑户内海的这片土地上的山、海和夏日的风景，毋宁说它是平凡的。但却是清澄的，显示着生命这一根本要素的存在，反映了人们心性的温馨和友善。当时，正向黑暗的谷底沉落的我，不知道如何对待自己。无疑，这风景对于我来说，不光是一种救助，而且直到后来，始终隐藏在我内心的深处，成为指引我的精神发展的一个要素。

少年时代快要过去了，我几度踌躇，才下定决心当画家，离开神户，考进了东京美术学校。一年级的夏天，我同两三个朋友沿木曾川徒步野游。我们穿过一些村庄，登上了御岳，过了十几天的旅行生活。我平生第一次看到了山国的景象。神户是个明净的海港城市，我在濑户内海优美的环境中住惯了，山国严峻的自然风貌和居住在这地方的人们使我受到了强烈的震动。下面是当时日记中的一段：

> 经过麻生这个地方，天黑了。在寻找露营场所的时候，下起大雨来。从地图上看，木曾川就在近旁，因为走的是山路，离这条河还相当远。雨越下越大，闪电仿佛要撕裂杉树林。雷震荡着空气，在头顶上隆隆地滚动。我们浑身透湿，顺着瀑布流泻的山路返回麻生。
>
> 进入一户农家，说明了情由，请求借宿一夜，哪怕睡在门内的泥地上也好。家里只有一个矮小的老婆子，她热情地接待了我们。坚固的木造天花板，黑油油的柱子。老婆子把大家让到屋内，忙着张罗茶水。儿子说今晚要到附近的一个地方去，为迎接什么节日练习吹笛子。这当儿，不知不觉雨早止了。
>
> 老婆子说，这地方没有什么名胜，刚建成一座公园。她说着就带我们出去了。这是个美丽的月夜，说起这个公园，却也很简单，在附近的水力发电站旁，只种植了少许的樱树。可老婆子倒是一副颇为自豪的样子。
>
> 诚然，这明月下的山峡的景观，比起任何城市的公园来都令人叫好。夜气澄澈，风儿带着寒意。回来倒在床上，微微传来迎接节日的锣鼓声——

此后，我们又经历了不少事情。沿着木曾路登上了御岳。到达八段坡，风雨转强，宿于石室内，翌日晨，登剑峰，大雾翻卷，一片空漠的灰色的世界。

这次所获得的感受，为我开辟了后来走向山国、连接北方世界的道路。深雪封锁的漫长的冬天。贫瘠的土地，严酷的气候风土，坚韧生活着的人和树木。那里产生的庄重的精神，素朴的人情。

刚刚踏入艺术世界的我，确确实实切身感受到了这条道路的艰险。此外，父亲经商的失败，使得当时的我预感到将来学业上的多艰。我要寻求一种强大的精神支柱，它应有别于母性的阴柔的情怀。山国的风景正象征着我心中的愿望和祈求。直到现在，这种风景一直是指导我的精神历程的重大要素。

风景是什么？我们所认识的风景是通过每人的观察并感知于心灵的东西。因此，从严格的意义上讲，可以说每个人心中的风景都不一样。但是，既然人们的心是相通的，那么我的风景也可能成为我们的风景。我是画家，为了在心灵里深深感受着风景，我永远只能开掘我自身的风景观。然而，画家会有特殊的风景观吗？我是画家，但我首先是人。

少年时代和青年时代人生的远游，作为一个画家的起点，深深铭刻于心间。这两个重大的要素成为我人生道路的精神基盘。我把它看成是风景的象征。这种精神基盘包含着和风景的紧密联系。我想，这不光是我一个人的体验。

我坚信，人的内心没有感情的激动就不可能把风景看成是美的。风景，可以说是人的心灵的祈望。我愿描绘清澄的风景，被污染、被践踏的风景不能拯救人的心灵。风景是心灵的镜子。一座庭院最鲜明地代表着居住在这里的人家的心灵。住在山林或田园的人们，他们的心灵也被反映出来了。河流和海洋也是一样。可以说，一个国家的风景就象征着这个国家国民的心灵。

日本的山川、海洋、原野显得多么荒寂。那些竞相把核爆炸的灰尘撒向大气中的国家，又是在干着何等无谋的蠢事！人们现在处于病态之中，那座白色悬崖前送葬的队列，不是少年时代的我自己的幻想，也许正是现在人类的真实的写照。

我们应当使大地母亲永葆洁净，因为她是生命的源泉，必须有一颗能和自然协调生活的心。在人工的乐园里，存不住生命的光华。不管你愿意不愿意，现在都应当深切地认识到这样一个问题：我们的风景紧密关联着我们人类的生存啊！

【中国】潘文石

大熊猫静媛的故事①

在动物面前，人类习惯了扮演猎人的角色，结果，大地上的动物不断灭绝。人类文明进化至今，会产生一个幻觉：以为地球上就只有人类一个物种是有生命的，其他的物种不是观赏对象就是食用对象，出现在铁笼里和餐桌上，从来不是平等相处的朋友（我们不会去吃自己的朋友，也不会把他们关在笼里。小猫、小狗等宠物例外吗？认真想想，也不例外）。人类已经生活在自己建筑的人造世界里，正在失去与地球其他物种和谐共存的关系，人类的自负和无知日益严重，无所顾忌地攫取自然成为各国政府共同的愚昧竞赛。某一天，当地球上只剩下人类，人类也就活到头了。

尊重生命，敬畏生命，保护生命，或许是现代人必须进修的一课。现在，我们来听一个“大熊猫与科学工作者”的故事。讲故事的人叫潘文石（1937年生），北京大学大熊猫及野生动物保护中心主任。

早餐之后，太阳还没有升起，一切就都准备停当了。萧灵穿好她那件亮黄色的羽绒衣，同时把每天必备的照相机、望远镜、卡尺、卷尺和笔记本等都装进那个鲜红色的登山包中；向明背着一个大行军包，里面装满牛羊肉和骨头；六位民工身上，每人背着一块用角铁和钢筋焊成的铁栅栏。他们缓缓地向预先选定的一个山谷走去，不久便消失在朦胧的天色之中，唯独萧灵的黄衣红包在银色的雪地里格外显眼。

本来萧灵不想穿戴这些颜色鲜艳的衣物，怕会妨碍她在森林中观察动物时隐蔽自己。但在北京大学时，她的教授一再叮嘱她穿上醒目的衣物，目的是为了安全，在万一迷失方向或出了意外时便于寻找她。

他们来到一个幽静的小山谷。北面有一道山梁挡住了凛冽的寒风，山谷的开口处正好朝南，使得山谷中射入了更多的阳光。一条小溪从木竹林中缓缓流过，清澈透亮。所有这些，使这里在冰天雪地的寒冬中，也还透出一丝温暖的气息，是大熊猫一个良好的冬季栖息地。

① 选自饶忠华主编《中国科普佳作百年选·聆听科学》，上海科技教育出版社，2001年版。有删节。

竹林中到处都有大熊猫踩出的小径、取食的痕迹和遗留的粪便。向明在靠近水边10多米处选好一个地方，他指挥民工把6块铁栅栏用螺丝、螺帽连接起来，一个铁笼子就支在那里了。此处是大熊猫每天喝水的必经之路。

向明让民工们用竹子和树枝隐蔽好笼子，然后把一块活动木板安放在笼底，用一个杠杆把木板与铁笼的活动门连接起来。他反复试验了几次，一触活动板，铁门便立即自动落下关严。他从背包里取出牛羊肉、骨头放在活动板上当作诱饵。

3天之后，他们发现笼子中的骨头和肉都没有了，地上留下一串细长的脚印。脚印表明是一种叫青鼬的动物光顾了铁笼。青鼬，也称为黄喉貂，喜欢吃蜂蜜，因此有“蜜狗”之称。它样子像黄鼠狼，身体比狐狸小1/3，性情十分凶猛，常捕食各种鸟兽，也能咬死比它大得多的林麝和毛冠鹿。但它的体重却还不足以压动活板，因此笼门没有落下。

大熊猫还没有光顾铁捕笼，它的脚印出现在距捕笼25米以外的地方。

萧灵想起一本书上讲过，北极的因纽特人在冰天雪地中捕捉北极熊的办法之一，是把一块海豹油脂扔到火里去烧，蒸腾出来的香味很快便可把北极熊招引过来。于是，她和向明在笼子前生起一堆火，把新带来的肉、骨头都投入火中。不久，烤肉的香味便四溢开来。

向明把一条烤好的羊腿放在活动板上，又在大熊猫经常路过的地方，沿途每隔数米挂上一串牛羊肉，一直引到笼前。

次日，萧灵和向明来检查捕笼，大约离笼子还有20米，他们已经看见有只毛色黑白分明的大熊猫正安静地坐在铁笼中。它那对乌黑的眼眶中间滚动着一双珠子般的眼睛，略略歪着脑袋，用稍带惊慌和好奇的目光打量着这两个走近的人。大熊猫站了起来，在笼子里乱撞一阵，打算冲出去。

萧灵立即请向明返回营地，携带麻醉药品和无线电发射颈圈等物品，并再请两位民工来帮忙。

笼前只有萧灵一个人了。她坐下来，态度友善地接近铁笼，并用柔和的声音慢声细语地向大熊猫招呼。大熊猫慢慢安静了下来，她随手采来一把竹子递给它。大熊猫迟疑了一下，用鼻子嗅嗅，然后用灵活的前掌抓过竹子，送进了嘴里用有力的双颌一咬，嚼几下便咽下去。

萧灵采来更多的竹子，不断地递给大熊猫。当大熊猫两只前掌都抓着竹子，细眯起眼睛大口咀嚼的时候，萧灵把手伸进铁笼，轻轻地抚拍大熊猫的头部、肩背，按摩它的耳根。开始时，大熊猫有些紧张，但很快便感到这种抚摩使它愉快。当萧灵抽回手时，大熊猫竟从笼中伸过一只前爪同她戏耍起来。一只多么可爱、温驯的野生动物！

当向明带着所需的各种物品和两位民工汗流浃背地赶来时，不禁感叹：

“小萧，你真有办法，一下子就让它这么安静！”

看得出这是一只雌熊猫。由于它文静、温和和对人亲近，萧灵建议给它起名叫“静媛”。

萧灵取出一支带有彩色羽毛尾巴的注射针，把按体重计算好剂量的麻醉药灌进去，调节好压缩空气的阀门，然后交给向明。向明把这支圆珠笔大小的麻醉针装到一根1米多长的特殊吹管里。在离静媛七八米远处，他用嘴含住吹管的一端使劲一吹，麻醉针立刻从吹管中飞出，射中大熊猫的肩部。当针头穿透动物的皮肤时，控制压缩空气的阀门自动打开，这种麻醉剂便立即注射进静媛的肌肉之中。5分钟后，大熊猫静媛睡着了。

两位民工把它从铁笼中抬出来。萧灵迅速测量大熊猫静媛身体各部分。这是一只相当大的雌熊猫，从吻端至尾根部有165厘米，胸围达100厘米，从脚至肩峰达85厘米高，尾长15厘米。

两位民工把静媛抬进一个大网袋中，再挂在大树枝上的一个弹簧秤上，一称，它有103千克。

萧灵接着忙碌起来。她取了大熊猫的新鲜粪便，又熟练地从它的桡静脉上抽了10毫升血液样品。与此同时，向明找遍了静媛身上的每个角落，竟没有发现一只寄生虫，说明在严寒的冬天，大熊猫体外的寄生虫都离开大熊猫的身体，跑到土里或其他什么地方过冬去了。萧灵这时又用力搓揉静媛的一只耳朵，用一个注射针头在它耳尖上扎出一滴血，做了血涂片，准备回北京后检查血液中的寄生虫。

最后，他们把一条宽皮带系在静媛的脖颈上。这是一条特殊的皮带，上面有一个墨水瓶大小的微型无线电发射装置。这个无线电发射器中小巧的高能电池，能供电30个月。发射无线电波的天线已经被巧妙地埋在皮带中间。待电池用完，皮带便会老化，脱落，不会给熊猫造成长期的负担。大约经过一个小时，一切工作就绪，他们又把静媛抬回到铁笼中。

静媛慢慢苏醒过来了。它打算站立起来，但尝试了几次，又无力地躺了下去。半小时之后，静媛站了起来，有些左右摇晃。他们没有立即把它放走，因为在高山峡谷地带，一只步履不稳的大熊猫是很容易失足摔伤的。因此，它继续被关在笼子里。1小时后，它才完全清醒过来，恢复了力量。

笼门打开了。静媛迟疑了一会儿，嗅了嗅门口，慢慢地走出来。当它的脚一踏上它所熟悉的土地时，仿佛按捺不住重新获得自由的兴奋，一溜烟地消失在茫茫的竹林中。

向明把无线电接收机挂在脖子上，这是一个军用水壶大小的仪器。他爬上附近的山梁，把一个只有50克重的“H”型天线与接收机连接起来，然后打开接收机的开关，凝神谛听。耳机里立刻便响起了静媛颈圈上发射出来的电波的嘟嘟声，指示着静媛的去向和活动位置。此后，他们每天都把通过电波得知的静媛活动地点和其他情况一一精确地标在地图上。

开始两天，静媛似乎没有什么目的地到处跑着，也许它想避开这个曾使它陷入囹圄的河谷。它先是溯河而上，翻过一个分水岭，进入一个针阔叶混交林，然后顺流而下，穿过下游开阔的河谷，又转到另一个河湾的竹林里。但到了第三天，它又重新回到这个相对来说比较暖和、幽静，又是它所熟悉的小山谷中。整个长达五个月的冬季，它都在这里度过。这里有丰盛的竹子和流淌不尽的溪水。偶尔它也溯河到水源附近，企望能够像上次那样，从金钱豹的食物剩余中得到好处。但是它的愿望都落空了。

一个皎洁的月夜，它顺着小溪往下走。在山谷的出口处，小溪猛地转弯，形成一个直角，注入更大的水流中去。就在水的拐弯处的竹子上，它发现了一些血迹。静媛咬了一口带血的竹叶，咀嚼着，品味着，咽了下去。这滋味使它更觉饥肠辘辘。突然，它看到两只狼正俯伏在地上，撕咬着一只血肉模糊的小野猪。静媛谨慎地停住了脚步，打算守候在旁边。两只狼先是发出呜噜的吼声，接着抬起头来，对它凶狠地吼叫，这使它连连倒退，然后惶惶地逃走了。

静媛像所有的大熊猫那样，从它的祖先那里继承了食肉的本能。它有那锐利的犬齿，这是食肉类动物的重要标志之一。有肉时，它也喜欢吃肉。但是，随着千百万年时间的流逝，大熊猫也和生物界各类生物一样，越来越与它们的生活环境相适应，它们的食性已经改变为吃竹子了。所以，同样是犬齿，大熊猫的犬齿比现代食肉动物的犬齿退化多了。加上它们长期吃竹子，不需要迅速地奔跑和跳跃去寻找食物，体型也笨拙了。它们无法亲自猎捕食物，而仰仗其他食肉动物的施舍又极其困难。因此，静媛只好回到它自己的那片竹林，照例完成每天最迫切的任务——觅食，吞吃大量的竹叶和竹茎来维持生命。

【美国】戴安·福茜
张峰 译

我和大猩猩握了手①

在远古时代，最初的人选择了直立行走，一下子提高了眼界，面对芸芸众生，心理上占据了优势，可以俯视其他动物，敢于对抗比自己强壮的动物。后来，人越来越“文明”了，成了目高于顶的“高级动物”，除了用枪指向“低级动物”，不再懂得其他的沟通方式。如今，文明人如果要和动物平等交流，必须重新学会俯下身来，伸出手去。

戴安·福茜（1932~1985），美国灵长类学家，自1967年以来长期驻扎东非的高山雨林，潜心考察大猩猩的生活习性，致力于保护大猩猩的事业。她的行为，是文明人“屈身俯就”与“低等动物”平视交流的一个经典事件，和大猩猩的一次握手，被她视为“我平生以来所享受到的最令人称羡的礼品”。1985年，这位放低身份的人被当地偷猎者杀害。

虽然进展并不总是顺利，但我仍坚持照原定的计划去做。在野外见到大猩猩时，模仿着从柯柯、普克那儿学来的叫声和动作，想法去接近它们。这种方法不久慢慢奏了效。它们最初遇到人时的恐惧感消失了，特别是有几只年轻的大猩猩，跑到离我很近的地方，好奇地玩弄起我的衣服、靴子，摸摸我背的相机，或者瞧瞧我的望远镜。

有一次，我和一只担任首领的大猩猩——拉菲基遇上了。它那高大魁梧的身材，是够吓人的。一开始，我先发出柯柯常发出的那种深沉的音调——“诺姆，诺姆——”然后发出普克常发出的那种高音调（这声音是告诉对方，这里有食物，快来吃）。没有想到，这套发音很灵验，立即把拉菲基的注意力吸引了过来。只见它向我走来，从它的表情和神态来看，像是在表示：“现在我来了。你该不会骗我的吧！”

这些接触令人神往，使我常常从新的发现中找到了无穷的乐趣。长久以来积压在心头的烦恼、担忧，都烟消云散了。每天，当晨曦伸向山巅之前，那白茫茫无

① 选自黎先耀主编《大家知识随笔·外国卷》，中国文学出版社，2000年版。

边的雾层，抢先弥漫了整个山峦，把山和天融成一片。漫山的岩石、林木，好像全都抹上了一层薄薄的轻纱，显得分外妖娆。我就在这时开始了一天紧张的工作。有时我爬到树上去考察，几只最年轻的雄性大猩猩——皮纳茨、格里茨和沙姆逊也爬到树上来找我。它们看看我身上那些挺稀奇的、带着镜子的装备，一会儿又摸摸我靴子上的鞋襻……

有几次我悄悄地走进正吃得很香的大猩猩中间，并且当着它们的面发出一连串“诺姆、诺姆——”（表示吃得很有滋味）的声音。很快我就惊喜地听到，周围那些长毛的“伙伴”们，也用同样的声音在回答我。我已经能用大猩猩通晓的语言和它们通话了！想到这一点，怎能不激动呢？！

有时候，我还学着大猩猩的模样，蹲在灌木丛中，假装在大嚼着野芹菜，一边还咂咂地发出声响，好像在品尝着美味一样。有一回，一头大猩猩闻声赶来，像要看看我究竟吃的是什么样的好菜。然后，当我使劲地搔头皮时，它也几乎同时搔起头皮来。

每当回忆这段考察生活，我觉得自己真像个大傻瓜。在细雨蒙蒙的山林中，独自坐在那里，学着大猩猩的样子做着各种动作。可是我却越学越感兴趣，因为，大猩猩跟我越来越亲近起来了。

这种成功所给我带来的喜悦，不亲身经历过的人是无法领略的。

这是1970年初的一天。只见一双黑色的手臂抱着树干。过了一会儿，露出了一个毛茸茸的脑袋。它那闪亮的眼睛透过灌木丛，向我凝视着。我正站在比这只大猩猩要略低的山坡间的树上，举起望远镜瞭望着，生怕对手的行动有一丁点儿从眼皮下漏过。

我很熟悉这张脸，不仅是这张脸的各个细节，而且包括它那丰富、复杂的表情。这只淘气的大猩猩名叫“皮纳茨”，我很喜欢它。它和它的同伴已经很早就习惯和我待在一起了。

我从树上下来，蹲在绿叶丛里，像那些长毛“伙伴”一样，发出“咂咂”的嚼着什么东西的声音。凭过去的经验，我知道这么做，皮纳茨就会放心地和我嬉耍了。

皮纳茨面露笑容。这时它离开那棵树，向我的方向走近。这只已经成年的大猩猩，虎背熊腰，生气勃勃，活像个擅长表演的马戏团演员。你看它，猛烈地捶打着自己的胸部，嘴里衔起一片树叶，接着又将它抛到空中，然后大摇大摆神气十足地往前走了几步，拍打了几下周围的枝叶，突然来到了我的身边。它的表情像是在说：

“我已经为你表演了娱乐节目，现在该轮到你上场啦！”

于是，皮纳茨坐下，注视了一会儿我的“进食”动作，似乎这个“节目”并不特别引起它的兴趣。我立刻换了个“节目”——使劲搔自己的头皮。这种动作对于大猩猩是很熟悉的，它们也常常这么搔头皮。

皮纳茨几乎同时搔起了头皮。现在不清楚，究竟是谁在学谁的动作了。然后，我重新回到灌木丛旁，尽可能做出不伤害对方的样子，并且慢慢伸出手去。我首先将手心向上摊开（因为猿和人的手心的相似程度要超过手背）。当我感到皮纳茨认识这件“东西”时，便慢慢地抽回了手，并让它搁在灌木丛上。

这时，皮纳茨向前走了几步，离我越来越近了，然后伸出自己的手，轻轻地将手指搭在我的手指上。

皮纳茨这时候坐下，看了一会儿我的手。它站起来，做了一个急促的捶胸动作，借以抒发它此刻的兴奋，然后加入到自己那一群中去了。我无法抑制内心的喜悦和激动，几乎喊出了声。这是我平生以来所享受到的令人称羡的礼品。

据我的了解，一只野生大猩猩和人离得这么近地握手，这还是第一次。

是的，在我以前还没有一个人，在野外和被称为森林“恶魔”的大猩猩，这么地握过手。

有一天，正是果实成熟的时节。我来到第8、9两组大猩猩共同聚集的一棵臀果木树上。这些猿类已经在这儿采食有一个多星期了。臀果木树的果子是大猩猩喜爱的食品。但当我和摄影师鲍布走到树下时，发现树上已被采摘一空。

“我并不感到惊奇，”鲍布望了一眼整片凋零的树丛，说道，“即使做一个单个的白天休息用的巢，这儿的枝叶数量也不够。”我们猜测，猿群可能已向高处的山坡上移动，于是穿过折断了的树枝向前追踪。我看到一根树梢上挂着几颗熟透了的果子，便摘下三颗放进了提包里。

不久，我们在200米处，见到第8组的一群大猩猩正悠然自得地晒着太阳和打盹儿，两人便蹲在一旁，安静地注视起它们的动静。

过了两个小时，这些大猩猩都下山去了。鲍布和我便收拾好随身的装备，准备返回营地，心里在想：这一天看来收获不大。突然，我身后猛然跳出一只身强力壮的大猩猩，定睛一看方知是皮纳茨。它站在一根圆木旁，眉宇舒展，看来很高兴。它在我身上放了一颗果子，这时它那略带狡黠的表情像是在说：

“好吧，我放一颗果子在你身上。你看，我不是这样做了吗？那么你呢？”

我立即想起自己的提包里有三颗果子，于是慢慢地将一颗果子放到圆木上面，示意让皮纳茨来取。使我吃惊的是，皮纳茨居然爽快地将这颗果子丢进了自己的嘴里，然后直盯着我，像是请求给他第二颗。

我摊平自己的手，将另两颗果子放在手心上递给了皮纳茨，只见皮纳茨用粗糙的手指犹豫地拿起了果子。

这个时候，我真愿意用我脚上的靴子换取更多的果子！

在有礼貌地等待了几秒钟之后，皮纳茨大摇大摆地跑到我的另一边，侧转着身子似乎是在向我说："你真是个吝啬鬼！"于是，它急忙钻进自己的那群伙伴中去了。

这是一幅宁静和平的图画，看来人是可以和大猩猩友好相处的。只是我还想知道，在大猩猩家族内部，究竟是怎么相处的。父子之间始终融洽吗？家族之间是否也发生争斗呢？要回答这些问题，第5组贝多芬父子之间的交往可以作为例子，而第4组与第5组之间的一场搏斗，说明它们之间并不总是平静的。

【中国】徐仁修

鹭鸶与我[①]

猎鸟者与观鸟者是两种人，前者是美和生命的毁灭者，后者是美和生命的崇拜者，他们之间的差距几乎相当于不同的种族，可惜，这两种人都叫“人类”。爱美的人让鸟留在树上，对美的崇敬不是占有，而是欣赏，“可远观而不可近玩焉”。从猎鸟者变为观鸟者，是一个理念的转折，这里潜伏着与动物为友的契机。

徐仁修（1946年生），台湾作家和摄影家。这位都市人用了两个多月的时间，专门去树林里陪一群鹭鸶，住在临时搭建的观察台上，观察、拍摄鸟儿们的贪欢求爱、繁衍生息以及在突发的暴雨洪水中的挣扎与夭亡，恍惚之间，读者也似乎伴随作者身处观察台上。作者用了文学的笔法描述鹭鸶，这是欣赏者的态度，有了这种情感基础，较容易变成一个纯粹的动物保护者。

大安溪河口北侧，有一片木麻黄树林，栖居了一群从外埔乡迁徙过来的鹭鸶鸟，我1984年3月观察到鹭鸶们陆续从过冬的南边回到这片树林中，此后，树林一天比一天热闹起来，有黄头鹭、小白鹭以及夜鹭。

到了3月底，林中已经像一个人口众多的社区，居民各自占据了自己看中的树枝，开始营建新巢，我也着手准备在树林中的空地上搭建一座用来观察拍照的竹台。

一、观察台

我携着观察台的草图到附近的安田村，找到一位建筑小包工承建，几经讨价还价，以5200元成交。我唯一的条件是要他在搭建过程中那些会弄出巨响的工作，像要大力敲、捶的部分，必须在林子外面做妥，免得在林中进行时造成对鸟儿们的惊吓，他想都不想就满口答应了。

一连串的春雨，以及其他借口，包工一直拖到4月中旬才动工，而且也不是原

① 选自楼肇明编《八十年代台湾散文选》，中国友谊出版公司，1991年版。

来议定的条件，材料全是旧货，所有会弄出巨响的工作他都要在林中进行。我气得告诉他：尽管建，建好了他自己可以上去住，我可不会付钱。后来我们谈判许久——用旧材料我答应，但弄出巨响的工作一定要在林外做好。

包工对于我一再坚持不可惊扰鹭鸶，反不在价钱上要求降低感到十分不解，这大大违反了他的逻辑。我重视鸟不重视钱的态度，倒得他的尊敬，他跟他的雇工说，我若不是有钱人的子弟，就是神父，不然就是有点“哮哮”——神经仔！

因此他虽然用旧材料，却搭得十分结实，在主支柱上，还做了特别加强。

他和他的雇工仅费时半日就搭建完成，竹制的观察台有五米高，台上铺有一坪的木板，我将有一段时间住在上面……

4月19日，我在春光烂漫的早晨，在鹭鸶不甚欢迎的叫声中，爬上了竹台，开始了我与鹭鸶两个多月的共同生活。

二、主角

大部分的鹭鸶都在孵蛋，有少数晚来的才忙着筑巢。我选了几个离观察台较近而又没有枝叶遮掩的巢作为观察、拍摄的对象，它们的情形如下：

东边离我约10米远一棵木麻黄小枝丫上，一只正在孵蛋的雌黄头鹭，它的嘴喙上有一块小褐斑，我就给它取名花嘴。它的先生，我称它为楚留香，它的得名颇为有趣，留待后述。

在同株树的下方枝条上，另有一对黄头鹭正在筑巢，雄的我唤它大方，雌的我叫它多情。同一株树上尚有七家邻居，有一家夜鹭，四家黄头鹭，两家小白鹭，它们的巢都高于我的竹台，不利于我的拍摄与观察。

在我南边的一棵高瘦、分枝少的树上，住着三家：最上的一家是黄头鹭，下面两家为小白鹭。中间那家的男主人我叫它脏鬼，因为它的脖子杂有灰黄色，不像其他的小白鹭那样洁白。它的老婆我称它小寡妇，它正孵着四颗蛋。住在最下一层的小鹭，雌的我叫它三羽，因为大部分小白鹭头上的羽饰都是两根，它却有三根。三羽的丈夫我为它取名小偷，它的恶名其来有自。

三、楚留香

大方把香巢筑好了，得意地站在巢旁看着它的准新娘正在检视洞房，大方慢慢地靠了上去，并把头伸到情人的头边，好像跟它说些什么，一会儿，它退了一步，突然张翅跳到雌鸟身上，雌鸟蹲伏下去，仅仅几秒钟，周公之礼就已完成。

我原以为好戏到此为止，不想公鸟刚跳到旁边的小枝上，住在“楼上”的公鸟却突然跳下来，落在那只刚交过尾的母鸟身上，在半推半就的叫声中，完成了另一次的交尾，而男主人自始至终都站在一旁而无动于衷，真够大方，因此我为它取了“大方”之名。

第二天早晨，又发生同样的怪事，而且这次更把我弄迷糊了，因为大方刚飞离雌鸟身上，突然三只雄的黄头鹭几乎同时落在大方的老婆身上，但是楼上的先生是近水楼台，早到了半步，它刚骑在雌鸟身上，第二到达的雄鸟就落在第一只雄鸟身上，第三只则落在第二只身上，结果四只鸟像叠罗汉一样，叠成四层，然后在一片叫骂声中，楼上那位老兄占尽便宜，最后一哄而散。

往后这种情形还陆续发生，但仍以楼上的老兄得标最多，而且它不只往楼下跑，还常照顾附近一些产卵中的邻居太太，我就称这只风流的黄头鹭为鸟中的“楚留香”。大方的老婆，我呼它为“多情”。

后来我发现，这种一夫一妻制又兼有杂交的现象，是鹭鸶鸟普遍的习性，目的是防止近亲生子。因为鹭鸶有许多是兄妹配对，这种近亲结婚常常会产生不孵化的劣蛋，或易夭折的弱子。因此，增加与其他公鸟交尾的机会，可以避免近亲生子而有利于种族的繁衍。

四、小偷

三羽的丈夫正忙着到处收集枯枝筑巢，但它到达鹭鸶林的时间落于大家之后，林中枯枝早已被先到者搜罗一空，它不得不到远一点的树林找建材。因此筑巢速度很慢。

有一天，我发现它衔回枯枝的速度与频率突然加快，我就特别观察它，它衔回一根细长的枯枝，草率地架在筑了一半的巢上，随即又走出巢外展翅飞去，但它只挥了一下翅膀就站在邻树的枝尾上，并沿着枝条，朝一个快筑好的窝走近，然后用喙衔拉巢中一根枯枝的尾端，拉出树枝之后，它调整了一下衔枝的位置，随即回头快速地回到自己的窝来。它连续这样取回三条枯树枝。我起先猜测它所拆的那个巢一定是某种原因而被别只鸟放弃的巢。但是当它第四次在忙着拆巢时，突然一只雪白的小白鹭从枝叶间直扑而下，尖尖的长喙重重啄击在拆巢者的头上，拆巢者痛得大叫，但是反击者毫不放松地追击，拆巢者往下窜，忍着头上、背上落下的啄打，跳跳飞飞，号叫着逃回它的巢去，这时我才知道，它是一个不折不扣的小偷，一个偷建材的小偷，此后我就叫它小偷。

后来我观察发现，这种偷建材的行为，在鹭鸶林常常发生，很像人类的社会一样。

五、新生代

4月23日，名叫多情的黄头鹭产下第一颗蛋，24日产下第二颗，25日产下第三颗，并开始全天孵蛋，27日产下最后一颗。这是最多的了，大部分为四颗，也有三颗的。

在产卵期间，多情在一天里交尾多达四五次，有时好几只公鸟一起挤到它背上时，我无法确知交尾是否完成，而且这种婚外交尾是毫无前兆，既无唱歌也无求爱之舞，往往突然一群公鸟凑在一起叠罗汉，最多时，我见过五只公鸟叠在一起。

4月底，林中已经有许多小鹭鸶孵化，多情仍然耐心而安静地孵蛋，它每隔一至两小时，会用喙翻动翻动每一颗蛋，好使蛋的上下部分能均匀受温。

夫妻俩轮流孵蛋，下班者立刻外出觅食，大约要半天才能回来。回来时，它会待在巢边的枝上，孵蛋者随即站了起来，抖抖身子，然后小心翼翼地、慢慢地，走了开去，换上刚回来的接班。

有一天，林中来了三个大约10岁的村童，悄悄躲在一棵较矮的树下，三个人一起用弹弓对着一个巢射去，巢中的母鸟一下子被惊飞，结果有两颗蛋在它蹬脚起飞时，被蹬出巢外落了下去，一颗掉在地上，一颗打在一个村童的肩上，蛋壳碎裂后，现出里头已成形的胎鸟。另外稍高的巢里，一只母鸟也同时被惊飞，把一只毛茸茸的小鸟蹬出巢外落到地面，当场死去，我只好把村童训斥了一顿，逐出林外。

5月14日中午，多情的第一个孩子破壳而出，傍晚又有两个孵出，最后一颗蛋大概是在深夜里孵化，因为第二天早上我发觉时，它的胎毛已干。这些蛋经过足足21天到22天才孵化。

现在我观察的对象增加了：花嘴有四个黄口小儿，多情也有四口，小寡妇有三个，三羽有四只幼雏。

整个鹭鸶林中充满着小鸟讨食、呼叫的吱吱声，大鸟飞进飞出，洋溢着一片盎然生机。

六、小寡妇

梅雨开始了，一阵阵冷雨飘落，胎毛未换的幼雏全靠双亲轮番替它们挡雨遮寒：大鸟蹲伏着，微开双翼，把幼雏拥住。

下雨时，只有一只大鸟可以外出觅食，但雏鸟渐长，食量愈大，一只大鸟携回的食物根本喂不饱，渐渐个子小的越来越抢不到食物，身子更见弱小。

有时，雏鸟饥饿哭闹，留巢的大鸟会在雨势稍小时，外出觅食。

5月24日，花嘴最小的雏鸟死在巢里，它回来时，用喙把尸体拖到巢外，翻落地上。

5月25日，多情也少了一只幼雏。

连续的梅雨使得气温下降，最冷时，只有18摄氏度，加上雨水使鸟失温更快，加速了营养不良幼雏的死亡。这是大自然对生命的考验，只有能熬过这种磨炼的生命才配活下去。

5月28日，花嘴又在风雨中死去一个孩子，我认为它多半是冻死的，因为大鸟出外觅食一直没有回来，雨下得很大，三只幼雏挤成一堆，死的就是最上面的一只，它的细毛全湿透，伏贴在身上。

5月29日早上，我发现名叫脏鬼的雄小白鹭似乎情况不妙：它呆呆地立在枝上，双翅略垂，头微下弯，尾羽脏湿，身形委顿。它的两个孩子摇摇晃晃走出巢来，朝它行去，嘴巴张得大大的，吱吱地向它吵着索求食物。

脏鬼无力地向外缓缓挪了一步，我看见雨滴从它的尖喙滴落，后来它勉强起飞，完全不是往日那种一蹬冲天的起飞，而是歪斜的，几乎撞上树顶，勉强擦树越过，然后消失在树的那一边，这是我最后一次看见它，它就此一去不回，我猜它多半是死在野外了。

它老婆成了“小寡妇”，独立抚养两只嗷嗷待哺的幼雏。

七、大难

5月31日，从凌晨开始，倾盆大雨一直降个不停，原来我打算天亮后要到大甲镇上去补充一些粮食和干电池，但雨实在太大了，我想口粮勉强可撑到明天，因此决定顺延一天再进城。

雨非常大，偶尔还挟着一阵强风，鹭鸶林中只有风雨声，以及偶尔几声尖厉凄凉的幼雏讨食的哭叫，大鸟的翅像雨伞、像屋顶一般遮护着雏鸟，另一只大鸟则缩着脖子孤立一旁的枝上，对小鹭鸶和我来说，最悲惨的时刻来到了……

大雨整整下了一天一夜仍未稍歇，我的营帐也渗水了，我用塑胶袋把照相器材包好，然后钻进饱含水汽的睡袋中做白日梦。阵风吹动着竹台，微微摇晃着，我好像睡在海上漂流的孤舟上。

6月1日近午时，风雨稍停，我钻出营帐，霎时为眼前令人难以置信的景象所震惊——整个树林底下竟然全泡在水中，我的观察台下面正奔腾着洪流，除了中间一块高地像孤岛一样露出外，地面全为洪水淹没，我想一定是大安溪河泛滥了！我被困了！

鹭鸶们更惨了，小寡妇的一只幼雏不见了，另一只也瘫在巢里，显然是死了，小寡妇自己则呆立在枝头，弯垂着细长的脖子，好像不相信它已家破人亡。

楚留香折损了一子，三羽夭折两只幼雏，现在大鸟全部出动觅食去了，幼鸟全走出巢外，呆立在枝上，痴盼着双亲携带食物回来。

下午鹭鸶相继回巢，带回了食物，一时之间，鹭鸶林充斥着小鸟索食的叫声。虽然一时不能填饱幼雏们的饥肠，但至少生命可保。倒是我的问题难以解决，因为我没有翅膀可以飞越洪水去觅食。

八、求生

6月1日中午，吃过一包干面后，我就完全断粮了，我躺着，尽量减少活动，一夜饿得辗转难眠。

大雨仍然断断续续地下着。6月2日早上，我爬出帐外，发现洪水依然奔流，我知道我必须先找一点食物果腹，否则麻烦大了。

我看见那块露出水面的高地上长满了墨绿茁长的龙葵，大概是去年鹭鸶留下的粪肥，使它们长得非常茂盛。再过去一点，一棵去年枯死的秃树干上，长了不少灰白色的野菇，这是我全部的希望了。

我带着塑胶袋，在微雨中外出，刚爬下竹台，突然瞥见一条手腕般粗的臭青公蛇缠在竹台的柱上，它是被洪水冲来，爬上来避难的。

我从它身边的竹梯爬下，它用西藏风俗向我致敬——吐吐舌头。它是我难得的访客，可惜我没有食物可以招待它。

我越过及腰的洪水，到达长满龙葵的孤岛，我采集龙葵的嫩芽和嫩叶，然后又爬上枯树采集野菇。

我吃了一顿生平觉得最美味的佳肴——雨水煮龙葵叶加野菇。我印证了我父亲的名言：饥饿是最佳的佐餐。

6月3日，大水稍退，但尚无法脱困，我又去采了龙葵叶，嫩的吃完了，现在老叶也只有将就，未长大的幼菇也不得不半折半挖地采撷出来下锅。

那条蛇依然在我爬上爬下时，向我吐舌致敬。我倒希望它是伊甸园中那条蛇，能为我带来可以充饥的水果，哪怕是什么禁果，什么诱惑之果。

九、脱困

6月4日我在清晨醒来，赶忙爬出帐外，发现洪水已退，臭青公蛇也已不告而别，在黑暗中离去了，想必是它知道我并非天生善良，当龙葵叶和野菇都吃光后，我也就没有借口不吃它了。

久违的太阳出来了，我摊开一些弄湿的器具曝晒。突然听见有人大声呼喊，我探头一看，却是那位包工，正提着一篮食物走过来。他的笑容告诉我他很欣慰我的无恙，但他却用相反的方式表达，他笑着说："你要是翘去，我只好独自野餐了！"

后来我知道，他前一天曾试图来过，但受阻于一片浸水的芒草区。他多少有点良心不安，害怕他使用旧材料搭的竹台陷我于浩劫。

我们聊了一个早上，但我就是无法使他相信，我只是为了拍到鹭鸶的生活史，他说："白鹭鸶又不能吃，卖也没人要，更免说照片了，你还是老实告诉我，你到底在这里干什么？反正我也不会跟你抢，更不会告诉别人，我只是好奇。活了五十几岁，是我第一次遇上这种怪事，想起来就叫我睡不着啊！"他说到后来几乎有点哀求的语气！

"好吧！"我说，"看在你这么好心的份儿上，告诉你吧，我拍到一张好照片，可以卖到一两千元。"

只要有钱，他就信了，他说："这样按一下就可得一两千元，你住在这里这么久了，少说也按了几千下了吧？"他的脸上露出羡慕以及一点贪婪的笑容说："你那照相机多少钱？照相这行业看来比我包工这行好赚多了！"

"我也老实告诉你！"我认真地说，"我常常一个月卖不到两张啊！"

他愣了半天，突然若有所悟地说："就是嘛，照片又不能吃，一张一两千元，只有哮人才买！"

他是一个简单、可爱的乡下人，用钱和吃来衡量一切，一辈子梦想着发财，动了不知多少发财的点子，而且永不死心，就是他死了，他的白帖子仍然是他发点小财的希望。

十、武器

洪水退去的第二天，我发现树林地面上突然多了六只跑来跑去的孤雏，它们有的是掉落树底下从此回不了树上，有的是双亲死了，肚子饿得受不了，自己跳到地面来，它们全靠树上大鸟喂小鸟进餐时掉落下来的食物为生。它们是一群流浪的孤儿，过了一周，只存活三只。

有一天，我发现一只幼雏不知怎么会把脚夹在树枝间，怎么也脱不了身，我就爬上树去准备救它。当我刚爬到一半时，突然住在较低枝上两只夜鹭的幼鸟，赏了我两泡腥臭的"粪弹"，这是我第一次领教它们的武器，遇到这种炸弹，鲜有不掩鼻而逃的动物。但我救鸟心切，忍臭往上爬，而且我心想："没粪了总不成还撒尿吧！”

我继续上爬，头刚刚快触到夜鹭巢，突然又是一团腥臭落在头上，我加快速度往上爬，头刚超过鸟巢，正好看见一只幼雏施放武器：它双翅微展，做势攻击，它头稍稍往后一缩，突然自口中朝我吐来团黑色糜状带腥的团块，这就是刚刚落在我头上的“炮弹”。

受了两次攻击，我终于知道，粪便以及把嗉囊中的食物吐向敌方是它们的两大秘密武器，后来我也发现，大鸟们的“粪弹”准得厉害。

十一、习飞

梅雨终于远去了，大难不死的雏鸟急速地茁长，小巢也容不下而挤到巢旁的枝上，灰白色的胎毛褪尽，长出洁白的羽毛，大鸟不断地逼使幼鸟习飞，诱使饥饿的雏鸟飞跳过去，喂了一口，大鸟又移到另一枝条上，让幼鸟再飞跳过去。再大一点，大鸟就开始飞跑给幼鸟奔飞来追，最后大鸟干脆停在邻树上，逼使幼鸟奔飞过树。

雏鸟在等待双亲回巢期间也不再呆立，总是不断地练习挥翅，慢慢地，敢尝试枝与枝间短距离的飞越，最后新羽完全长好了，终于敢在树间飞行。

6月下旬，第一批孵出的幼鸟终于跟着大鸟出外觅食去了，树下的三只孤雏也幸运地在6月底飞上树来，小寡妇也有了新欢，产下了两颗蛋，又忙着在抱卵。

这一切坚韧不屈的生命的茁壮，教我衷心快慰欣喜，历经了风雨和饥寒，通过了大自然严苛的考验，鹭鸶鸟展开了另一程丰富的生命之旅。

十二、告别

7月将临，暑意渐浓，林中的毒毛虫越来越多，凶恶的大蚂蚁也看上我的竹台，在竹洞内造窝，并不断向我进犯。

树下的冇骨消正开得一片繁花遮地，凤蝶和野蜂翻飞花上，我挥别了鹭鸶们，它们早已习惯我的存在，不再像我刚来时，对我发出尖锐的驱逐令。

我走出林外，遇见十几个砍树垦地的工人，他们告诉我，一个县议员在两年前向地方政府放领了这片树林，要将它开辟成农田出售，两年来已开出三公顷地，这片树林正逐渐地缩小。

我回头去看那片生机蓬勃的鹭鸶林，心中涌起了一般愤怒与悲伤：被人类逼至高山海角的野生动物，最后还是不能苟安。

也许明年，也许后年，我再来时，树林或许已经消失，那些鹭鸶鸟呢？……

【西班牙】希梅内斯
黎琨 译

小银和我①

一头可爱的小毛驴，生着银灰色的皮毛，诗人叫它“小银”。它是那么质朴、善良、敏感而又缄默。诗人把它当作忠实无欺的朋友，无话不谈，形影不离；诗人又仿佛把它当作恋人，对它充满爱怜与眷顾；甚至，在许多时候，小银成了诗人自己的影子，与他一同感受喜悦与悲痛。整部长篇散文，就像诗人对小银的情话，在纤丽的语言和精致的细节中，缓缓述说一段人与动物的深情，对生命本身的深情。这是一篇西班牙语国家家喻户晓的作品，因为它是中小学课本中的必选之作。

希梅内斯（1881~1958），西班牙诗人，1956年以“那些抒情诗在西班牙语言中已成为唤起艺术和精神纯洁的典范”而获诺贝尔文学奖。

一、小银

小银是那么娇小，温顺，毛茸茸的；外表那么柔软，仿佛浑身都是棉花做成，没有一点骨头。只有一双黑玉那样发亮的眼睛是坚硬的，好像一对黑水晶的甲虫。

我把它放开，它就跑上草地，用它的嘴巴轻轻地，几乎是擦过似的，抚爱着玫瑰色的、天蓝色的、金黄色的小小花朵……我柔声地唤它：“小银！”它就欢愉地小步向我跑来，仿佛它是在以一种不知什么难以想象的银铃的声音在欢笑……

我给它什么，它就吃什么。它喜欢蜜柑；喜欢麝香葡萄，一颗颗都是琥珀色的；喜欢紫色的无花果，带着一滴滴透明的蜜汁……

它温柔而且娇惯，跟一个孩子，一个小姑娘一样……然而它也强壮而且坚定，好像岩石。星期日，我骑着它，经过村子边上的几条街巷的时候，穿得干干净净的慢吞吞地走着的乡下人，总要停住脚步，看着它说：

“真是钢做的……”

它的确是钢做的。它既是钢做的，同时又是月亮的白银做的。

① 选自李文俊主编《外国散文名篇欣赏》，中国青年出版社，1993年版。

五、春天

啊，那么光辉，那么芬芳！
啊，草地怎么在欢笑！
啊，黎明音乐多么动听！

——民间谣曲

我早晨的小睡，被孩子们一阵疯狂尖叫打断，我很不高兴。结果，我无法再睡，只好绝望地下了床。我从打开的窗户看看田野，这才知道，造成这一支清晨的喧闹乐曲的，是一群鸟儿。

我出来到了园子里，向上帝感谢这蔚蓝的一天。这是清新的鸟嘴唱出的自由曲音乐会，无休无止！燕子在井口发出随心所欲的颤音；八哥在落地的橘柑上嘘鸣；火红黄鹂在橡树上聊天；苗鸟在桉树梢头细声细语地久久发笑；巨大的松树上，一群麻雀在肆无忌惮地辩论。

多么美好的清晨！阳光在大地铺开黄金和白银的欢乐；色彩缤纷的蝴蝶到处飞舞，在花丛中，在屋子里，在流泉上。无论什么地方，田野都猛然地喧闹地放出了健康崭新的生命。

我们好像置身在一只巨大的明亮的灯座里，也许就是一朵燃烧着的玫瑰的宽大而炽热的内心。

六、晚祷

瞧吧，小银，到处都是玫瑰花飘落；蓝的玫瑰，白的玫瑰，没有颜色的玫瑰……简直可以说，天空都溶化在玫瑰之中了。你瞧，我的额头上，胳膊上，双手上，都是玫瑰……那么多玫瑰，叫我怎么办？

你也许知道，这些温柔的花朵来自何处，不过我不知道它们是从什么地方来的；它们一天天地使景色软化，变成甜蜜的玫瑰色，洁白色，天蓝色——更多的玫瑰，更多的玫瑰——仿佛弗拉·安其利科[①]的一幅图画。他总是跪着描绘天空；你不知道吗？

有人相信，是从天堂的七环撒下玫瑰落到大地上来的。仿佛一场温暖的色彩模糊的雪，这些玫瑰落到塔楼上，房顶上，树枝上。瞧吧，有它作了装饰，一切强大的都变得纤弱了。下来更多的玫瑰，更多的玫瑰，更多的玫瑰……

小银啊，好像晚祷的钟声响时，我们的这种生活就失去了日常的力量，而另一

① 意大利文艺复兴时期著名画家。

种内在的力量，一种更加高尚、更加持久、更加纯洁的力量，则仿佛处在风雅的源泉之中，使一切事物上升到星星的高度，已经在玫瑰丛中燃烧放光……玫瑰更加多了……小银啊，你的这双眼睛，你自己没有看见，温柔地向着天宇，也变成了两朵美丽的玫瑰。

八、路旁的花朵

小银啊，多么纯洁，多么美丽，这朵路旁的花，在它的身边经过：牛只，羊群，马匹，人们——而它，那么纤细，那么柔弱，仍然屹立在那里，美好的淡淡的紫色，孤芳自赏，不受到任何污秽的沾染。

所有的日子，开始上坡的时候，我们走上这条小路。你就看见它站在翠绿的岗位上。有时候，它的身边有一只小鸟，我们走近了就飞走——为什么？有时候，它装满了夏季云朵注下的清水，好像一只小小的酒盅；有时候，它任凭一只蜜蜂恣意采集，或者一只蝴蝶给它添上盛装。

小银啊，这朵花只能活不多几天。然而对它的记忆将会永存。它的生存，就仿佛你的春天里的一天，也仿佛我的生命里的一个春天。唉，小银啊！我为什么不交出我的秋天，来换取这朵神圣的花，让它天天可以成为我们生命的朴素的象征？

十九、蟋蟀的歌

小银和我在我们夜间的漫游中，熟悉了蟋蟀唱的歌。

傍晚时，蟋蟀开初唱的歌，是犹豫的，低声的，粗哑的。然后改变了调子，练习了一会儿，逐渐逐渐地升高，达到应有的高度，仿佛在探索时间和地点的和谐。忽然之间，等到星星已经在碧绿透明的天空显现，歌声就变成了晃动的银铃的甜蜜旋律。

清新的夜风阵阵地吹拂；夜间的花朵尽情地开放；田野上漂浮着一种纯净的神圣的气息，来自暗蓝色的模糊的草地，又像天上，又像地下。蟋蟀唱的歌高昂起来，充满了田野，好像阴影的声音。已经不再犹豫，也不再停歇。仿佛来自自己本身，每一个声音都跟别一个声音一模一样，形成一群兄弟般的黑色水晶。

时光宁静地流逝。世界上没有战争，劳动者睡得正香，他在梦中高深之处看见了天空。也许是爱情，在一垛墙的藤萝里面，眼睛对着眼睛，正在神魂颠倒。田地向村舍送去了柔和的芬芳的信息，仿佛是坦率的精妙的自由青春。麦子在月光下泛起青绿的波浪，向风叹息流逝的钟点：两点，三点，四点……蟋蟀唱的歌那么响亮，却已消失……

它又唱了！黎明时蟋蟀唱的歌啊，这时候，小银和我在寒意中顺着露珠发白的小路，走向家里的床铺！月亮落下去了，微微发红而睡意蒙眬。歌声由于月亮、由于星星而带着醉意，那么浪漫，那么神秘，那么丰满。这时候，几片忧伤的巨大的云彩，镶着沉闷的蓝紫色的边，徐徐地把白日从海上引来……

二十三、日蚀

我们把双手插进衣服口袋里，心里很不愿意。同时额头上感到一阵清新阴凉的微微轻拂，就像走进了一座茂密的松林一样。母鸡一只一只地跳上它们的栖架。周围的田野，一片青翠逐渐变暗，仿佛大祭坛上的深紫色帷幕覆盖着它。远处的大海看来变成了洁白的颜色，有几颗星星在发着淡白的光。房屋的平顶是怎么样地在变得越来越白，越来越白啊。我们这些站在房屋平顶上的人，互相呼喊着一些聪敏的或者不聪敏的话，只是在日蚀重压下的寂静中一些乌黑的小小的生物。

我们使用各种各样的东西来观察太阳：看戏用的双眼望远镜，远距离用的单筒望远镜，一只玻璃瓶子，一片用烟熏黑的玻璃；而且从各种各样的地方：从屋顶的天窗，从畜栏的梯子，从谷仓的窗口，从院子的栅门，从屋子的粉红和深蓝的玻璃……

太阳隐没了；一忽儿之前，它以复杂的金黄的光线，使一切东西显得两倍、三倍、一百倍地庞大而好看，现在，由于没有黄昏的逐渐转变，使得一切东西落得孤单而可怜，仿佛先拿黄金换了白银，又拿白银换了粗铜。整个村子好像一枚发绿的铜币，已经无可再换。多么凄凉，多么渺小，那些街道，广场，尖塔，以及山间的羊肠小路！

那边畜栏里，小银好像不是一头真正的毛驴，它不一样了，缩小了，变成了另一头毛驴……

二十六、催眠曲

烧炭夫的小女儿，既是漂亮，又是肮脏，好像一枚铜币。一双黑眼睛乌亮乌亮，烟垢之间薄薄的嘴唇像要绽出血来。她在茅屋门口的一块瓦上坐着，哄她手里抱的小弟弟睡觉。

五月的天气似乎在颤动，炎热而明净，好像里面也有着个太阳。一片光辉灿烂的宁静，可以听得见野地里烧着的水壶的沸腾，牧场上牲口的鸣叫，海风在桉树叶丛中的欢笑。烧炭夫的小女儿坐在那里，甜甜地唱起了一支歌：

> 我的小宝宝要睡觉了
> 牧羊的姑娘照应他吧……

她停住了一会儿。风声在响。

为了叫小宝宝睡好觉
唱催眠曲的人快睡吧……

风声在响……小银静静地在松树林的炎热里走着，一步一步地走近来了……后来它在乌黑的地上趴下，听着单调的催眠曲，听着听着，就睡着了，仿佛一个孩子那样。

三十四、散步

我们走在夏季深深的道路上，悬挂着的柔嫩的金银花下面，真是多么美好！我看书，或者唱歌，或者向着天空念诗。小银啃着路旁阴影下稀疏的野草，锦葵尘封的花朵，还有黄色的酸果。它停步逗留的时间要比走路的时间多得多……我听任着它……

蓝天，蓝天，蓝天，被我的狂喜的目光所射中，升起在低垂的杏树上面，发着它最后的华彩。整个田野，寂静而热烈，闪耀着光辉。河面上。一片小小的白帆凝住不动，没有一丝微风。一堆野火冒出的浓烟，升起成为团团乌云，飘向山岭。

但是我们的行程很短暂。它像复杂的生活中甜蜜而柔弱的一天。不是对天空的礼赞，也不是江河所流注的大海，甚至也不是火焰的悲剧！

一等到在橘子的香气里听到了水车的清凉而愉快的叮咚声，小银就长嘶一声，欢快地跳跃。多么朴素的每天的欢乐！到了池塘旁边，我舀满一杯。饮着这冰清玉洁的凉水。而小银则把嘴巴伸进阴凉的水里，这里喝一点儿，那里喝一点儿，贪馋地喝着最最洁净的水……

三十六、井

一口井！小银啊，井这个字多么深沉，多么墨绿，多么清凉，多么响亮！仿佛这个字的本身，在旋转，在钻凿乌黑的泥土，直至钻出了清水。

瞧吧，无花果树装饰了井口，也损毁了井口。井口里面，手够得着的地方，一朵香气袭人的蓝花在长满青苔的井砖缝里开放。下面，又一只燕筑了它的窝。然后，经过一道清凉阴暗的门洞，便是一座翠玉的宫殿，以及一个湖，往那宁静的湖面扔一个石子，它便会发怒，它便会抱怨。最后，是天空。

（夜晚进来了，月亮在那里面底下放光，四周围绕着活泼的星星。肃静！生活在道路上走向远方，然而心灵却从井口逃避到了井底。在他看来，就仿佛是黄昏的另一个侧面。好像有一个巨人，要从井口里跳出，主宰所有的一切秘密。啊，这真是宁静而魔幻的迷宫，阴凉而芬芳的花园，迷人而有魅力的厅堂！）

听着，小银，要是有一天我跳进了这一口井，你得相信，我不是为了要自杀，而是为了更快地得到这些星星。

小银长嘶一声，干渴而急切。井里默默无声地盘旋着飞出了那只受惊的燕子。

四十四、小姑娘

这个小姑娘是小银的极大快乐。只要一看见她在丁香丛中向它走来，穿着洁白的衣服，头上戴着草帽，宠爱地呼唤着它："小银！小银银！"这头小毛驴就想挣脱缰绳，蹦蹦跳跳，像一个小孩子那样，而且还发疯似的嘶叫。

她在盲目的信任中，毫不在意地在它身底下一会儿钻过来，一会儿钻过去，轻轻地踢它，还把洁白的玉簪花那样的小手，塞进黄板大牙的粉红色嘴巴，或者揪住它那故意让她够得着的驴耳朵，用各种各样的名字亲热地叫她：小银！小银银！小银儿！银银儿！

在那些漫长的日子，小姑娘躺在她白色的摇篮里，顺流而下，向着死亡航行的时候，谁也顾不得想起小银来了。只有她，在神志不清的呓语中，还在凄切地叫唤：小银儿！……在这间充满叹息的黑屋子里，有时候可以听得见她那朋友的遥远呼应。啊，多么悲伤的夏天啊！

落葬的那天傍晚，上帝给了你多少荣华！玫瑰色的金黄色的九月，正在消逝。墓地里，飞翔的钟声多么嘹亮，在敞开的落日余晖中指引通向天国荣光的道路！……我顺着墙根走回，孤独而忧伤，从畜栏的门走进家里，又避开家人，进了院子，坐下来，跟小银一起，默默地啜泣。

五十六、遗忘的葡萄

经过十月绵绵的阴雨之后，在一个金黄而蔚蓝的晴朗日子，我们大家一起到葡萄园去，小银背上驮鞍的一边篓子里，带着午饭和孩子们的帽子，另一边篓子里，为了保持平衡，坐着娇柔的布朗卡，又是洁白，又是粉红，好像一朵杏花。

复苏的田野多么迷人啊！溪流里，水流丰沛，田地都犁得松软，田边的杨树上还挂着黄叶，但是已经看得见树上鸟儿的个个黑点。

突然间，孩子们一个接一个地喊着奔跑起来：

"一串葡萄！一串葡萄！"

一根老葡萄藤，它那蜿蜒盘曲的长长枝蔓上仍然看得见一些发黑和发红的干葡萄叶，灼热的阳光却在那里面照亮了一串琥珀似的清晰而饱满的葡萄。大家没有一个不想要它！维多利亚采了下来，藏在背后保护着它。于是我向她要，而她呢，以那种姑娘就要成为女人而献身男子的心甘情愿的甜蜜顺从，高高兴兴地让了给我。

这一串葡萄有大大的五颗。我把一颗给维多利亚，一颗给布朗卡，一颗给洛拉，一颗给贝贝，而最后一颗，在大家的欢笑和拍手声中，给了小银。它很快地用它的大板牙接过了这一颗葡萄。

六十二、四月里的牧歌

孩子们带着小银到白杨树下的小溪边去了，现在他们牵着它，小跑着回来，又是笑，又是闹，都拿着大把大把的黄花。在那里树下，他们淋着了雨——那片瞬息即逝的浮云把它的金丝银丝蒙住了青翠的田野。小毛驴淋湿的毛背上，那些湿淋淋的金钟花还在滴水哩。

清新的，欢愉的，动人的牧歌啊！甚至小银的嘶叫，在它背上滴着水甜蜜的负载下，听起来也显得温柔了！它时不时地转过脑袋，尽它的嘴巴所能及，扯着背上的那些花朵。那些金钟花，有的雪白，有的金黄，在它的嘴角边叼了一会儿，跟碧绿的白唾沫混在一起，然后就进了它那系着肚带的小肚皮。小银啊，有谁能够像你这样吞吃花朵……而又不受伤害！

四月里变化多端的傍晚啊！小银的这双明亮而活泼的眼睛里，反映出阳光下雨丝中全部的景色。太阳西沉的时候，圣胡安的田野上，看得见正在下雨，那是另一片玫瑰色的云所洒落……

六十八、忧伤

这一天傍晚，我跟孩子们一起到小银的坟上扫墓。它的坟是在毕涅的菜园子里，一株庇佑着它的大松树脚下。四周围，四月的气候已经把湿润的田野用大朵大朵的黄百合花装饰起来。

那里，山雀在坟上面的翠绿穹顶里唱歌；穹顶上，涂满了点点片片蔚蓝的天空。山雀的细声细气的颤音，带点儿花腔，带点儿笑意，飘散在傍晚温暖的黄金似的空气中，仿佛新的爱情的一场清晰的梦。

孩子们吵吵闹闹地来到这里，就不做声了。他们沉默而严肃；他们明亮的眼睛望着我的眼睛，正在用无数急切的问题塞满我。

“小银啊，我的朋友！”我对着这一堆泥土说，“我在想，如果现在你是在天堂里的草地上，你的毛茸茸的背上驮着那些孩子一样的天使，也许，你早就把我忘掉了吧？小银，对我说，你还记得我吗？”

这时候，仿佛在回答我的问话似的，有一只原来没有看见的轻捷的白蝴蝶，好像一个灵魂那样，从一朵百合花到另一朵百合花，正在不停地来回飞旋……

【智利】米斯特拉尔
陈光孚 赵振江 译

三棵树①

全世界那些被砍伐的树，都到哪里去了？了解一下你家的装修材料，你会发现：东北的杉树，加拿大的枫树，巴西的白松，南美诸国的檀木……都已经变成了你的书桌、餐桌、床榻、地板，当你脚下踩着一片南美洲的森林的时候，你不会有感觉。而在现场，在活生生的大树被伐倒的现场，诗人的感觉鲜明，她看见了滴血的伤口、像死去的灵魂一样飘散的芬芳，还有哀愁的眼神，向你述说无言的痛苦。或许你会非常实际地想，木材不是人类的必需消耗品吗？诗人是否有点多愁善感？那么，我们真要冷静想想，到底是诗人矫情还是读者麻木？

米斯特拉尔（1889～1957），智利女诗人，1945年以“她那由强烈感情孕育而成的抒情诗，已经使得她的名字成为整个拉丁美洲世界渴求理想的象征”而获得诺贝尔文学奖。

三棵伐倒的树
弃在小路的边缘。
伐木人把它们遗忘
它们亲密地挤在一起交谈，犹如三条盲汉。

落日的余晖
为劈开的树干涂上一层鲜血，
只有风儿
带着它们伤口的芳香飘散！

歪歪扭扭的那一棵
把巨大的臂膀和抖动的枝叶
伸向同伴

① 选自陈光孚、赵振江译《柔情》，漓江出版社，1994年版。

两个伤口像一双眼睛，表达着哀怨。

伐木者把它们遗忘，夜即将来到，
我愿与它们厮守在一起
用心房接受柔软的树脂，
那树脂将会像火一般把我燃烧，
而天明时我们将无声无息
被一片离别的痛苦所笼罩。

【美国】福克纳
李文俊 译

“他的名字是彼得”①

一条小猎狗被一辆汽车碾死了，这样的事情似乎经常发生。在我们刚才叙述这件事的时候，我们无意中就采用了一个冰冷的立场——我们是说汽车碾死了狗，不会说一个汽车司机碾死了一条狗。我们没有把一个人和一条狗连在一起述说，因为这容易想起一个生命对另一个生命的谋杀或误杀。而汽车，是一个无生命的“动物”（能动的物体），把它和狗连在一起，狗似乎也成了无生命的动物，事件本身就显得无关轻重。福克纳没有这样述说事件，他直接把两个生命拿出来逼问。文章篇名已表明了作者的立场：“他的名字是彼得”，这是一个生命，一个并不低于人的生命，只是他没有“投过票”而已。而在司机眼里，一条小狗显然不是一个值得“刹车或是绕过去”的生命。在作者凝重沉郁的语气中，我们读出一种因为压抑而更加强烈的情绪：对小猎狗的哀痛和对司机的愤怒。作者还警告司机“用汽车撞死小孩是违法的”，他可能无法想象，今天居然还有狗命比人命更“值钱”的时候。

福克纳（1897~1962），美国小说家。1949年“因为他对当代美国小说作出了强有力的和艺术上无与伦比的贡献”而获得诺贝尔文学奖。

他的名字是彼得。他只不过是一条狗，一条15个月的猎狗，还只能算是一条稚嫩的小狗，虽然他经历过一次狩猎的季节，学习过怎样在两三年之内（如果他能活那么久的话）当好一条狗。

可是他仅仅是一条狗。他没有过去也绝不会永生不死，对于他来到的这个世界他所要求的并不多：食物（他不在乎是什么，也不在乎给他多少，只要是慈爱地给予就行）、手的抚触、一个声音（他认得这声音，虽然不理解他所讲的话也无法回答），还有就是可以奔跑的土地、可以呼吸的空气、四时八节的阳光雨露，以及他最爱吃的鹌鹑，这是他的天性，早在他熟悉大地、感觉到阳光之前他就具有这

① 选自《中外散文选萃》第四辑，百花文艺出版社，1991年版。

种天性，早在他自己嗅闻到之前，他的健壮、忠心的先辈就已经使他能辨别出这种禽鸟的气味。这就是他所需要的一切。可是要填满他自然生长的一生那8个、10个或者12个年头，这些已经足够了，因为12年并不算长，并不需要多少东西就能把它们填满。

然而12年虽说短，在正常情况下他的寿命本应超过四辆那种杀死了他的小汽车——那种上坡速度快得竟然无法躲开一只老大不小的猎狗的汽车。可是彼得的寿命连四辆车里的第一辆都没能超过。他并没有去追赶汽车；在让他上公路之前他就学会了不去干这样的事儿。他当时是站在路上，在等他那位骑在马背上的小女主人赶上来，以便护送她安全回家。他不应该待在路上。他没有交公路税，没有领司机执照，也没有投过票。也许他的问题出在他住的那个院子里的那辆汽车是有喇叭和车闸的，他还以为所有的汽车也都有呢。要说他没有看见那辆汽车，因为汽车处在他和黄昏的斜阳之间，这个理由是说不大过去的，因为这样就会把视力的问题牵扯进来。显然，任何一个人，背向太阳却看不见一只站在笔直的、两个车道的公路上的老大不小的猎狗，都是绝对不敢让自己开车的，何况是一辆没有喇叭、没有车闸的汽车，因为下一回这个彼得没准是个小孩，要知道用汽车撞死小孩是违反法律的。

不，那个开车的人有急事：这才是原因。也许他还有好几英里的路要赶，而他吃饭的时间已经很晚了。正因为这一点，他才没有时间降低速度、刹住汽车或是绕过彼得。既然他当时没有时间这样做，自然，事后他也不会有时间停下来了，何况彼得仅仅是被撞得骨折肉绽给扔在路旁沟里嚎叫的一条狗，再说反正那辆车已经超越彼得，太阳现在已经是在彼得的背后，因此又怎能指望那个开车的人听见他的嚎叫呢？

不过彼得还是原谅了这个司机。在彼得一年零三个月的一生中，他从人类那里得到的除了仁爱之外再没有别的；他甘愿奉献出一生中剩下的6年、8年或是10年，以免有一个人赶不上自己的晚饭。

【美国】西雅图

西雅图宣言①

1854年12月，美国“华盛顿特区”的白人领袖提出购买濒临太平洋的西北地区大片印第安人领地——以15万美元买下200万英亩土地，并承诺为当地印第安人划出一片“保留地”。土地的买卖（其实是变相的掠夺）是无法中止的，于是，当地六个印第安人部落的酋长西雅图，在布格海湾发表了这篇演说，后人称之为“葬礼演说”，“天鹅的临终之歌”，又名“西雅图宣言”。西雅图用充满智慧的语言给白人上了一堂关于“人与土地的真实关系”的教育课。这些纯金般闪亮的思想和溪水般鲜洁的语言，值得“文明”的人类再三吟咏，牢记在心。并学会从人对待土地的基本态度——这个人与自然的本真关系的角度来判断，到底谁是“野蛮人”。华盛顿州州政府以他的名字命名了这片土地。

你怎能把天空、大地的温馨买下？我们不懂。

若空气失去了新鲜，流水失去了晶莹，你还能把它买下？

我们红人，视大地每一方土地为圣洁。在我们的记忆里，在我们的生命里，每一根晶亮的松板，每一片沙滩，每一撮幽林里的气息，每一种引人自省、鸣叫的昆虫都是神圣的。树液的芳香在林中穿越，也渗透了红人自亘古以来的记忆。

白人死后漫游星际之时，早忘了生他的大地。红人死后永不忘我们美丽的出生地。因为，大地是我们的母亲，母子连心，互为一体。绿意芬芳的花朵是我们的姊妹，鹿、马、大鹰都是我们的兄弟，山岩峭壁、草原上的露水，人身上、马身上所散发出的体热，都是一家子亲人。

华盛顿京城的大统领传话来说，要买我们的地。他要的不只是地。大统领说，会留下一块保护地，留给我们过安逸的日子。这么一来，大统领成了我们的父亲，我们成了他的子女。

我们会考虑你的条件，但这买卖不那么容易，因为，这地是圣洁的。溪中、河里的晶晶流水不仅是水，是我们世代祖先的血。若卖地给你，务请牢记，这地是

① 选自《山茶·人文地理杂志》第100期。

圣洁的，务请教导你的子子孙孙，这地是圣洁的。湖中清水里的每一种映象，都代表一种灵意，映出无数的古迹，各式的仪式，以及我们的生活方式。流水的声音不大，但它说的话，是我们祖先的声音。

河流是我们的兄弟，它解我们的渴，运送我们的独木舟，喂养我们的子女。若卖地给你，务请记得，务请教导你的子女，河流是我们的兄弟，你对它，要付出爱，要周到，像爱你自己的兄弟一样。

白人不能体会我们的想法，这点，我知道。

在白人眼里，哪一块地都一样，可以趁夜打劫，各取所需，拿了就走。对白人来说，大地不是他的兄弟，大地是他的仇敌，他要一一征服。

白人可以把父亲的墓地弃之不顾。父亲的安息之地，儿女的出生之地，他可以不放在心上。在他看来，天、大地、母亲、兄弟都可以随意买下、掠夺，或像羊群或串珠一样卖出。他贪得无厌，大口大口吞食土地之后，任由大地成为片片荒漠。

我不懂。

你我的生活方式完全不同。红人的眼睛只要一看见你们的城市就觉疼痛。白人的城里没有安静，没地方可以听到春天里树叶摊开的声音，听不见昆虫振翅作乐的声音。城市的噪音羞辱我们的双耳。晚间，听不到池塘边青蛙在争论，听不见夜鸟的哀鸣。这种生活，算是活着？

我是红人，我不懂。

清风的声音轻轻扫过地面，清风的芳香，是经午后暴雨洗涤或浸过松香的，这才是红人所愿听愿闻的。

红人珍爱大气：人、兽、树木都有权分享空气，靠它呼吸。白人，似从不注意人要靠空气才能存活，像坐死多日的人，已不能辨别恶臭。若卖地给你，务请牢记，我们珍爱大气，空气养着所有的生命，它的灵力，人人有份。

风，迎着我祖父出生时的第一口气，也送走它最后一声的叹息。若卖地给你，务请将它划为圣地，使白人也能随着风尝到牧草地上加强的花香。

务请教导你的子女，让他们知道，脚下的土地，埋着我们祖先骨骸；教你子弟尊崇大地，告诉他们，大地因我们亲族的生命而得滋润；告诉他们，红人怎样教导子女，大地是我们的母亲，大地的命运，就是人类的命运，人若唾弃大地，就是唾弃自己。

我们确知一事，大地并不属于人；人，属于大地，万物相互效力。也许，你我都是兄弟。等着看，也许，有一天白人会发现：他们所信的上帝，与我们所信的神，是同一位神。

或许，你以为可以拥有上帝，像你买一块地一样。其实你办不到，上帝，是全人类的神，上帝对人类怜恤平等，不分红、白。上帝视大地为至宝，伤害大地就是亵渎大地的创造者。白人终将随风消失，说不定比其他种族失落得更快，若污秽了你的床铺，你必然会在自己的污秽中窒息。

肉身因岁月死亡，要靠着上帝给你的力量才能在世上灿烂发光，是上帝引领你活在大地上，是上帝莫名的旨意容你操纵白人。

为什么会有这种难解的命运呢？我们不懂。

我们不懂，为什么野牛都被戮杀，野马成了驯马，森林里布满了人群的异味，优美的山景，全被电线破坏、玷污。

丛林在哪里？没了！

大老鹰在哪里？不见了！

生命已到了尽头，是偷生的开始。

【加拿大】丹·乔治

“我出生于1000年以前”①

这是一位加拿大印第安人发给我们这个时代的公开信，传达了一个弱势民族的呼声。现代社会的唯一动力似乎只剩下经济了，科技、政治、文化、体育等等，都成了经济战车的车轮。许多古老的民族、文明的古国，被迫跟在“发达国家”的经济战车后面赤脚追赶，纷纷成了“弱势民族和不发达国家”。于是，人类社会的唯一价值标准，就是发达国家的价值标准。在这个地球村里，占人口大多数的穷人，如何在他们富有的邻居面前维护自己的尊严？当社会演变成为“富人俱乐部”的时候，穷人如何找到自己不失体面的生存位置？当大地的主要资源都被富人占据之后，我拿什么奉献给你，“亲爱的朋友们”？人人都是“出生于1000年前”，甚至更早，只是富人忘记了自己的来路，穷人找不到自己的去路。

亲爱的朋友们：

我出生于1000年以前，生长在弓与箭的文化环境之中。但在半生的时间里，我却跨过几个世纪，被抛入原子弹文化时代。

我出生时人们热爱大自然，与大自然交谈，仿佛它也有灵魂。我记得，幼时曾随父亲沿印第安河而上。我记得，他凝视着佩内内山上那火红的太阳。我还记得，他像往常一样，对着那座大山唱起感恩之歌，他用印第安人的语言轻轻地唱着“感谢”。

后来外面的人来了，而且越来越多，他们像潮水般地涌来，时间也快速流逝。突然间，我发现自己已是20世纪的青年。

我感到，我自己和我的人民在这个新时代里生活飘忽不定，并不能成为其中的一部分；虽然已被时代的巨浪所吞没，但仅仅是一个被困住的漩涡，一圈一圈不停地旋转。我们生活在小小的保留地和小块的土地上，仿佛漂浮在某种令人忧郁的虚幻之中，为我们的文化遭到你们的奚落而感到羞愧。我们搞不清自己是什么人，要到哪里去，也不知我们是否能抓住眼前，对前途也失去了希望。

① 选自联合国教科文组织《信使》中文版1986年7～8期。

我们没有时间去适应在我们周围发生的这场令人目瞪口呆的大变动，我们好像失去了一切，而又无以替代。

你们知道无所依托是什么滋味吗？你们知道生活在丑恶的环境中是什么滋味吗？它使人感到压抑，因为人必须生活在美的事物中，灵魂才能成长。

你们知道自己的民族遭人轻视、并且还要明白自己实际上已成为国家的负担是什么滋味吗？也许，我们没有技术，无法作出较大的贡献，但又有谁等待我们赶上去呢。我们被撇在一边，因为我们太笨，永远也学不会。

对自己的民族失去自豪感会怎样呢？对自己的家庭失去自豪感，对自己失去自豪感和自信心又会怎样呢？

现在你们伸出了手，示意我走过去。你们说："来吧，加入到我们的行列中来。"但是，我怎么能来呢？我衣不遮体，羞愧万分；我怎能保持尊严而来呢？我既无赠品，又无礼物。我们的文化中有哪些东西你们瞧得起？我们那可怜的珍宝你们只会嗤之以鼻。难道让我像一个乞丐，从你们万能的手中乞求一切吗？

无论如何我必须等待。我必须找到自我。我必须等到你需要我的某些东西的那一天。

我不需要怜悯，我的大丈夫气概也不能丢。我们能否等到实现了社会的融合再谈人的融合呢？除非有心灵的交融，否则只不过是表面的形式，中间隔的那堵墙像山一样高。

随我到黑人和白人合校的操场上去看一看吧。正赶上课间休息，同学们涌出教室。很快你就会看到，那边是一群白人学生，而在靠近篱笆的地方则是一群当地的学生。

我们需要什么？我们首先需要得到尊重，使我们感到是有价值的民族；我们需要得到在生活道路上获得成功的同等机会。

让我们谁也不要忘记，我们是享有特别权利的民族，这是由承诺和条约加以保证了的。但我们并不乞求这些权利，我们也不感谢你们给予了我们这些权利，愿上帝帮助我们，我们已为此付出了巨大的代价。我们为此付出了我们的文化，我们的尊严，我们的自尊。

我知道，你们心里也想能够帮助我们。我不知道你们究竟能做些什么，不过你们还是能做不少的事。当你们遇到我的孩子们时，不论他是幼童，还是你的兄弟辈，请尊重他们每一个人。

【美国】唐纳拉·麦道斯
游瑞云 译

地球村画像①

把问题简化一下，会看得更清楚。比如，把地球看做一个村庄，把人类缩小为1000人，这样简化统计的方法，便于我们全面概览人类的现状。

地球村的1000人中，584名是亚洲人，124名是非洲人，95名是东、西欧人，84名是拉丁美洲人，55名是苏联人，52名是北美人，6名是澳大利亚和新西兰人。

地球村村民进行相互交流是非常困难的，因为有165人讲汉语，86人讲英语，83人讲印地语或者乌尔都语（印度回教徒的语言），64人讲西班牙语，58人讲俄语，37人讲阿拉伯语，而以上人数只占地球村总人数的一半，另外一半人讲孟加拉语、葡萄牙语、印度尼西亚语、日语、德语、法语以及200种其他语言。

在地球村1000人中，有329人信奉基督教，178人信奉伊斯兰教，167人不信教，132人信奉印度教，60人信奉佛教，45人是无神论者，3人信奉犹太教，另外还有86人信奉其他宗教。

地球村1000名村民的约1/3即315人是儿童，65岁以上的只有65人。儿童中有半数能免患可预防的传染性疾病诸如脊髓灰质炎等。

地球村已婚妇女使用现代避孕措施的不到半数。

再过12个月，地球村中将有28个婴儿诞生，他们中仅有3个一出生就成为200个最富有人家中的成员。婴儿能活到65岁，而上面提到的具有得天独厚条件的3名婴儿将能多活10年，如果他们是女婴，能多活13年。同一年，地球村将有10人死亡，其中3人死于饥饿，1人死于癌症，2人是本年度出生的婴儿。地球村1000人中有1人将被感染上HIV病毒，但也许不会发展成艾滋病。这样到了第二年，地球村的人口将达1018人。

在这1000人的社会里，200人拿地球村总收入的75%，还有200人拿地球村总收入的2%。

大约有1/3的地球村村民能得到干净、安全的饮用水。

① 选自《读者》杂志。

地球村1000名村民中仅有70人拥有小汽车（尽管他们中有些拥有的不止一辆）。

这1000名村民中，有5个是士兵，7个是教师，1个是医生，还有3个是因战乱或干旱无家可归的难民。

地球村将把83%的肥料用于40%的农田中，这些土地属于最富有的270人。农田溢出的过剩肥料将造成湖泊和井水污染。剩下的60%农田，被施以17%的肥料，生产出28%的谷物，养活着73%的人口，这种农田的平均产量只占富有人家产量的1/3。

地球村村民人均拥有6英亩土地，共计6000英亩。其中700英亩是农田，1400英亩是牧场，1900英亩是森林，还有2000英亩是沙漠、苔原、道路和荒地。森林面积在大幅度减少，荒地面积在不断扩大。

地球村的670位成年人中，有50%是文盲，其中大部分是女性，她们大部分生活在较贫困地区。

地球村每年的公共、私人预算总计300多万美元，如果平均分配，每人是3000美元（当然，这样平均分配是不可能的）。

以上300多万美元的总预算中，18.1万美元消耗在武器及战争上，15.9万美元用于教育，13.2万美元用于医疗保健。

地球村拥有的核武器能将自身毁灭很多次。这些武器被控制在100人手中，地球村的其余900人深感不安地关注着他们，想知道他们能否和平相处；即使他们能这样做，他们也会因为精力不集中或手脚不灵便而造成核武器爆炸。

1996年10月20日

【美国】佚名

面对明天，让我们从容些①

全体人类走上共同富裕的道路，这是可能的吗？很遗憾，这是不可能的。“把养尊处优的少数人的生活方式推广给在地球上占多数的穷人”，这是行不通的，不说别的原因，仅仅地球资源就远远不够。人类的文明如果要避免踏上一条不归路，那么，文明必须悠着点，人们必须改变单一生活方式的追求，文明也必须勒住野马的笼头。

一个预期寿命为80岁的普通美国人，在目前的生活水平下，一生要消费约两亿升水、两千万升汽油、1万吨钢材和1000棵树的木材。

早在几十年前甘地就对印度在独立后是否会达到前殖民大国的生活水平的问题作出了明智的回答：“英国为达到它那种富裕程度曾消耗掉地球上一半的资源。像印度这样一个国家需要多少个地球？”

现在比以往任何时候都迫切需要认识到，不能把养尊处优的少数人的生活方式推广给在地球上占多数的穷人。同甘地在世时相比，现在南部有更多的人口，北部则更无节制地沉湎于消费。未来学家欧文·拉斯洛警告说，如果55亿人全都毫无顾忌地消耗自然财富，那么地球“在一代人时间里就会流尽最后一滴血”。

任何一种看来是无害的劳务活动都会有损于生物圈，即使这是以保护环境的名义进行的。举例说，为生产一个处理废气的催化净化器需要二至三克铂。而为了得到这么一点点金属，必须开采加工约一吨矿石。

即使是最普通的产品，如果所有的人都像富裕居民消费得那么多，许多人也会没有地方生存了。例如德国人喜欢喝橘子汁，为此，在海外所需的橘子种植面积相当于德国本身水果种植面积的三倍。

尽情消费和无节制地消耗原料也反映在富国每天产生的大量垃圾上。要是所有的人都像美国人或德国人那样向大气中释放那么多的二氧化碳，那么气候的恶化早就成了残酷的事实。坐飞机休假一次所产生的二氧化碳就多于一个居民

① 选自《北京青年报》1995年12月12日。

在地球上生活一年所释放的数量。

温哥华大学教授比尔·里斯得出的结论是："如果所有的人都这样生活和生产，那么我们为了得到原料和排放有害物质还需要20个地球。"占世界人口约1/4的享乐主义者成了全人类的负担。这就是他们的贪婪不能推广给每年增加近亿的人类多数的原因，而且他们花天酒地的生活也会损害后代人。

【中国】朗凯宁

千年回首话植树①

森林是地球的肺，随着森林的减少，人类的呼吸已日益沉重。以中国为例，产出粮食的耕地面积正在急剧减少，因而，种植每一棵小树，都具有非同寻常的意义。

植树与封沙固土、保护耕地密切相关。在新千年的第一个植树节，我们不妨回首看看过去1000多年来我国耕地的变化：

公元755年（唐天宝十四年），人均耕地27.03亩；

公元1032年（宋明道元年），人均耕地26.33亩；

公元1602年（明万历三十年），人均耕地20.64亩；

公元1766年（清乾隆三十一年），人均耕地3.56亩；

公元1887年（清光绪十三年），人均耕地2.41亩；

公元1949年，人均耕地2亩；

公元2000年，人均耕地面积不足1.3亩。

值得警惕的是，由于乱砍滥伐，树木减少，目前我国有三分之一的国土面积出现水土流失，四分之一以上的国土出现荒漠化，并以一年吞没一个县，8年吞没一个北京城的速度蔓延。植树造林，保护耕地，保护我们的生存环境，已到了极其紧迫的地步。

① 选自《羊城晚报》。

【中国】刘兵

保护环境随手可做的50件小事①

没有谁真能够“躲进小楼成一统”的，要建立环境和我们息息相关的具体感觉，那么，这里有一组测试题，让你从50件日常小事中，检测自己的平时行为，是在无意中破坏环境，还是懂得保护环境。

1. 使用布袋
2. 尽量乘坐公共汽车
3. 不要过分追求穿着的时尚
4. 不进入自然保护核心区
5. 倡步行，骑单车
6. 不使用非降解塑料餐盒
7. 不燃放烟花爆竹
8. 双面使用纸张
9. 节约粮食
10. 拒绝使用一次性用品
11. 消费肉类要适度
12. 随手关闭水龙头
13. 一水多用
14. 尽量购买本地产品
15. 随手关灯，节约用电
16. 拒绝过分包装
17. 使用节约型水具
18. 拒绝使用珍贵木材制品
19. 拒绝使用一次性筷子
20. 尽量利用太阳能
21. 尽量使用可再生物品

① 选自《保护环境随手可做的一百件小事》，吉林人民出版社，2000年版。

22. 使用节能型灯具
23. 简化房屋装修
24. 修旧利废
25. 不随意取土
26. 多用肥皂，少用洗涤剂
27. 不乱占耕地
28. 不焚烧秸秆
29. 不干扰野生动物的自由生活
30. 不恫吓、投喂公共饲养区的动物
31. 不吃田鸡，保蛙护农
32. 提倡观鸟，反对关鸟
33. 不捡拾野禽蛋
34. 拒食野生动物
35. 少使用发胶
36. 多用手帕，少用纸巾
37. 不穿野兽毛皮制作的服装
38. 不在江河湖泊钓鱼
39. 少用罐装食品、饮品
40. 不用圣诞树
41. 不在野外烧荒
42. 不购买野生动物制品
43. 不乱扔烟头
44. 不乱采摘、食用野菜
45. 认识国家重点保护动植物
46. 不鼓励制作、购买动植物标本
47. 不把野生动物当宠物饲养
48. 观察身边的小动物、鸟类并为之提供方便的生存条件
49. 不参与残害动物的活动
50. 不鼓励买动物放生

【美国】蕾切尔·卡森
吕瑞兰 译

寂静的春天[1]（2则）

在人类统治了地球以后，就忘记了地球不是人类的私有财产，它是属于地球上的所有生物的。以人类今天的行为来判断，很难相信人类是高智慧的生物。在人们头脑中占统治地位的想法依然是“控制大自然”，这显然是猿人时代的人类理想，认为自然界是为人类的生存便利而存在的。“保护自然环境”的想法一直是工业进行曲中微弱的衬音，1962年，美国生物学家蕾切尔·卡森（1907~1964）出版《寂静的春天》，这种声音才开始放大，传入更多人的耳朵，“环境污染”成为传媒的日常话题，任意使用化学药品造成对人和自然的伤害引起国际社会的关注。科学应当是造福于人类的，可是，当一个猿人的自然观念配上了最现代化的、最可怕的科学武器，对人类的伤害程度将是无法估量的，“再也没有鸟儿歌唱”的“寂静的春天”正悄悄向我们走来。

明天的寓言

从前，在美国中部有一个城镇，这里的一切生物看来与其周围环境生活得很和谐。这个城镇坐落在像棋盘般排列整齐的繁荣的农场中央，其周围是庄稼地，小山下果树成林。春天，繁花像白色的云朵点缀在绿色的原野上；秋天，透过松林的屏风，橡树、枫树和白桦闪射出火焰般的彩色光辉，狐狸在小山上叫着，小鹿静悄悄地穿过了笼罩着秋天晨雾的原野。

沿着小路生长的月桂树、荚蒾和赤杨树以及巨大的羊齿植物和野花在一年的大部分时间里都使旅行者感到目悦神怡。即使在冬天，道路两旁也是美丽的地方，那儿有无数小鸟飞来，在露出于雪层之上的浆果和干草的穗头上啄食。郊外事实上正以其鸟类的丰富多彩而驰名，当迁徙的候鸟在整个春天和秋天蜂拥而至的时候，人们都长途跋涉地来这里观看它们。另有些人来小溪边捕鱼，这些洁

① 选自黎先耀主编《大家知识随笔·外国卷》，中国文学出版社，2000年版。

净又清凉的小溪从山中流出，形成了绿荫掩映的生活着鳟鱼的池塘。野外一直是这个样子，直到许多年前的有一天，第一批居民来到这儿建房舍、挖井筑仓，情况才发生了变化。

从那时起，一个奇怪的阴影遮盖了这个地区，一切都开始变化。一些不祥的预兆降临到村落里：神秘莫测的疾病袭击了成群的小鸡，牛羊病倒和死亡。到处是死神的幽灵，农夫们述说着他们家庭的多病，城里的医生也愈来愈为他们病人中出现的新病感到困惑莫解。不仅在成人中，而且在孩子中出现了一些突然的、不可解释的死亡现象，这些孩子在玩耍时突然倒下了，并在几小时内死去。

一种奇怪的寂静笼罩了这个地方。比如说，鸟儿都到哪儿去了呢？许多人谈论着它们，感到迷惑和不安。在一些地方仅能见到的几只鸟儿也气息奄奄，飞不起来。这是一个没有声息的春天。这儿的清晨曾经荡漾着乌鸦、鸫鸟、鸽子、堅鸟、鷦鷯的合唱以及其他鸟鸣的音浪；而现在一切声音都没有了，只有一片寂静覆盖着田野、树林和沼泽。

农场里的母鸡在孵窝，但却没有小鸡破壳而出。农夫们抱怨着他们无法再养猪了——新生的猪仔很小，小猪病后也只能活几天。苹果树花要开了，但在花丛中没有蜜蜂嗡嗡飞来，所以苹果花没有得到授粉，也不会有果实。

曾经一度是多么引人的小路两旁，现在排列着仿佛火灾浩劫后的焦黄枯萎的植物。被生命抛弃了的地方只有寂静一片，甚至小溪也失去了生命；钓鱼的人不再来访问它，因为所有的鱼已经死亡。

在屋檐下的雨水管中，在房顶的瓦片之间，一种白色的粉粒还在露出稍许斑痕。在几星期之前，这些白色粉粒像雪花一样降落到屋顶、草坪、田地和小河上。

不是魔法，也不是敌人的活动使这个受损害的世界的生命无法复生，而是人们自己使自己受害。

上述的这个城镇虽然是虚拟的，但在美国和世界其他地方都可以容易地找到上千个这种城镇的翻版。我知道并没有一个村庄经受过如我所描述的全部灾祸；但其中每一种灾难实际上已在某些地方发生，并且确实有许多村庄已经蒙受了大量的不幸。在人们的忽视中，一个狰狞的幽灵已向我们袭来，这个想象中的悲剧可能会很容易地变成一个我们大家都将知道的活生生的现实。

再也没有鸟儿歌唱

现在美国，越来越多的地方已没有鸟儿飞来报春；清晨早起，原来到处可以听到鸟儿的美妙歌声，而现在却只是异常寂静。鸟儿的歌声突然沉寂了，鸟儿给予我们这个世界的色彩、美丽和乐趣也因某些地方尚未感受其作用而被忽视，以至现在鸟儿悄然绝迹。

一位家庭妇女在绝望中写信给美国自然历史博物馆鸟类馆名誉馆长罗伯特·库什曼·马菲：

> 在我们村子里，好几年来一直在给榆树喷药。当6年前我们才搬到这儿时，这儿鸟儿多极了，于是我就干起了饲养工作。在整个冬天里，北美红雀、山雀、绵毛鸟和五十雀，川流不息地飞过这里；而到了夏天，红雀和山雀又带着小鸟回来了。
>
> 在喷了几年DDT以后，这个城几乎没有知更鸟和燕八哥了；在我的饲鸟架上已有两年时间看不到山雀了，今年红雀也不见了；邻居那儿留下筑巢的鸟看来仅有一对鸽子，可能还有一窝猫声鸟。
>
> 孩子们在学校里学习已知道联邦法律是保护鸟类免受捕杀的，那么我就不大好向孩子们再说鸟儿是被害死的。它们还会回来吗？孩子们问道，而我却无言以答。榆树正在死去，鸟儿也在死去。是否正在采取措施呢？能够采取些什么措施呢？我能做些什么呢？

在联邦政府开始执行扑灭火蚁的庞大喷洒计划之后的一年里，一位阿拉巴马州的妇女写道："我们这个地方大半个世纪以来一直是鸟儿的真正圣地。去年7月，我们都注意到这儿的鸟儿比以前多了。然而，突然地，在8月的第二个星期里，所有鸟儿都不见了。我习惯于每天早早起来喂养我心爱的已有一个小马驹的母马，但是听不到一点儿鸟儿的声息。这种情景是凄凉和令人不安的。人们对我们美好的世界做了些什么？最后，一直到5个月以后，才有一种蓝色的堃鸟和鹪鹩出现。"

在这位妇女所提到的那个秋天里，我们又收到了一些其他同样阴沉的报告，这些报告来自密西西比州、路易斯安那州及阿拉巴马州边远南部。《野外纪事》季刊记录说在这个国家出现了一些没有任何鸟类的可怕的空白点，这种现象是触目惊心的。《野外纪事》是由一些有经验的观察家们所写的报告编纂而成，这些观察家们在特定地区的野外调查中花费了多年时间，并对这些地区的正常鸟类生活具有无比卓绝的丰富知识。一位观察家报告说，那年秋天，当他在密西西比州南部开车行驶时，在很长的路程内根本看不到鸟儿。另外一位在倍顿·路杰的观察家报告说：她所布放的饲料放在那儿"几个星期始终没有鸟儿来动过"；她院子里的灌木到那时候已该抽条了，但树枝上却仍浆果累累。另外一份报告说，他的窗口"从前常常是由40或50只红雀和大群其他各种鸟儿组成一种撒点花样的图画，然而现在很难看得到一两只鸟儿出现"。

这里有一个故事可以作为鸟儿悲惨命运的象征——这种命运已经征服了一些种类，并且威胁着所有的鸟儿。这个故事就是众所周知的知更鸟的故事。对于千百万美国人来说，第一只知更鸟的出现意味着冬天的河流已经解冻。知更鸟的到来作为一项消息报道在报纸上，并且在吃饭时大家热切相告。随着候鸟的逐渐来临，森林开始绿意葱茏，成千的人们在清晨倾听着知更鸟黎明合唱的第一支曲子。然而现在，一切都变了，甚至连鸟儿的返回也不认为是理所当然的事情了。

知更鸟，的确还有其他很多鸟儿的生存看来和美国榆树休戚相关。从大西洋岸到落基山脉，这种榆树是上千城镇历史的组成部分，它以庄严的绿色甬道装扮了街道、村舍和校园。现在这种榆树已经患病，这种病蔓延到所有榆树生长的区域，这种病是如此严重，以致专家们供认竭尽全力救治榆树最后将是徒劳无益的。失去榆树是可悲的，但是假若在抢救榆树的徒劳努力中我们把我们绝大部分的鸟儿扔进了覆灭的黑暗中，那将是加倍的悲惨。而这正是威胁我们的东西。

所谓的荷兰榆树病大约是在1930年从欧洲进口镶板工业用的榆木节时被引进美国的。这种病是一种菌病；这种菌侵入到树木的输水导管中，其孢子通过树汁的流动而扩散开来，并且由于其有毒分泌物及阻塞作用而致使树枝枯萎，使榆树死亡。该病是由榆树皮甲虫从生病的树传播到健康的树上去的。由这种昆虫在已死去的树皮下所开凿的渠道后来被入侵的菌孢所污染，这种菌孢又粘贴在甲虫身上，并被甲虫带到它飞到的所有地方。控制这种榆树病的努力始终在很大程度上要靠对昆虫传播者的控制。于是在美国榆树集中的地区——美国中西部和新美格兰州，一个个村庄地进行广泛喷药已变成了一项日常工作。

这种喷药对鸟类生命，特别是对知更鸟意味着什么呢？对该问题第一次作出清晰回答的是乔治·渥朗斯——密歇根州大学的教授和他的一个研究生约翰·迈纳。当迈纳先生于1954年开始作博士论文时，他选择了一个关于知更鸟种群的研究题目。这完全是一个巧合，因为在那时还没有人怀疑知更鸟是处在危险之中。但是，正当他开展这项研究时，事情发生了，这件事改变了他要研究的课题的性质，并剥夺了他的研究对象。

对荷兰榆树病的喷药于l954年在大学校园的一个小范围内开始。第二年，校园的喷药扩大了，把东兰星城（该大学所在地）包括在内，并且在当地计划中不仅对吉卡赛蛾而且连蚊子也这都这样进行喷药控制了。化学药雨已经增多到倾盆而下的地步了。

在l954年——首次少量喷洒第一年，看来一切都很顺当。第二年春天，迁徙的知更鸟像往常一样开始返回校园。就像汤姆林逊的散文《失去神树林》中的野风信子一样，当它们在它们熟悉的地方重新出现时，它们并没有“料到有什么不幸”。但是，很快就看出来显然有些现象不对头了。在校园里开始出现了已经死去的和垂危的知更鸟。在鸟儿过去经常啄食和群集栖息的地方几乎看不到鸟儿了。几乎没有鸟儿筑建新窝，也几乎没有幼鸟出现。在以后的几个春天里，这一情况单调地重复出现。喷药区域已变成一个致死的陷阱，这个陷阱只要一周时间就可将一批迁徙而来的知更鸟消灭。然后，新来的鸟儿再掉进陷阱里，不断增加着注定要死的鸟儿的数字；这些必定要死的鸟可以在校园里看到，它们也都在死亡前的挣扎中战栗着。

渥朗斯教授说："校园对于大多数想在春天找到住处的知更鸟来说，已成了它们的坟地。"然而为什么呢？起初，他怀疑是由于神经系统的一些疾病，但是很快就明显地看出了"尽管那些使用杀虫剂的人们保证说他们的喷洒对'鸟类无害'，但那些知更鸟确实死于杀虫剂中毒，知更鸟表现出人们熟知的失去平衡的症状，紧接着战栗，惊厥以至死亡"。

有些事实说明知更鸟的中毒并非由于直接与杀虫剂接触，而是由于吃蚯蚓间接所致。校园里的蚯蚓偶然地被用来喂养一个研究项目中使用的蝼蛄，于是所有的蝼蛄很快都死去了。养在实验室笼子里的一条蛇在吃了这种蚯蚓之后就猛烈地颤抖起来。然而蚯蚓是知更鸟春天的主要食物。

在一些喷过药的城镇里，筑巢鸟儿的数量一般说来减少了90%之多。正如我们将要看到的，各种各样的鸟儿都受到了影响——地面上吃食的鸟，树梢上寻食的鸟，树皮上寻食的鸟以及猛禽。

完全有理由推想所有主要以蚯蚓和其他土壤生物为食的鸟儿和哺乳动物都和知更鸟的命运一样地受到了威胁。约有45种鸟儿都以蚯蚓为食。山鹬是其中一种，这种鸟儿一直在近来受到了七氯严重喷洒的南方过冬。现在在山鹬身上得出了两点重要发现。在新布朗韦克孵育场中，幼鸟数量明显地减少了，而已长成的鸟儿经过分析表明含有大量DDT和七氯残毒。

哺乳动物也很容易直接或间接地被卷入这一连锁反应中。蚯蚓是浣熊各种食物中较重要的一种，并且袋鼠在春天和秋天也常以蚯蚓为食。像地鼠和鼹鼠这样的地下打洞者也捕食一些蚯蚓，然后，可能再把毒物传递给像叫枭和仓房枭这样的猛禽。在威斯康星州，春天的暴雨过后，捡到了几只死去的叫枭，可能它们是由于吃了蚯蚓中毒而死的。曾发现一些鹰和猫头鹰处于惊厥状态——其中有长角猫头鹰、叫枭、红肩鹰、食雀鹰、沼地鹰。它们可能是由于吃了那些在肝和其他器官中积累了杀虫剂的鸟类和老鼠而引起的二次中毒致死的。

1956年暮春时节，由于推迟了喷药时间，所以喷药时恰好遇上大群鸣禽的迁徙高潮。几乎所有飞到该地区的鸣禽都被大批杀死了。在威斯康星州的白鱼湾，在正常年景中，至少能看到1000只迁徙的山桃啭鸟，而在对榆树喷药后的1958年，观察者们只看到了两只鸟。随着其他村镇鸟儿死亡情况的不断传来，这个名单逐渐变长了，被喷药杀害的鸣禽中有一些鸟儿使所有看到的人们都迷恋不舍：黑白鸟，金翅雀，木兰鸟和五月蓬鸟，在五月的森林中啼声回荡的烘鸟，翅膀上闪着火焰般色彩的黑焦鸟，栗色鸟，加拿大鸟和黑喉绿鸟。这些在枝头寻食的鸟儿要么由于吃了有毒昆虫而直接受到影响，要么由于缺少食物间接受到影响。

一位威斯康星州的博物学家报告说：“燕子已遭到了严重伤害。每个人都在抱怨着与四五年前相比现在的燕子太少了。仅在四年之前，我们头顶的天空中曾满是燕子飞舞，现在我们已难得看到它们了……这可能是由于喷药使昆虫缺少，或使昆虫含毒两方面原因造成的。”这位观察家还写道：“我过去曾养了五六对北美红雀鸟，而现在一只也没有了。鹪鹩、知更鸟、猫声鸟和叫枭每年都在我们花园里筑窝。而现在一只也没有了。”

在经济方面及其他不太明显的方面造成的损失也是极其惨重的。例如，白胸脯的五十雀和褐啄木鸟的夏季食物就包括有大量对树木有害的昆虫的卵、幼虫和成虫。山雀四分之三的食物是动物性的，包括处于各个生长阶段的多种昆虫。山雀的觅食方式在描写北美鸟类的不朽著作《生命历史》中有所记述：“当一群山雀飞到树上时，每一只鸟儿都仔细地在树皮、细枝和树干上搜寻着，以找到一点儿食物（蜘蛛卵、茧或其他冬眠的昆虫）。”

许多科学研究已经证实了在各种情况下鸟类对昆虫控制所起的决定性作用。山雀和其他冬天留下的鸟儿可以保护果园使其免受尺蠖之类的危害。

大自然所发生的这一切已不可能在现今这个由化学药物所浸透的世界里再发生了，在这个世界里喷药不仅杀死了昆虫，而且杀死了它们的主要敌人——鸟类。如同往常所发生的一样，后来当昆虫的数量重新恢复时，已再没有鸟类制止昆虫数量的增长了。如米渥克公共博物馆的鸟类馆馆长克洛米在《米渥克日报》上写道：“昆虫的最大敌人是另外一些捕食性的昆虫、鸟类和一些小哺乳动物，但是DDT却是不加区别地杀害了一切，其中包括大自然本身的卫兵和警察……在进步的名义下，难道我们自己要变成我们穷凶极恶地控制昆虫的受害者吗？这种控制只能得到暂时的安逸，后来还是要失败的。到那时我们再用什么方法控制新的害虫呢？榆树被毁灭，大自然的卫兵鸟由于中毒而死尽。到那时这些害虫就要蛀食留下来的树种。”

一位米渥克的妇女来信写道：“我真担心我们后院许多美丽的鸟儿都要死去的日子现在就要到来了。”“这个经验是令人感到可怜而又可悲的……而且，令人失望和愤怒的是，因为它显然没有达到这场屠杀所企望达到的目的……从长远观点来看，你难道能够在不保住鸟儿的情况下而保住树木吗？在大自然的有机体中，它们不是相互依存的吗？难道不可以不去破坏大自然而帮助大自然恢复平衡吗？”

【美国】阿尔特·布克伍德
郑恩 译

新鲜空气可以使你致命①

这是一篇科幻小说。喜欢科幻的读者知道，科幻不过是明天的预言，而且有许多预言已经成为现实。小说中这位习惯于呼吸被污染的空气的城里人，一旦呼吸到新鲜空气，居然有致命的危险。今天读来，这是夸张。可是明天，谁能预料，当被污染的空气成为人类生存的最合适的养料，人体发生不可逆转的“污染需求”，新鲜空气，或许真会使人致命。

烟雾曾经一度是洛杉矶最大的吸引力，而现在则遍及全美国，从比尤特、蒙大拿到纽约城，人们都在习惯于这种被污染了的空气，以致呼吸别的空气反而感到很困难。

最近我到各处讲演，我停留的地方，其中之一就是亚利桑那州的弗拉格斯塔夫，那里海拔大约7000米。

当我走出机舱的时候，立即就闻到一种独特的东西。

“这是什么味道？”我问了一下在机旁接我的人。

“我什么也没闻到。”他答道。

“有一种很明显的气味，这是我所不能适应的。”我说。

“啊，你讲的一定是新鲜空气。许多人从飞机走出来呼吸到他们从未呼吸过的新鲜空气。”

“这会怎么样呢？”我不免有所顾虑地问。

“没关系。你刚才呼吸的就像别的空气一样，这对你的肺部会有好处的。”

“我也听过这种说法，”我说，“不过，要是这是空气的话，我眼睛为什么不淌水呢？”

“对于新鲜空气，眼睛是不淌水的，这就是新鲜空气的优点；你还可以节省许多揩眼泪的优质纸。”

我环顾周围一下，各种物体一片清晰明澈。这可是一种奇特的感觉——我反

① 选自吴岳添等主编的《中外微型小说鉴赏辞典》，社会科学文献出版社，1990年版。

而感到非常不舒服。

我的主人意识到这一点，他想使我消除顾虑，说："请不必担心。反复试验证明你可以日日夜夜呼吸新鲜空气，对你的身体是不会有任何损害的。"

"你刚才所讲的，无非是叫我不要离开这里。"我说，"在大城市生活过的人，谁也不能长时间待在新鲜空气的地方，他忍受不了新鲜空气。"

"好吧，新鲜空气要是烦扰你的话，你为什么不给鼻子捂一块手帕而用嘴巴呼吸呢？"

"对了，我要试试。不过，如果我早就知道要到一个除了新鲜空气便没有别的空气的地方的话，我就应该准备好一个外科手术用的面罩。"

我们沉默地开着车。大约15分钟后，他问："现在你觉得怎样？"

"是了，我想对了。现在可以肯定，我不打喷嚏了。"

"这里是不需要打喷嚏的。"这位陪同的先生承认说。他又问道，"你原来那地方是不是要打大量的喷嚏？"

"老是要打。有些日子，整天要打。"

"你喜欢打喷嚏吗？"

"打喷嚏并非必要，可是，你要是不打就会死亡。——让我请问别的事情吧，这一带为什么没有空气污染呢？"

"弗拉格斯塔夫大概吸引不了工业的光临，我猜想我们确实是落在时代的后头了。当印第安人相互使用通讯设备的时候，我们弗拉格斯塔夫才开始嗅到唯一的一点烟尘；可是风似乎又把它吹跑了。"

新鲜空气实在使我感到头晕目眩。

"这里周围有没有内燃机汽车？"我问道，"让我呼吸三四分钟也好。"

"现在不是时候。不过，我可以帮你找一部载重汽车。"

我们找到了载重汽车的司机。我在暗中给他一张五美元的钞票。于是，他让我把脑袋靠近汽车的排气管半小时，我立即就恢复了充沛的精力，又能够和人家长谈了。

离开弗拉格斯塔夫，再也没有人像我这样高兴的了。我的下一站是洛杉矶，当我走出飞机的时候，我在充满烟雾的空气中深深地吸了一口长气，我的双眼开始出水了，我开始打喷嚏了，我觉得又像一个新的人了。

【意大利】莫拉维亚
吕同六 译

月球特派记者发自地球的第一个报告①

这不是一篇科幻小说，它的内容是现实的，只是它的叙述角度是超越现实的，所以人称“超现实”的讽喻小说，属于现代派小说的一类。用一个“月球特派记者”的视角来观察地球，可说的事情很多，“他”独独报道了地球居住着“两个种族”——富人与穷人。从内容上确定了讽喻的现实，再从叙述的语气上精心设计。作者没有让这位记者做穷人的代言人，而是做了富人的代言人，是我们常见的通俗小报八卦新闻记者的形象，于是，小说的语言就有了一种刻意设计的庸俗、愚蠢的语调。这样，从内容到形式，讽喻的效果非常鲜明。莫拉维亚（1907~1990），意大利小说家。

这是一个奇怪的国家。

这儿居住着两个种族，他们不论在精神方面，或者就某种意义来说，在肉体方面，都是截然不同的：一个种族叫富人，另一个种族叫穷人。“富人”和“穷人”这两个字眼的涵义颇为含糊，由于记者不太精通这个国家的语言，因而无法加以考证。我们的情报绝大部分是从富人那里获得的，因为跟穷人比较起来，富人更善于交际，喜欢闲谈，并且以殷勤著称。

据富人说，谁也不清楚，穷人这个种族究竟是打什么地方来的，至于他们定居在这里的年代，或许可以追溯到上古时期。从此，他们不干别的什么事情，只是一个劲儿地繁衍生殖，而且始终不肯改变他们那种不讨人喜欢的习惯。凡是了解穷人这种习惯的人，或许都会加以责备，并且认为富人是有道理的。

首先，穷人不喜欢整洁和美观。他们身穿的衣服总是打满了补丁，龌龊不堪。他们的住房阴暗简陋，家具不但十分破旧，而且式样难看得很。可是，由于一种古怪的毛病作祟，他们似乎都宁愿身穿破烂的衣服，却不肯穿戴时新的服装；宁愿住在破旧的平房里，却不肯搬进别墅和华屋大厦；宁愿使用价格便宜的家具，不肯要富丽堂皇的陈设。

① 选自罗洛编《当代世界名家散文》，上海教育出版社，1991年版。

事情确实如此。富人说，事实上，谁敢断言自己曾经见过一个打扮漂亮、身居豪华的府邸和过着奢侈生活的穷人呢?

事情不止于此。穷人还不喜爱文化，很难看到有什么穷人阅读书籍、参观博物馆或者去音乐厅欣赏音乐。至于说艺术，穷人更是茫然无知，他们可以毫不在意地把石印油画当作艺术大师的作品，把卢卡[1]的半身雕像跟普剌克斯忒利[2]的雕像混为一谈，把庸俗的小调当成巴赫的前奏。富人告诉我们，穷人的娱乐是最粗俗低级不过的：酗酒，跳不堪入目的舞蹈，玩木球或者踢足球，拳斗以及其他同样庸俗的消遣。富人异口同声地说，可以肯定，穷人是更喜欢愚昧，而不要文明的。

还有，穷人讨厌大自然。每当美好的季节来临的时候，富人总是离开城市，到海边、乡村，或者到山区去度假，在碧蓝的大海洗海水澡，呼吸新鲜的空气，欣赏阿尔卑斯山幽静的风光，以休养生息。然而，穷人却说什么也舍不得离开他们那个散发着难闻的臭气的住宅区。他们对季节的变更漠然处之，压根儿不感到有夏天避暑、冬天取暖的需要。他们对海滨浴场毫无兴趣，却喜欢城里的澡堂；他们不去享受田野风光，却宁愿去令人生厌的郊区草场；他们甘愿待在自家的阳台上，也不去欣赏山区的美丽景色。富人不禁问道，在我们这个时代，怎么能够不喜爱大自然呢?

那么，穷人留在城市里，至少是为了进行社交活动吧。情况完全不是那样。除了那些叫做工厂的地方以外，他们似乎不晓得其他的交际场所。简直难以想象这些工厂的场景是多么令人可悲：在用混凝土和玻璃造成的房子里，阴森森的，到处污秽不堪，烟雾弥漫，机器发出震耳欲聋的声响。冬天，室内冷得滴水成冰，夏天炎热炙人。

坦率地说，有些穷人不肯住在城市里，却极愿在荒僻的乡村落户。他们只热衷于一件事，请相信，这也是他们唯一的嗜好，就是用一把不知叫什么的笨重的铁家伙，整天翻弄土地。一年四季，日日夜夜，不管是骄阳似火，还是大雨倾盆，都是如此。富人说，请你们想想看，这个世界上还有多少比这更需要智慧、更富有乐趣的事情要做啊!

另外还有一些更为古怪的穷人，他们喜欢深深的黑暗，而不要明媚的阳光，宁愿待在伸手不见五指的洞穴里，也不喜欢明朗的蓝天。他们蜷曲在深邃、漆黑的地道里，埋头开采一种什么石头，仿佛从中获得无穷的乐趣。据说，这种地方叫做矿井。不过，从来没有一个富人异想天开，想下矿井去的。

穷人用一个很特别的字眼来称呼这一切：劳动。这个字眼的含义，对于我们来说，实在是难以捉摸和神秘莫测的。穷人极其喜爱他们的这种劳动，由于某些

---

① 位于托斯坎纳大区，系意大利文化古城。

② 希腊雕刻家，生于公元前4世纪，善作大理石及铜像，现存作品有赫美期与代奥奈萨斯像。

我们无法弄清的原因，当工厂关门、矿井瘫痪的时候，穷人就提出抗议，高声呼喊什么口号，并且以骚乱和暴动相威胁。富人说，他们对此实在感到莫名其妙，因为，在他们看来，在某个舒适的大厅里，或者在某个颇为体面的俱乐部里集会，不是轻松得多，更能赏心悦目些吗？

至于穷人的饮食，那就不用提了。他们从来不知道世上还有什么精美的馔肴、陈年的醇酒、可口的甜食。倘若能够吃上粗茶淡饭，诸如扁豆、洋葱、萝卜、土豆、大蒜、干面包，他们也就心满意足了。穷人吃肉和鱼的次数屈指可数，可以肯定地说，他们专门买那些硬得嚼不动的鱼和肉；散发着酸味的和掺水的酒，他们喝得津津有味，却不喜欢新鲜的蔬菜。刚上市的豌豆他们不吃，却等着买像面糊似的廉价豌豆。鲜嫩的百叶菜和龙须菜跟他们毫无缘分，他们专爱吃像木头样的龙须菜和麻屑似的百叶菜。总而言之，他们是没有福气品尝山珍海味的。

对于穷人平常抽的烟，又能说些什么呢？这些愚蠢的家伙讨厌东方的上等货或者美洲的最佳卷烟，他们平素抽的烟是一种黑色的劣等货，带着浓烈的辛辣味，丝毫没有令人愉快的滋味，稍许抽一会儿就叫人发呛。抽一支精致的哈瓦那雪茄或一支清淡的土耳其香烟，对穷人来说，那就更是异想天开了。

穷人还有一种令人奇怪的表现：他们对健康漠不关心。事实上，当人们看到他们对待恶劣气候的那种漫不经心的神情，他们生病时那种满不在乎的态度，还有什么好说的呢？他们从来不进药铺买药，不去疗养院休养，甚至在必须卧床休息几天或者几周或者几个月的时候，他们也根本不愿意躺在家里。

富人解释说，穷人之所以对健康持满不在乎的态度，是由于这样一种荒唐的癖好在作祟的缘故：他们无论在工厂、矿山或者是田间，都不愿意旷一天工。这真是难以理解的咄咄怪事，然而事情确实如此，原因就在这里。

关于穷人，关于他们留恋那些有害的、粗野的和古怪的癖好的情形，那是永远也讲不完的。不过，探讨这种反常行为的根源，倒是更有趣的事儿。

富人告诉我们说，自古以来，人们就对穷人这个种族进行了深入的研究。学者们大致可以分为两派：一派学者认为，穷人的反常行为不妨说是由于性格乖戾造成的，是自觉自愿的，因此可以帮助他们纠正恶习，把他们改造过来。相反，另一派却断言，穷人的性格是从娘胎里带来的，所以无可救药。前一种学者主张对穷人采取积极开导和说服教育的办法，后一种学者颇为悲观，认为采取镇压手段是唯一可行的办法。看来，后者是有道理的，因为，迄今为止，一切关于整洁、美观、华贵、娱乐、文化修养的教育，都是枉费心机，徒劳无益。

此外，尽管富人对穷人关怀备至，穷人却一点儿也不领情，不喜欢富人。但是应当承认的是，对于穷人的生活方式，富人也从来不掩盖自己厌恶的情绪的。

如同过去的访问一样，我们也想听听另一方面的声音。为此，我们向穷人作了调查。这实在不是一件容易的事情，一位穷人除了本国语言之外，对其他语言一概不懂。然而，我们最终得到了异乎寻常的答案。原来，造成穷人和富人之间的鸿沟的唯一根源在于，富人拥有一种称作“金钱”的东西，而穷人恰恰相反，几乎一无所有。

我们很想看看，这种能造成如此巨大隔阂的金钱，究竟是一种什么样的东西。我们发现，这不过是一些印花的纸张，或者是金属的圆片而已。

由于穷人喜欢掩盖事实真相的特点是众所周知的，所以我们怀疑这种所谓金钱竟是导致如此奇怪现象的决定性因素。

因此，我们再重复一遍：这真是一个奇怪的国家啊！

【美国】诚然谷

待沽的星星①

这世界什么不在卖呀，卖完了大地上的东西，有人就琢磨着卖天上的星星了。卖生活必需品不算什么，能够为顾客制造出需要让他来买才叫高明；卖自己的东西不算什么，卖不是自己的东西才是生财有道。有敢卖的，就有敢买的，这是个什么时代？诗人说："这样的时代……两位策士的话，得到公众倾听。一位日夜不停地喊：'买！'另一位更有见地，他说：'卖。卖掉你们的宁静。'"（伦·司·托马斯《时代》）这是一个买卖时代，什么都在标价出卖，当无法标价的东西也被出卖，人类就全变成了商人。

研究了半天，我有一个结论：在美国偌大的一个消费市场，要发财实在是再容易不过的事。从无数可援的前例中，终归不外乎两个秘诀：一是异想天开的主意，二是出人意表的胆子。

十几年前吧，在家里养鸟是个风尚。很多人还不愿意把它们关在局促的笼子里，所以让它们自由放任地在屋里飞翔。有人就登广告，专门邮售给鸟用的尿布。它的用场自然是使鸟主可以不必担心爱鸟在客厅、餐厅或卧房里随时喷洒屎尿，弄得主客难堪。

这卖鸟尿布的因此发了大财。甚至好多没养鸟的也向他买，大概是以备万一。

美国人还有一个很重要的购买动机，那就是买了来当Conversation Piece（"以资谈助"）。

讲起以资谈助，被人谈得最多的可能是前几年圣诞节前市场上冒出的一项"产品"。

一个年轻人有一天在湖边散步，发现了这个主意。他把它叫做：Pet Rock（"宠石"）。它就是一块圆滑的鹅卵石，放在一个小木盒里，底下垫了些稻草。另外附了一个小册子："如何爱护你的宠石。"其中谈到这是世界上最乖最理想的玩伴，不像狗那样邋遢，每天非牵去散步不可；也不像猫一样执拗；不吵不闹，既不

① 选自刚健编《20世纪中国奇文大观》，群言出版社，1993年版。

担心喂食，也不消清理粪便……这包装好的“宠石”，每件只卖美金5元。

那个圣诞节，“宠石”变成全国最热门的礼品，人人抢着买，一时还有鹅卵石短缺之虞。那年轻人在4个月之内净赚了140多万美元，成了富翁。

每当有朋友愁眉不展、自叹穷途时，我就以前面这两个例子相勉励。仔细分析分析，那些主意都太简单之至。不需设工厂，不需请工程师，也不必向中小企业局贷款。一块只及手掌一半大的尿布会要多少投资和技术？河边捡的鹅卵石则更别愁什么研究发明了。

诸如此类，不胜枚举。我前几天就买回来一块大弹簧，还不顶便宜。为什么有人会把一块弹簧装在美丽的纸盒里当礼物卖？因为它会弹来弹去，簧簧发声，怪好玩的。

当然，有些致富之道，也得要下番研究工夫才行。譬如新近热门起来的给鸡戴的隐形眼镜。

你要问：鸡为什么要戴隐形眼镜？

因为，鸡戴隐形眼镜就不会老要打架。

恒久以来，鸡们就自然喜欢互相挑剔，或挑衅。在它们没被收容到人类社会来之前，这个本能的目的是建立谁是大头头、谁是小头头和跟班的“鸡群秩序”。等人类开始养起鸡子来，这老爱互斗的脾气就造成“生意人的烦恼”。上百万只鸡们围困在鸡舍里，被旁的鸡挑剔得无处可逃。爱欺负的鸡又不停止啄，于是养鸡人面临了所谓“死亡率”。这通常高达25%。

几年前，加州一个蛋农发现他的鸡死亡率忽然大降。原来很多鸡的眼睛患了白内障的病。一个鸡医告诉他这病是治不了的。这蛋农说他并不真要治这病。鸡们越看不清，仿佛就越不互相打斗。

这鸡医和一个朋友于是试验能不能做出人造的白内障效果，用的是隐形眼镜。试了各种镜片，包括粉红色的。结果，他们发现，戴了粉红色隐形眼镜的鸡，就失去了互相挑衅的冲动。

这消息一传出，美国各地，远从世界20多个国家纷纷寄来大量的订单。这样热门的产品，可惜当时还不能进入生产阶段，因为镜片很容易就滑落。

又经过几年的研究，这两位老兄成立了一个公司，制造比较可靠的镜片：一旦给鸡戴上，足可一年不掉出来。这隐形眼镜是装在鸡的内眼皮上。内眼皮一直不能再张开，于是它们就看不大清楚。粉红色也有医学解释。鸡看见血时，它那互相侵啄的本能就会增强；但是如果它所看得见的世界全是一片粉红，那么血也就不那么明显了。

大多数鸡农现在解决之道是把刚孵出来的小鸡的尖喙剪掉。但这不是好办法。一方面使喙不完整，吃东西难免浪费食物；另一方面，“爱鸡协会”及其他人道组织也大肆反对剪掉鸡喙的粗鲁办法。

新的鸡隐形眼镜每副美金20分，保证鸡们的死亡率从25%减少到5%。鸡们虽然会终身视线模糊，只见一片粉红，但是它们可以专心生蛋，长肉，不会急着去打斗，也不怕被同类啄死。至于鸡农如何替他上百万的鸡分别戴上隐形眼镜，那就是他们自己的问题了。

隐形眼镜，到底离不了眼球、玻璃、医术等细致复杂的玩意儿；我还是喜欢比较简单、清爽的致富之道。

譬如那个卖星星的主意。

星星怎么个卖法？

美国史密森尼安天文物理研究所出版的星象目录中，列了25万颗星星，还没有正式命名。于是加州出现了一个“星象命名公司”，在全国大登广告：

> 星星出售——你现在可以给一颗星命你自己的名字或你爱人的名字！最先登记的25万幸运者将变成不朽……你的星星和它的新名字将永远注册于国会图书馆。每颗星：美金25元。

很多人看了这广告，但不想花25元，就直接打电话给史密森尼安天文物理研究所，询问是否可免费把自己的名字安在星星上。

这研究所和哈佛天文观测所是美国权威的天文研究机构，他们除了把测得的星象编号整理并出版目录，并不为星象命名。他们对这商业的噱头当然啼笑皆非，不以为然。其实肉眼看得见的星星很早已有了传统名字，比如晚上最亮的一颗星，一直叫做施瑞斯，或“狗星”。其他多半的名字，也一点都不罗曼蒂克。有一颗星，名字译出来叫：“马脐眼”；另有一颗译名是：“中间那个胳肢窝”。

这都不成问题。卖星星公司专门出售肉眼看不见、只有编号还没命名的星星。25元可以买一张星座图，指出你买的那颗星的位置，并且还有一份正式登记证。

他们怎么扯上国会图书馆的呢？原来他们把史密森尼安目录的星星编号印在空页上，每填满一页名字（大约100个），就把它送到国会图书馆去登记版权。

显然这是发财的好主意。加拿大多伦多出现了一家同性质的公司。要价也是每颗星25元。他们还把新命的名字制成显微胶片，“永远”存在瑞士和多伦多的保险库里。这公司的老板商请约克大学一个教授写一本书，把新命的名字附在其中，那书将会登记版权，于是他们也可以宣称“在国会图书馆永远注册”了。

25元就能使自己的名字不朽于宇宙间，我从来还没听过更廉价的买卖，难怪人们要趋之若鹜。

发财致富其实就这么简单。

我之所以不吝于把其秘诀公开，实在是由于自己存有个性上的弱点。我喜欢研究发财之道，喜欢收集、分类、整理别人发财的途径，偏偏自己懒得去如法炮制。别人发财，仿佛就这么一蹴可即，我看了会眼红。可是自己却老不去试。老早想好向那卖星星的公司批发一堆星星，到亚洲去做个总代理，偏又受个性限制，始终没有拿起电话。

一辈子发不了财，连星星也不去卖，绝对只有怪自己的份，怨不得人。

【法国】雅姆
程抱一 译

祈 祷①

大地万物，各尽天命。不要让这一切消失啊，让葡萄生须、牛羊自在、情人有情、凡人幸福吧。即便我内心痛苦欲裂，也不要让这一切改变，让大地依然是大地，生活依然是生活，生命依然是生命；即便我的痛苦你无暇眷顾，也请你眷顾这一片善良的大地。只要大地常存生命，我就永远不失生存的勇气和欢乐。诗人的一片仁者情怀，让人温暖、安宁。

雅姆（1868～1938），法国诗人。他笃信宗教，热爱自然，他的诗发现了现实中神秘之美，诗句以质朴动人。

神啊，既然众生都认真完成任务，
既然拖腿的老马和垂首的牛
都一声不怨地走向市场，
祝福乡村和它所有的居民吧！
你知道的，在闪光林木和急流之间，
麦子呀，玉米呀，还有卷曲的
葡萄藤，蔓延到蔚蓝的天边；
这一片形成一片善良的海洋；
在其上普照宁静的光芒。

花叶在欢乐的太阳下自觉液汁升起，
歌唱着，颤动着，在林木之间。
神啊，既然我的心饱满得像葡萄，
因痛苦而要破裂，因爱而要爆炸：
要是你觉得有用，就让我痛苦吧！
可是，在山坡上，让那些无邪的

① 选自程抱一译《法国七人诗选》，湖南人民出版社，1984年版。

葡萄藤在你的抚育下慢慢成熟。

把我们得不到的幸福给予所有的人吧！
让那些在车轮、牲畜、买卖的喧嘈中
低语的情人们得以腰贴腰亲吻吧！
让那些驯良的看家狗，在酒店的一角
津津有味地吃汤，然后乘凉入睡。
让那些漫步前行的山羊群，
在透明的卷枝间觅食青葡萄吧。
是的，不管你顾不顾到我，
但是……啊，多谢！在你天空下
我已经听见那些飞鸟，那些
本来也许会死在这笼中的飞鸟，
现在高翔欢唱，好似一阵急雨！

第二种生活

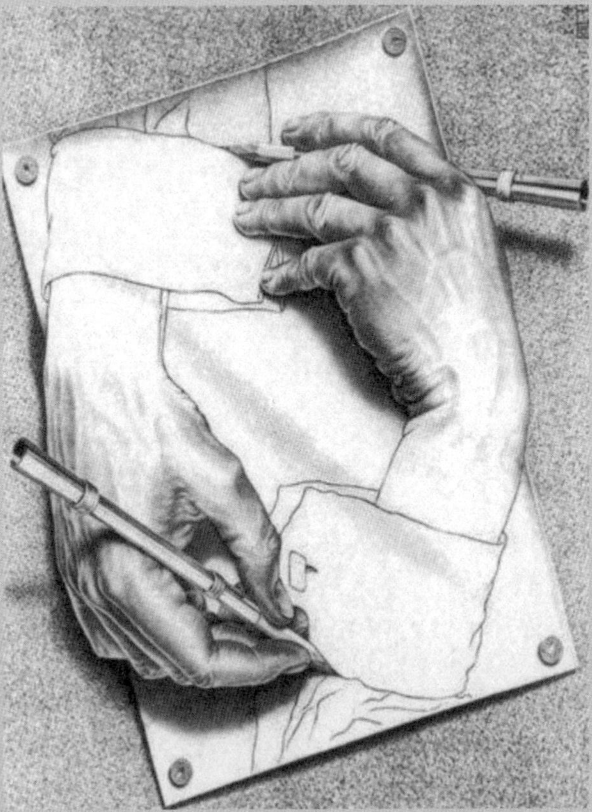

当有人开始写字，
日子就有了味道。
当你用文字创造世界，
生活就向你显示她的辉煌。

【中国】张炜

远河远山①

如果一个人从小喜欢阅读和书写，他就为自己开辟了一个无限新奇的世界。当代作家张炜的小说《远河远山》，写了一个孩子（“我”）对于纸张和阅读的一种病态般的痴迷和依恋，这个鲜活的形象，会让许多“小书虫”想起自己的童年经历。“我”从小失去生父，又得不到继父的关爱，养成沉默寡言的性格，所有的心事都用笔写在纸上，在纸张缺乏的年代，偏偏染上“纸张饥渴症”，小说最迷人的细节由此展开。“我”对纸张的迷恋，或许是潜意识中渴望占有方寸之地的世界，在上面刻下小小的身影，让自己安居其中。后来，我遇见了看林人的女儿小雪，一个一样喜欢书写的同类，不同的是，“我”的书写是出于不幸，而她的书写是出于幸福。不幸与幸福，都可以把一个敏感的孩子引入文学的世界。

张炜（1956年生），中国当代杰出作家，创造力日久弥坚，著有长篇小说《古船》《九月寓言》《柏慧》《外省书》《你在高原》等，以及大量中短篇小说和散文。

一

一个人如果真的有了一种癖好就难以根除。我从小、从很小的时候就与纸和笔打上了交道。后来简直入迷了，总要不停地写。我这样写不是为了给别人看，而只是为了自己。夜晚、白天，无论什么时候，写和看常常是自己最大的乐趣，而其他任何事情都难以吸引我。

有人希望我戒掉这个毛病。试过，很难。比戒烟难。结果也就愈写愈多、愈快，最后连自己都认为这是一种病了。我把所能找到的所有纸都写满了：先是学校发给的统一格式的作文本，尔后是家里的糊窗纸、破旧垂落的顶棚纸反面；最后是父亲的卷烟纸。卷烟纸给他裁成了一条一条，使用起来很不方便。我不得不把这些纸条编了号，写成一叠，再用线捆起来。

---

① 选自张炜《远河远山》，南海出版公司，2001年版。本文节选了小说的开头部分。

这样做时，我大约才12岁。

什么时候染上了写个不停的毛病？回想一下，像是刚上学不久，大约三年级左右吧——很平常的一天，突然觉得心里一热，就趴在床上写起来。我写看到的一只鸟、一只蝴蝶，写它们可爱的模样。我在纸上与它们热烈交谈……妈妈走进来，我没有发现。妈妈站在身后看了一会儿，喊了一声。我抬起头，吓了一跳，因为她脸上是很害怕的样子。她说：你不能，孩子，你不能！妈妈是说我不能在纸上写。为什么不能？她说不出。

可我需要这样。我学会了写字，愈来愈多的字，我渴望记下什么啊。许多许多的字，连接起来是一句话；许多许多句话，连接起来就是我心里的意思了……神奇的字组成的东西包含的奇异说也说不完。

我们家的阁楼上有一个粗糙的木箱，我爬上阁楼的那一天，就知道真正的珍宝藏在哪儿了。

这个木箱也是妈妈携来的，就像当年携我而来一样。她没有把它遗在远方，可见她仍是可爱的妈妈。就这样，我怀着对妈妈说不出的爱和感激，一点一点读完了木箱里的书。我是嚼了，咽了，世上最令人回味的美食。

感谢神灵让我走近了那个木箱。我开始了无穷无尽的幻想。我认为自己来到人间，来到继父所在的这个小城，特别是有这样一个妈妈和死去的父亲，都是很怪的事情。我自己就很怪。到底是谁给了我这个生命呢？我开始觉得自己与众不同了。这是老师和同学告诉我的，也是我自己愈来愈清楚地感到的。

我长大了一岁，又长大了一岁。令我不解的是，如今简直是一天天地痴迷起来了，简直是发疯般地在纸上写。继父把我这个毛病看得极为严重。他确信我是着了魔怪。

他无论是在别人眼前，也无论是白天或黑夜，只要看见我在纸片上写，就一把扯过，团一团扔了、撕了。

他好像挺恨在纸上写字的人。因为他自己就从来不写、从来不看。他用狠毒的话骂我、咒我，说我将来一准不得好死。妈妈渐渐看不下去，劝他几句，反而惹起他更大的火气。他用一根带铁钉的皮带抽打桌子，一次用力太大，桌子的一角都抽裂了。这一下抽到身上会是什么滋味，我也许会被他弄死。

他无数次对我动手脚，但从未使用那根皮带。这让我觉得奇怪。

“你为什么偏要这么发疯地写呢？可怜的孩子！”妈妈搓着眼睛，但每次不等我回答就转身做事情去了。她明白，她什么都明白。

不明白的是我自己。我只知道离不开纸和笔，是它们给了我一切，一切的一切，包括全部欢乐。我写下的字，只有一小部分、很少的一部分被老师和同学看过。那是写在作文本上的。有两三次，老师把我写的东西念了一遍。所有同学都转脸看我，有几道目光里还有小小的嫉妒。我的脸肯定变得通红。高兴啊，高兴得想哭。

但我知道，他们无法懂得我写的这些。因为这是在跟自己说话，跟一些他们所不认识、或从来不曾留意的人和事说话。平时跟我说话的人太少了，我只能自己寻找一些人、动物，还有我喜欢的任何一件东西说话。我跟梦中的父亲说话，边说边记——这有点像给他写信。一只白头翁鸟每个星期都悄悄飞到我的窗前。我们也互相分享了一些秘密。我对继父的仇恨它心里也清楚。我甚至请教了解脱之方。它为我流泪，为我歌唱。在长长的时间里，我和白头翁鸟成了最好的朋友，直到它后来一去不返。

我知道一朵花、一棵草都有奇特的心事。一颗浆果，在它成熟发红的时候，肯定变得和蔼善良。我与它无所不谈。我真的具有与其互通心语的能力。有一次实在忍不住，就跟妈妈说了。她毫不觉得惊奇，只是低下头去。好像妈妈在回忆一个熟人旧友——那个人好像也具有类似的能力。

半夜，我突然听到了床边木柜的呻吟。这呻吟像老人一样凄怆。我睡不着，就一下一下抚摸这木柜。它渐渐没有声音了。我们家所有的器具之中，数这只木柜最老旧了，它也是母亲的。

我觉得这只木柜与外祖母有关。我从未见过外祖母，也很少听妈妈谈起过她。但我认定这木箱是老人家的，于是它就等于是她了。真的，我依偎在柜子上时，就觉得是在老人怀里。它有体温，有一动一动的脉搏。

二

继父的枪一支一支罗列在那个黑色的木架上。那是在他的卧室，一架大床对面。我有一次从门口走过，不经意地往里一瞥发现了。继父自己睡在一间屋里，那是全家最神秘最阴暗的一角。我随时都能嗅到从那儿散出的硝药气味。他的屋子除了这些枪支，还有几把陈旧的刀剑。一把老式马刀带着豁牙挂在床边，妈妈说那是他亲手从一个外国将军手中夺下的。传说中，他只身一人逮住了将军，是吗？妈妈说不知道。

继父不在家时，我总想溜进他的屋子。除了看看那些刀剑之类，还想偷一点纸。他有集聚各种吸烟纸的癖好，又白又薄的、粗糙发黄的，他都要。大概这些纸堆在一起，放在某个角落了。它们在那儿诱惑我。我相信全城再也找不到这么漂亮的纸张了。那时我对纸有一种渴念，就像馋一种甜食，饥饿感阵阵袭来。那时的这种感觉一生都忘不掉。白天，当我从窗上发现他提着一叠纸走进院时，立刻因饥饿、因突发的一阵攫取欲不能实现，难受得闭上眼睛。

终于有两次，我进入了他的房间。当时妈妈也不在。我竟然来不及去看那一排枪，一进门就蹲下看床底。我想这些纸会整整齐齐码在床下的一个纸箱里。床下果然有三个纸箱，我一个一个打开。让人失望。一个装了破鞋子，一个装了废弃不用的螺帽、钉子、枪上卸下来的什么部件；最后的一个则盛满了火药。这些火药竟不全是黑的，而是五颜六色，像彩虹。它的旁边是铜弹壳，他有时一个人蹲在那儿吭吭哧哧喘，就是往空弹壳里装火药。听人说城里有一个猎人自装火药时被炸伤了。可是我们家里一直没有那种可怕的事情发生……

找不到纸，回身仔细看架上的枪。它们都给他的汗手浸得黑红，滑腻腻的，连枪管也是这样。有两支枪口还堵了棉花，我取下棉花嗅了嗅，闻到了比烟末更呛人的气味。我往枪管里瞄了瞄，里面装满了黑夜。那儿有无数惨死的生灵在呼叫，它们哀哀的眼神、绝望悲愤和垂死的面孔，都在一刹那看到了。

环顾了一下这间陌生的、悬挂了蛛网的屋子，就要离去。可就在这时，我从那张大得可怕的床上发现了什么：一点纸角从铺开的军大衣领子下伸出。掀开军大衣、褥子，我一下子呆住了。

原来这个贪婪的人用一叠叠纸铺在床板上。这么多，大约有几千张！每一张纸都漂亮得不可思议，有的是糊窗纸，有的是红蓝彩色纸，还有码头上用的货单。我想起继父在阴雨天叼着彩纸卷成的喇叭烟，明白无论什么时候，只要他想抽烟了，就伸手到褥子下一抽。

我满怀敬意地看着这些纸。它们像我一样沉默。我似乎明白了它们此刻火热的、急切的心情。

为了不让继父发现，我只取走了很小一叠。我那么兴奋，一回到自己的屋子就关上了门，不顾一切地写起来。

没有人能够理解那个年头的我，我和纸，我的心情，我莫名其妙就要涌出眼眶的泪水。我在心里呼唤着妈妈、未曾谋面的外祖母，以及那个身材瘦削的男人。他就是我真正的父亲啊。我的思绪最终停留在他身上。我好像在一瞬间看清了他的全部，也明白了一切。我于是急忙伏在了纸上，记下来，全记下来。由于用力很大，笔迹都刺破了纸页：我的父亲是个诗人。我紧紧盯着自己刚刚写下的这一行字，直到双眼发酸。几粒泪珠从眼睑渗出，但我敛住了声息。接着右手又动起来，像是被一种未知之力推动着一样，又添上了一些字。于是就变成了这样一句话：

我的父亲是一个身遭不幸的诗人。

三

我这一生过得不易。今天的孩子能否经历我这般变故、这多苦难，我还不敢肯定。从小到大，到接近衰老，我常常短缺人的生存所需的最基本的东西。真的，我和我的同时代人时不时地短缺这些东西，有时快要过不下去，快要死了。

比如说，我刚刚学会写字就缺纸。今天的孩子会说：笑话！纸还没有吗？没有。真的没有。国家到了特殊时期，就是没有纸。许多报刊停办了，印书的纸黑得没法读，连课本也是劣得不能再劣的纸印出的。要找一块未写上字的、比手掌大点的纸片，那是多么难哪！因为缺纸，窗子黑洞洞，因为只能用旧报纸糊窗。

我发痴地搜寻纸张，从一切可能搞到的地方下手。我踏着木凳，把屋里的顶棚撕下了好多，因为它的反面可以写字；后来我又从角落里找到了许多年前的一卷日历，它的反面也可以写字。当时我看到谁有一张格子信笺或稿纸，会羡慕得流出口水。我无意间读到了一本书，上面讲中国的四大发明，其中一项是造纸。我神往地看着，好多次萌动一个念头：动手造纸。

想想看吧，想想我的继父在城里是个多么厉害的角色，他居然可以在当时拥有这么多纸、各式各样的纸！书上对拥有许多土地的人叫“土豪”，那么依此类推，可以毫不含糊地讲，继父是一个“纸豪”。

打倒“纸豪”！

四

……（后来，一个偶然的机缘，“我”认识了看林人的女儿小雪。）

当时我眼瞅着小雪从柜子里拿出了一叠写满了字的纸，惊得嘴巴都合不拢。我未经同意就从她手中夺过来，两眼急切地在纸上搜索。我清楚地记得，在当年，我有一种能力。我能在一些蚂蚁似的字迹中发现活的东西。当时字迹都像刚刚睡醒一样，揉揉眼坐起来，活了、动了。最后它们热情洋溢地与我交谈了。

是我的目光惊动了它们的安睡。

小雪藏在这间林中小屋写了这么多。她原本像我一样。她在没头没尾地叙说，她告诉了许多，告诉的时候，我敢肯定，有时还会哭呢。

我捧读她写下的这些字，忘记了一切。后来回忆起来，常常不敢相信这场奇遇会是真的。

我发现，小雪的每一次呼喊都留在了纸上。

我第一次遇到了一个与我如此相似的人，这个小雪啊。

我们在这几分钟里就建立了牢固的友谊。谁也没有把这么多的隐秘，把十几年的事情全告诉给我：她怎样泣哭和欢笑、怎样思念，全告诉了我。

我也会以相同的方式告诉她。她与所有的人都不同。她像我一样，只是沉默。

我在如饥似渴地读时，妈妈找了我许久。后来小雪声音低缓地读起来。我的脸转向窗外。可是什么也看不见。我置身于一股彩色的溪流中间。这是从未闻过的声音，等于百灵和蝈蝈、雁鸣和河水、风声雨声相加一起的声音。它无所不包。我甚至怀疑自己以前记下的那一切，不及这声音的十分之一。

我在为小雪骄傲的同时，也明白在人世间，在离我们的城市不远处，还有一个人像我一样，不停地写、写了许多许多。

我这时感激所有的人和事，感激她、这片林子，感激无色无味的风、天上的云，还有狗、妖怪、海神、未知的一切。

我被突然涌来的巨大感激淹没了。这情形以前也有，但似乎不如眼前的盛大充盈。我心里那么容易漾起类似的念头，那时我会把袭来的恐惧赶走，沉浸在说不出的兴奋中。有时我一抬头看到了窗外的细雨，看到在雨中变得湿淋淋的菊花叶、玫瑰刺梗、橡树皮，就会在心里小声说：多么感谢你，雨水，天气，绿蓬蓬的植物，那只在雨中飞去的无名小鸟，无边的游云……我什么都要感谢都要感激。

我最感激的，还是能够唤起这感激的东西。因为是它们牵来了我的幸福。有了这幸福，我经受的所有悲痛都不算什么了。

妈妈唤我离开这里。她感谢过了主人的招待，搀扶着继父上车，又回头找我。

我当时什么都没听见。

终于，那个怒气冲冲的继父从车上下来，找到小雪门口，对我伸着粗壮的食指。我还笑吟吟的，因为我的心已经走远了。小雪低缓的声音停止了，我才看到继父暴怒的、愚蠢的面孔。我迫不得已向小雪投去告别的目光。

那是无比留恋的一瞥。

我跨出了屋子时，小雪突然转身取了一叠纸。我飞快接过藏在了身上。

一路上无论怎样颠簸，我都能感知小雪送我的礼物。我把它放在贴近胸窝的口袋。她竟然送我这么多纸，她是何等慷慨。

回到家里，我仰躺在床上，闭着眼睛从头回忆，一点一点回忆。

妈妈以为我病了，过来试我的额头，问我。她走后，我立即取出小雪的礼物。

这就是她画画的那种浅黄色的纸。每张都呈正方形，毛边，略大于32开：这是什么纸？一叠正好20张。我对在鼻子上嗅个不停。我觉得它们有特异的香气。

我实在忍不住，去问妈妈这是什么纸，妈妈拿起来只看了一眼就说：这是园艺场用来包装出口苹果的纸。

她说这可能是小雪母亲从苹果包装场上取来的。

五

这一生还没有遇到与小雪类似的人，一个性格相投的异性朋友。而她在许多方面都与我相似：她像我一样，尽可能地不说话；要说也放低了声音。我们好像都害怕惊扰这个世界上的什么。

通过她，我进一步否认了妈妈对我性格形成的推断：我的少言寡语是因为继父的粗暴。小雪呢？她有和蔼的双亲，他们对她那么疼爱。小雪如果希望得到一种东西，他们就会千方百计去搞来；比如在当年极为珍贵的纸，就是她母亲在上班时偷偷带回的。

小雪有看不出的勇气。她一个人能在深夜穿过十里海滩，一路听着各种野兽的叫声，安然地回家。这是她父亲告诉的。他说那一次小雪与几个同伴去海边，不巧走散了，她为寻别人而拖延到黑夜，结果最后不得不一个人走回家。全家急坏了，妈妈都哭了。那一年她才刚刚11岁。

她与我在一起时大半没有声音。我们这时在读书、写字。如果需要问什么，比如问要不要橡皮、纸和笔，要不要一本新书，都只是用眼神表达。她的眼睛黑圆，有点像漆黑的扣子，放出的光泽很温煦，像一只手掌，令人感激地抚摸过来。眼睛在后来的许多年中都是我们之间表情达意的最好器官。眼睛让我听从、同意和想念。奇怪的是，回到自己家里、甚至是许多年后我们分开了，我还从这双眼睛（记忆中的）中寻找帮助，获得启示。

这是真的。我应该承认这一点。在那些生活的转折关头，我情不自禁地就要询问这双眼睛。它也恰当地指示了我。我对它的每一瞥都能心领神会。

总之，她的眼睛对我很重要。谁能想到在无法上学的大雪天或大雨天，我们俩会多么高兴呢？

六

我发现了与小雪的区别：我在不停地写梦和幻想，而她写的都是眼前的一切：故事、动物、植物和人。我即便在写眼前的事，也一点一点写进了幻想。这就是我们的不同。

我们之间有那么多相似，现在则找到了差异。这让我既惊讶又兴奋。

她有善良的父亲，她从来不需要怕他，更不需要恨他。她还有一个敬爱的老师——小雪得到了他的爱护和帮助，也就得到了全班同学的拥戴。小雪从小生活在林子里，她熟悉这里的一切，听到和看到的比我有趣得多，她也就用不着做那么多的梦了。

这对她真的也就足够了。她不需要去寻找，也不需要去躲避。是的，她只要如实地写出来就好极了，不必编造，不必胡思乱想。比起她，我渴望的幸福十有八九不在手边，我又能怎么办。小雪天生有幸，她只需要把满地的愉快收拾起来，像串蘑菇一样串成一串。

继父只要瞥一眼我如醉如痴的涂抹，就要怒火中烧。我也许在不知不觉间即把所有的话都写得万分费解。尽管这是一种多虑。因为他根本不看，而是抓起来就一团，扔掉。可是这一来我就养成了一种不明不白的文风。

我害怕别人看懂，又渴望有人能全部地、无一遗漏地读进心里。后来这个人（小雪）出现了，立刻让我激动万分。她有超人一等的天分，心细到令人吃惊。她不仅赞扬我，甚至觉得自愧不如。她怎样被我感动，我亲眼看到了。谁为我这样过呢。为了这感动，我愿走遍千山万水来到她的身边。

无论是雨天、雪天，都不能阻止我奔向丛林，跨过河流。那时我书包里就装着刚写成不久的纸页，心里只有一个念头：找她。

我把自己最珍爱的书带给她。她的珍藏对我也无一隐匿。我发现她的书没有我多，但却经常轮换。这真使我大喜过望。

世上的一切都有个源头，有个缘由。这是我后来才懂得的道理。如果我一开始就细细究察这缘由，那将更为有益。

我把小雪给我的每一点赞扬收集起来。这不是因为虚荣心，而是因为我太需要这种赞扬了。它在别处无从寻觅，百求不得。人一开始那么需要赞扬，需要得到肯定。我的妈妈甚至也没有这样对待我。妈妈好像来不及这样做了（我总觉得妈妈在找到继父以前就被什么吓过，她是吓坏了。可怜的妈妈）。

我真羡慕小雪。她把一切美好的故事、经历、自己身边的人，都一点一点写尽了。没有谁能在这方面超过她。水汊里的鱼、鱼的各种时刻、它们在洪水泛滥时节和枯潭里的模样，都一丝不差地被刻画出来。谁像她一样，能写出有一种鱼所生出的可笑可爱的、粉红色的胡子？还有火狐、刺猬、金色的鹰，木鹫和戴胜鸟……她笔下出现过几百种花、几十种树，还有数也数不清的林中怪事。谁也想不出她有多么喜欢这林子、这林子里的一切。而我却不像她一样喜爱那座城市，至少不是特别喜欢。那城市等于是我的林子啊。我倾慕的只有海上航来的巨轮，巨轮昂起的胸部、高高的桅杆。这喜欢的心情往往只一阵儿，马上却有更多的惧怕来临。惧怕多得无缘无故，我像妈妈一样可怜。

我从哪儿携来了这么多的惧怕？永远也不会知道。我只明白它们无法去除，而且要这样一生。这是真的。

我比别人更懂得来自他人的温暖，只要有一点儿，就会一生谨记。我从小就不是个忘恩负义的人。所以我在小雪家得到的幸福，我会千方百计地报答。我将有自己的报答方式。

她的父亲和母亲在大雪天烧好了滚烫的山药，双手捧着撩着递给我——仅这一个场景，就让我记了三十多年。

【美国】弗朗西斯·弗罗斯特
桥为 译

为了水晶心[①]

一个人在什么情况下需要文学呢？当他有一种强烈的情感，用日常的语言无法述说时，他可能就会求助于文学。在这种情况下，文学就像大米饭——不可或缺的精神食粮，没有它，人会无言以对、有口难言。在这个感人的故事里，一位农夫，为了爱情，变成了一名诗人。当贫穷的农夫拿不出世人所崇尚的礼物献给爱人，他转而祈求于诗歌。诗歌神秘的光芒，照亮了艰辛的生活，照亮了两颗真诚相爱的“水晶心”。岂止爱情让人变成诗人，从某种意义上说，人人都是诗人，当你真正需要诗歌的时候，你就有机会做一回诗人。

农场就在山顶上，周围大山连绵不绝。大山在晨曦中呈现出一片深蓝色，在夏日的黄昏则苍茫茫地给人以温柔和亲切的感觉。当他赶着牛群走向牧场的时候，当他穿过晒谷场到猪圈去的时候，他总喜欢看着那些大山。

他是一个蛮漂亮的小伙子，从春到秋都不穿上衣，喜欢让风雨阳光直接接触他的皮肤；肌肉结实，皮肤像印第安人一样棕黑。他10岁时母亲就故去了。几个哥哥都早早离开了家，在纽约州有了他们自己的农场。20岁那年，父亲死于肺炎，给他留下了负债累累的农场。

离他最近的邻居是住在两英里以外的哈德。在他父亲葬礼后的第二天，哈德给他送来了妻子做的炸面圈和馅饼。

“你这样的小伙子该结婚了。”哈德说。

“我得先把债务还清。”

“那么等你结婚的时候就80岁了。”

“好，我会考虑的。”

“找个星期天晚上到我们这儿来玩吧。我们给萨丽买了一架留声机，还有一些挺好的唱片。”

① 选自《读者》杂志。

“谢谢了。”约翰说。

哈德走后，他一边挤牛奶，一边想着萨丽。

一年以后，他和萨丽结婚了。

在婚礼两个星期以后，萨丽发现她所嫁的不只是个农夫，而且还是个诗人。那天，他拿着一些从林子里采来的七瓣莲走到她的面前。

“我不能给你留声机或者别的好东西，因为我们欠了债。但是如果你喜欢的话，我可以带给你树林里的东西。”

她把一只手轻轻地放在他面颊上，“我更喜欢树林里的东西，约翰。”

“这儿有一首诗，”他说，“是这样写的：

你知道人是何等弱小可怜，
看看我们的身体就更清楚这一点——
一旦心脏失去了生命，
整个躯体便随之离开人间。

“这就是说，我们必须保持我们的爱，对我们已经得到的一切感到心满意足，尽管东西不多。因为一旦我们的心脏失去了生命，我们就死了。”

她大为惊讶，“啊！真是棒极了！约翰！是你写的吗？”

他惭愧地露齿一笑，“这……”

“一定是你写的！我真不知道你还会写诗！再多给我写一些吧！”

“晚饭后我再给你读一首。”他说。

他离开她走进了谷仓，从干草垛的角落里掏出一本被虫子蛀过的英国诗集。这是他在结婚前打扫谷仓顶层时发现的。他曾想，既然除了他自己和一个负债累累的农场之外他一无所有，没什么可以送给萨丽的，他想给她一点别的东西——能从这本书中找到的最美丽的诗句。他并没有想到她会以为是他写的。然而，现在他意识到，她因为这些诗句而更爱他了。这的确是欺骗，但这给她带来了欢乐。他坐在干草垛上又背下了一首抒情诗。在地里干活的时候，他一整天一遍又一遍地对自己念叨着。

晚上，他们在晒谷场上散步，看着大山，他用低沉的声音朗诵起来：

“大地苍翠，天空碧蓝。
我听得到，我看得见，
天地间有一只小小的云雀，
一大早就欢唱在青纱帐的上面。

在我的小路两边，

嫩绿的青纱帐向远方伸展。
我知道云雀有个看不见的家，
就藏在这千万棵玉米中间。

我停下脚步欣赏他的歌声，
阳光灿烂的时刻飞流似箭。
也许有谁比我听的时间更长，
那更入迷的一定是他的同伴。”

她的欢喜对他来说真比饭菜更香甜。

他们的儿子出生后，他逐渐增加了一些新诗，但她总喜欢反复听那些老的，每次她都会说：“写得真好，约翰！”

约翰娜出生的那一年，庄稼的收成很不好。债务沉重地压在他的身上。冬天的夜晚，每当孩子们进入了梦乡，萨丽坐在火炉旁缝补衣衫，他就把身子靠在椅子上，端详着她，心里在想，即使用最伟大的英国诗歌来形容她也绝不过分。这时，她总是抬起头来，微笑着说：“再给我朗诵一首诗吧，约翰。”

“我还没有新的。”

“就给我朗诵《爱人，让我们肝胆相照》那一首吧。”

而后，他就轻声朗诵起来：

“啊！爱人，让我们肝胆相照。
因为，
尽管这个世界在我们梦中
是那么丰富，那么清新，那么美好，
而在现实中
却没有欢乐，没有温馨，没有阳光普照。
我们好像站在漆黑的原野上，
听凭世风日下，正不压邪，风雨飘摇。”

第三个孩子生下来就死了，萨丽也病得很厉害。长长的债务单上又增加了一笔医药费。

光阴荏苒，他们辛辛苦苦地、一点一滴地减少着身上的欠债。

巴特上完高中后对父亲说：“爸爸，我要上大学，我要当工程师。我要自己干出一番名堂来。”

“你不想要……农场了吗？”

小伙子把手臂搭在约翰的肩头：“我真希望我想，爸爸，可我不。对不起。”

一年后，约翰娜也说："爸爸，我想教书。如果您答应的话，我要上大学。"

"你想教什么，我的孩子？"

"英语，还有诗歌。"约翰娜说。

约翰笑了笑："我想你妈妈会喜欢的。"

当孩子们放假回家过圣诞节的时候，整个房间被石松做的花环装点得充满生气。那是约翰特地砍了一棵树，和萨丽一起做的。

在圣诞节前一天的晚上，约翰娜对母亲说："您能不能到楼上来一下，我有点事要告诉你。"

在楼上，约翰娜从书包里掏出了一本小书。

"我真不知道应该不应该这样做，妈妈。但是我想我最好还是把憋在心里的话讲出来，您还记得那些年爸爸读给您听的那些诗吗？它们都在这本书上！"

"你在说什么，约翰娜？"

"我是说，那些诗并不是爸爸写的。它们都是很早以前英国诗人的作品。看这儿——'啊，狂野的西风，你把秋气猛吹……'我记得我在10岁时他念过这个。再看这儿——'去吧，从山里来的牧童，因为他们在呼唤你……'"

"这是那年冬天，孩子死了的时候，他讲给我听的。"萨丽说。

"妈妈，您明白了吗？他一直在骗人呀！他说是他写的这些诗！"

"不，"萨丽用低哑的嗓音说道，"是我对他这样说的。除了诗以外他什么也没说过。约翰娜，我永远也不让他知道我已经了解了事实。不然他的心都会碎了的。我现在知道了他是多么爱我，让我为他自豪了这么多年……"

孩子们读完大学后，约翰娜结了婚，开始了教书的生涯；巴特要帮父亲还债，但约翰只是淡淡地说："农场是我的，孩子，农场的债务也是我的。"

在一个春天的日子里，这时约翰和萨丽都60岁了，约翰到山下还清了最后一笔债。回来的时候，他没有走向自己的房子，而是走进了谷仓。他坐在干草垛的边缘上，哭了起来。就在这里，他给她背了40年的诗。40年来，他们俩相濡以沫，真是像诗里讲的："肝胆相照"。在多么艰苦的条件下他都从未掉过一滴眼泪，全凭着她对他的爱，全凭着他读的那些诗和他的谎言。现在好了，他再不需要昧着良心给她背诗了。

萨丽在谷仓里找到刚刚擦干泪水的他。他们一起来到晒谷场上，又注视着大山。

"大山是我们的了，我们可以尽情地看了，一直到死。"他说道。

但是，就在那一个星期，突然变了天气，萨丽着了凉，咳嗽得很厉害。约翰赶忙请来了医生。

她发起了高烧。约翰坐在她的身旁，心如火燎，脸色苍白，紧握着她发烫的手指。

“约翰，”她哽塞着低声说，“诗，新的。”

他一下子怔住了。所有背过的诗他都反复地念给她听了。

“好，亲爱的。”他吃力地慢慢把一个个单字组织在一起，为她作了一首诗，他自己的诗，他一生当中唯一的一首诗。

“那些永远属于我们的大山啊，
把飞花般的群星撒满天上。
大山用夜的语言互诉衷肠，
直入云霄的峰巅像插上了翅膀。

我和我的爱人将攀上群峰，
乘上那岩石的翅膀在长空里翱翔。
她把头埋进我的臂弯，
我把唇垂在她的脸庞。”

“是你写的，约翰？”

“是的，是我自己写的。”他说。

他把她埋在能看到大山的地方。那本英国诗集同七瓣莲一起躺在她的坟墓上。

【法国】波德莱尔
亚丁 译

在凌晨一点钟[1]

一天无聊的应酬下来，充满谎言和虚伪的交际让人恶心，“人脸的暴政终于消失了”。此刻，夜深人静，本真的“我”开始浮现出来，忏悔、沮丧、失望，这不是我想要的生活，这不是我喜欢做的人。如何跨越这庸俗的泥潭，把自己从卑劣的人群中解救出来？波德莱尔想到了写作，他呼唤高尚者的灵魂，呼唤上帝的援助：“让我写出几句美好的诗句，以此向我自己证明，我并非最卑劣的人；我并不比我所轻蔑的人更低贱。”写作，是人们超越生活、提升自我之路。

波德莱尔（1821~1867），法国诗人，从一个花花公子到文学大师，波德莱尔发掘出当时世界最繁华的大都会巴黎的“恶”、现代文明的“恶”，透视病态世界，化人间之丑为艺术之美，以无畏的坦诚捧出心中的“罪恶之花”——一本惊世骇俗的诗集《恶之花》。波德莱尔一跃成为极端浪漫派大师，并开启了现代派象征主义文学潮流。接着写作的散文诗集《巴黎的忧郁》，作者说：“这还是《恶之花》，但更自由、细腻和辛辣。”

啊！终于一个人啦！除了几辆晚归的疲惫的出租马车在行驶外，再也听不到任何动静。在这几个小时内，如果说不是休息的话，我们至少可以得到安静了。人脸的暴政终于消失了！我只是因自身而痛苦了。

终于，我可以使自己沉浸在这昏暗之中了。首先，用钥匙在锁孔里转两圈[2]，我觉得这一转更增加了我的孤独，加固了把我和这世界分离的围墙。

可怖的生活！可怖的城市！这一天简短的回顾是：看到了好几位文人，其中一个问我是否可以通过陆路去俄国（他大概把俄国当成一个岛屿了吧）；以和善的态度和一个杂志的主编争论过，他对每条意见都同样回答：“这才是正派人的观

① 选自亚丁译《巴黎的忧郁》，漓江出版社，1982年版。

② 在西方，钥匙在锁孔里转一圈，保姆仍可以进去；如果转两圈，除了主人外，任何人也不能把门打开。

点！”好像是说其他的报纸都是由无赖们主编的；向二十几个人问候过，其中有十五个人是不认识的；还和同样多的人握了手，可并没有使我谨慎地买副手套；下阵雨时，为了消磨时光，曾走进一个杂耍女艺人家里，她请我为她描画一件维纳斯式的衣服；曾向一个剧院经理说了几句恭维话，他一边打发我一边说：“你最好是去找Z，在我所有的作者中，他是最笨拙、最愚蠢，也是最出名的一个；您也许可以从他那儿得到些什么，见见他吧，然后我们再谈！”曾经拿一些我从未干过的下流事来吹牛皮（为什么？），而且，还懦弱地否认了几件自己曾愉快地做过的坏事……大吹大擂的行为，不尊重人性的罪过；还拒绝为一个朋友效点微劳，而为一个古怪透顶的人写了一封推荐信……哎呀！这到底有完没有？

不高兴所有的人，也不高兴我自己；我真想在黑夜的静谧与孤独中赎回罪身，自行孤傲。啊！我所爱的人们的灵魂，我所歌颂的人们的灵魂，快来支持我、援助我吧！把世界上的谎言和腐蚀人心的乌烟瘴气给我赶远点吧！您啊！我的上帝！让我写出几句美好的诗句，以此向我自己证明，我并非最卑劣的人；我并不比我所轻蔑的人更低贱。

【俄国】叶赛宁
兰曼 译

母亲的来信①

叶赛宁（1895~1925），俄罗斯诗歌中忧郁的浪子，抒情的天才。出生农家，热爱田园，却一生闯荡于都市，做一名流浪诗人。对梦想的追寻与现实的窘迫，让诗人彷徨无依。这首诗借用母亲来信的口吻，朴素地传达出在文学旅途上艰难跋涉的人们的迷惘。做个诗人有什么用？除了让自己过不上正常人的生活，看不出有什么好。“趁你还年轻，不如在田里做点活计，早些学会耕田扶犁。”在“母亲”这些低头生活着的人眼中，诗歌、文学，都是不务正业的人所干的事情，还不如老老实实当个农民。可是，一代又一代，总有那么一些人，铁下心来钟情文学，他们到底中了什么魔？

现在我还想什么，
现在我还能写什么？
我捧着母亲的来信，
面对那晦暗的小桌。

母亲对我写道：
“我的小鸽子，如果你
能在圣诞节的节期
从外地飞回家里，
不要忘记给我买条披巾，
给你父亲买条裤子，
家中没粮，更没布匹。
你要做诗人，
我十分忧虑：

你已有了不好的名誉，

① 选自兰曼译《叶赛宁诗选》，漓江出版社，1983年版。

趁着你还年轻，
不如在田里做点活计，
早些学会耕田扶犁。

“我已是年迈人，
力不从心，体力难支，
如果你不离开家
如今我已有了儿媳。
我可用脚荡着摇篮
给小孙孙唱催眠曲。

“可是，在这个世界里
你失去了孩子，
妻子也被别人娶去，
没有家庭，没有情谊，
也没一个落脚地，
你肩膀扛个脑袋，
向白酒的漩涡滑下去。

“亲爱的儿子，
你要到何处去？
你多么和善又温顺
人们都争着赞许：
幸福呀，亚历山大·叶赛宁
有一个称心的儿子！

“我对你的希望
空梦一场。
我们的心里
更加悲伤：
你父亲扳着指头计算，
你写出的诗篇
能挣到不少钱。

“你有这样的收入，
从未给家寄一点一滴，
你只把痛心的言语

不断向我流露：
诗人没有什么收入，
贫困是你生活中的伴侣。
你要做诗人，
我十分忧虑：
你已有了不好的名誉。
趁着你还年轻，
不如在田里做点活计，
早些学会耕田扶犁。

“我们像生活在黑暗里，
目前是一片忧凄。
家里没有车辆和马匹，
但是，如果你在家
准比现在富裕，
根据你的才智，
在乡委会里
可以当个主席。
那时，谁也不敢把我们欺，
生活该多么舒适。
你不需要去受劳苦，
不必为生活跑东又跑西。
我可教你妻子纺织，
你可陪老人度过晚年，
啊，我的好儿子。”
……

我把母亲的信团起，
我沉沦在惊恐里。
我理想中的路啊，
为什么如此坎坷，崎岖？
我要把我心中的一切
写在给母亲的回信里……

1924年

【印度】泰戈尔
唐若水 译

误入劳动者天堂的人①

这是一篇超现实的讽喻小说。在一刻不停地忙碌着的劳动者的天堂里，居然有一位“游手好闲”的人，有实际用途的事，他一点也不干，专门在水瓶上画画，或者，给姑娘的头发编一根丝带。最后，这个人注定要被逐出劳动者的天堂。

文学、艺术，所有的文化活动，是在人类进化到高级阶段所产生的精神需要，这些活动不产粮食，但是满足人的心灵。这正是人区别于动物的一种高尚需求。人类中的文学艺术家、思想家、科学家，他们创造了人间的美和幻想，引导人们探求内心的丰厚和世界的奥秘，让人们有机会享受生活的美好。而那些只懂得低头劳动的人，尽管他们勤劳得像一群蚂蚁，但对生活无知无觉，只是一群生活的奴隶。

一句并非多余的补白：从事实际生产劳动的人，也可以像艺术家一样创造生活的美，只要他关注自己内心的需求，不是凡事功利。美的生活，并非文学艺术家的专利，而是每个人内心最深沉的渴望，我们要时时正视她，而不是常常掩盖她、忘却她、抛弃她。因而，对文艺的爱好，正是一个人有情有趣的象征，这与一个人所学的专业和所从事的职业没有绝对关系。

泰戈尔（1861~1941），印度诗人、小说家、艺术家、哲学家。1913年“由于他那至为敏锐、清新与优美的诗”而获得诺贝尔文学奖。他的诗集《吉檀迦利》《飞鸟集》《园丁集》《新月集》等在中国有精美的译文和大量的读者。

他这个人是从来不讲实用的。

他找不到实际用处的工作做，因此整天想入非非。他塑造一些小玩意儿——男人、女人、城堡和镶嵌着海贝的泥雕。他还绘画。就这样，他白白地把时间浪费

① 选自《三月》杂志，1984年第7期。

在无用之物上。大家笑话他，他自己也多次发誓要赶走这些奇念，但它们却在他心里徘徊流连，迟迟不肯离去。

有些男孩难得看书却顺利通过了考试。现在，他遇到了类似的机运了。他在世碌碌无为，但死后天堂的大门却为他敞开着。

不过，在天堂里，也有个天使挥毫记录着凡人在世时的功过。由于那位负责掌管他的信使传错了话，他竟被分配在劳动者的天堂里了。

在这个天堂里，什么都有，除了懒散。

这儿，男人们都在嚷："天哪，我们可是一分钟也没空哪！"女人们则在喃喃低语："光阴似箭，我们得加油才是！"大家一致同意"时间贵如金"。"我们的双手从来没歇过呢。"他们抱怨、叹息，然而与此同时，这些话也使他们兴高采烈、精神抖擞。

这位新客在世时没做过一件有用之事，当然，在这个劳动者天堂里，他与此地的生活方式是格格不入的了。他心不在焉地在街上溜达，时不时撞上匆匆的行人。他躺在青翠的草地和湍急的溪畔，忙碌的农人都在骂他。在那儿他老是碍人手脚。

一个走路似风的姑娘天天都到静静的河边汲水。要知道，在劳动者的天堂，连河流也不歌唱——因为怕白白浪费精力。

姑娘伶俐的动作使人想起熟练的吉他手敏捷拨弦的手指。她头发蓬乱，缕缕发丝常会落在额头，似乎想窥探她眸子中黑色的秘密。

而这位闲人却在河边伫立。望着他，这位劳动者天堂里的忙碌女郎感到无限怜悯——就像一位王子见到一位孤苦伶仃的乞丐，同情之心油然而生。

"喂，"她关切地问他，"你没工作干吗？"

"工作？我才没时间干活哩！"那人叹息着。

女郎没听懂他的意思，说："如果你愿意，我可以匀点活给你干。"

那人答道："姑娘啊，我一直盼望你能吩咐我干点什么活呢。"

"你准备干点什么活呢？"

"你能给我一个你汲水用的大水瓶么？"

"大水瓶？你想用它来汲水？"姑娘问。

"我，我想在瓶上作画。"

姑娘生气了。

"呀，作画！我才不跟你这类人浪费光阴呢！我要走了。"说完，她真的就离开了。

但是，忙人哪会有闲人那么多的空闲时间呢！每天，只要他遇上她，他就老缠着她："姑娘，给我个水瓶吧，我要在上头作画呢！"

最后她还是让了步，她递给他一个水瓶。那人开始作画。他一笔又一笔地画着，一道又一道地涂抹颜色。

等他作完画，姑娘捧起水瓶，仔细端详着。

她的眼睛困惑了，她的眉头紧蹙了。她在问："这些线条和颜色是什么意思呢？它们能派什么用场呢？"

"没什么用处——一幅画有时是没什么意义的，也没有什么实际用处。"

姑娘把水瓶带回家中。她避开家里人探询的目光，在灯下转动着水瓶，从不同的角度欣赏着画。半夜，她从床上爬起来，点上灯，又悄悄地开始欣赏起来。一生中她还是头一次欣赏这种无用之物哩！

第二天她又去河边了，但她的步子就没有以前那么匆匆忙忙了。似乎有一种新的意识在心中萌起，一种既无意义又无用处的意识。

看见那人又站在河畔，她不由自主地发问："你要什么？"

"只是请你再帮个忙。"

"什么事？"

"让我给你的头发编根丝带吧。"

"为啥？"

"不为啥。"

色彩艳丽的丝带编好了。这位劳动者天堂里的忙碌姑娘现在每天都得花上不少时间用丝带装饰头发。时间一分一秒地白白溜过去，而很多活还没干完呢。

近来，劳动者天堂的生产开始不景气了。很多以前勤快的人变懒散了——他们在绘画和雕塑之类的无用之事上浪费了不少光阴。长者们忧心如焚。于是决定召集一个会议。会上大家一致指出：这种情况在劳动者天堂的历史上可是前所未有的。

信使匆匆而入，向长者们鞠了一躬，然后表示歉意。

"我错把一个人分配到你们的天堂里来了。"他说，"现在的局面完全是由他一手造成的。"

那人被召来了。长者们看着他的奇装异服，他的神奇的画笔和颜料。他们马上断定：此人完全不宜待在劳动者天堂里！

主席先生对那人语气生硬地宣布："此处没有你这号人的地盘。你得离开！"

那人如释重负地叹了口气，收起画笔和颜料。但当他刚刚准备动身时，溪流边的女郎却匆匆赶来了："等一等，我要跟你同去。"

长者们惊讶地喘着粗气。这种事在劳动者天堂里可是绝无仅有——真是既无意义又无用处！

【苏联】帕乌斯托夫斯基
李时 薛菲 译

珍贵的尘土①

一个老清洁工，长年累月从首饰作坊的尘土中筛出金屑，然后打造成一朵象征幸福的金蔷薇，要赠给关爱的人。这是一项繁重的工程，可能不亚于居里夫妇从沥青中提炼镭。作家，就是那个从尘土中寻找金屑的人，把庸常生活中每一个闪光的刹那，捕捉下来，奉献给读者。穷其一生的探求，就是为的给人世间留存一点美的种子，让世人有一些机会去触摸幸福。

帕乌斯托夫斯基（1892~1968），苏联作家。许多爱好文学的青年，都把他写的《金蔷薇》当作文学入门书。

记不起来了，这段关于一个巴黎清洁工约翰·沙梅的故事是怎样得来的。沙梅是靠打扫区里几家手工艺作坊维持生活的。沙梅住在城郊的一间草房里。本来可以把这个郊区大加描绘一番，以使读者离开故事的本题。不过，也许值得提一笔：直到现在巴黎城郊仍然还留存着一些古老的碉堡。在这个故事发生的时候，这些碉堡还被金银花和山楂子等杂草所覆盖着，一些野鸟就在这里造了巢。

沙梅的草房便在靠北面一个堡垒的脚下，与洋铁匠、鞋匠、捡烟头的和乞丐们的破房子为邻。

要是莫泊桑曾经对这些草棚住户的生活发生过兴趣的话，那他或许会再写出几篇出色的短篇小说来。说不定，它们还会在他的永恒的光荣上添上新的桂冠呢。

可惜除了暗探以外，谁也没来瞻望过这些地方。就是那些暗探，也仅仅在搜索贼赃的时候才会光临。

邻居们管沙梅叫“啄木鸟”，从这里，可以想象得出他是瘦瘦的，鼻子尖尖的，帽子底下总是翘出一绺头发，好像一簇鸟雀的冠毛。

以前，沙梅也过过好日子。在墨西哥战争的时候，他在“小拿破仑”军团里当

① 选自帕乌斯托夫斯基《金蔷薇》，李时、薛菲译，漓江出版社，1997年版。

过兵。

沙梅福星高照。他在维拉克鲁斯得了很重的热病。于是这个害病的兵，没上过一次阵，就给遣送回国了。团长借这个便，把他的女儿苏珊娜，一个8岁的女孩子，托付沙梅带回法兰西去。

团长是个鳏夫，所以到哪儿都不得不把自己的女儿带在身边。但是这一次，他决定和女儿分手，把她送到在里昂的妹妹家里去。墨西哥的气候会夺去欧洲孩子的生命。况且混乱的游击战，造成了许多难以预料的危险。

在沙梅的归途上，大西洋蒸散着暑气。小姑娘终日沉默着。甚至看着从油腻腻的海水里飞跃出来的鱼儿，都没有一点笑容。

沙梅照顾苏姗娜无微不至。当然他也明白，她期望他的不仅是照顾，而且还要温柔。可是他，一个殖民军团的大兵，能想得出什么温柔来呢？他有什么办法使她快活呢？掷骰子吗？或者唱些兵营里粗野的小调吗？

但总不能老是这样沉默下去。沙梅越来越频繁地感到小姑娘用困惑的目光望着他。最后他决定把自己一生的经历片片断断地讲给她听，把英吉利海峡沿岸一个渔村的极琐碎的小事情都回想了起来：那里的流沙、落潮后的水洼、有一口破钟的小礼拜堂，给邻居们医治胃病的他的母亲。

在这些回忆里，沙梅找不出任何能使苏珊娜快活的有趣的东西。但是叫他奇怪的是，小姑娘却贪婪地倾听着这些故事，甚至常常逼他翻来覆去地讲，在一些新的小事情上追根问底。

沙梅竭力回想，想出了这些详情细节，最后，简直连他自己都不敢相信是否真正有过这些事情了。这已经不是回忆，而是回忆的淡薄的影子。这些影子好像一小片薄雾似的随即消散了。的确，沙梅从来也没想到他还要来重新回想他一生中这一段多余的时期。

有一次，他朦胧地想起一朵金蔷薇的故事来。在一家老渔妇的屋子里，在十字像架上，插着一朵做工粗糙，色泽晦暗的金蔷薇；不知道是他看见过这朵金蔷薇呢，还是从旁人那儿听到过这朵蔷薇的故事。

不，说不定，他有一次甚至亲眼看见过这朵蔷薇，并且还记得它怎样闪烁发光，虽然窗外并没有阳光，而且在海峡上空咆哮着惨厉的风暴。沙梅越来越清楚地想起了这朵蔷薇的光辉——低矮的天花板下面的几点明亮的火光。

全村的人都很奇怪：为什么这位老太婆没有卖掉这个宝贝。要是卖掉它，她可以得到很大一笔钱。只有沙梅的母亲一个人肯定说卖掉这朵金蔷薇是有罪的，因为这是当她，这位老太婆，还是一个好笑的小姑娘，在奥捷伦一家沙丁鱼罐头工厂做工的时候，她的情人祝她“幸福”送给她的。

“这样的金蔷薇在世界上不多，”沙梅的母亲说，“可是谁家要有它，就一定有福。不只是这家人，就是谁碰一碰这朵蔷薇都有福。”

沙梅当时还是个孩子，他焦急地等着老太婆有一天会幸福起来。但根本连一星幸福的模样也看不出来。老太婆的房子不断为狂风所摇撼，而且在晚上屋子里连灯火也没有了。

沙梅就这样离开了村子，没等看到老太婆的命运有什么好转。只过了一年，在哈佛耳，一个相识的邮船上的伙夫告诉他，老太婆的儿子忽然从巴黎来了。他是一个画家，满腮胡子，是一个快乐的、古里古怪的人物。从那个时候起，老太婆的茅舍已经跟以前大不相同了。里面充满了生气，过着无忧无虑的日子。据说，画家们东抹一笔西抹一笔可能赚大钱呢。

有一次，沙梅坐在甲板上，拿他的铁梳子给苏珊娜梳理她那被风吹乱了的头发，她向他说：

“约翰，有没有人会给我一朵金蔷薇？”

“什么都可能，”沙梅回答说，“絮姬[①]，你总也会碰见一个怪人送你一朵的。我们那一连有一个瘦瘦的士兵。他可太走运了。他在战场上捡到半口坏了的金假牙。拿这个我们整连人都喝了个够。这还是在越南战争的时期呢。醉醺醺的炮手为了寻开心，放了一炮，炮弹落到一座死火山的喷火口上，就在那里爆炸了，不料火山也开始喷烟爆发起来。鬼晓得这座火山叫什么来着！仿佛叫克拉卡·塔卡。爆发得可真够瞧的！毁了40个老乡。想想看，就因为这么半口旧的金假牙，死了这许多人！后来才晓得这个金假牙原来是我们上校丢掉的。当然，这件事情暗中了结了：军团的威信高于一切啰。不过那一次我们可真喝了个痛快。”

“这是在什么地方？”絮姬怀疑地问。

“我不是告诉你了——在越南。在印度支那。在那个地方，海洋冒着火，就和地狱一般，而水母却像芭蕾舞女的镶花边的小裙子。而且那个地方，那种潮湿劲儿呀，一夜工夫，我们的靴子里就长出了蘑菇！若是我撒谎，就把我吊死！”

以前，沙梅听过很多当兵的说谎话，但是他自己从来没说过。并不是因为他不会说谎，只不过是没有这种需要。而现在他认为使苏珊娜快活是他的神圣的职务。

沙梅把小姑娘带到了里昂，当面把她交给了一位皱着黄嘴唇的高个子妇人——苏珊娜的姑母。这位老妇人满身缀着黑玻璃珠子，好像马戏班子里的一条蛇。

小姑娘一看见她，就紧紧地挨着沙梅，抓住了他的褪了色的军大衣。

“不要紧！”沙梅低声地说，轻轻地推了一下苏珊娜的肩膀，“我们当兵的也不挑拣连里的长官。忍着吧，絮姬，女战士！”

① 苏珊娜的昵称。

沙梅走了。他好几次回头张望这幢寂寞的屋子的窗户，连风都不来吹动这里的窗幔。在窄狭的街道上，能听见小店里的倥偬的时钟报时声。在沙梅的军用背囊里，藏着絮姬的纪念品——她辫子上的一条蓝色的揉皱了的发带。鬼知道为什么，这条发带有那么一股幽香，好像在紫罗兰的篮子里放了很久似的。

墨西哥的热病摧毁了沙梅的健康。军队也没给他什么军衔，就把他遣散了。以一个普普通通的大兵身份，去过老百姓的生活了。

多少年在同样贫困中过去了。沙梅尝试过各种卑微的职业。最后，成了一个巴黎的清洁工。从那时起，灰尘和污水的气味，总没离开过他。甚至从塞纳河飘过来的微风中，从街心花园中衣衫整洁的老太婆们兜售的含露的花束里，他都嗅到了这种气味。

日子溶成为黄色的沉渣。但是有的时候在沙梅的心灵里，在这些沉渣中，浮现出一片轻飘的蔷薇色的云——苏珊娜的一件旧衣服。这件衣服曾有一股春天的清新气息，也仿佛在紫罗兰的篮子里放了很久似的。

苏珊娜，她在哪儿呢？她怎么了？他知道她现在已经是一个成年的姑娘了，而她父亲已经负伤死了。

沙梅总想要到里昂去看看苏珊娜。但每次他都延期了，直到最后他明白已经错过了时机，苏姗娜完全把他忘记了。

每逢他想起了他们临别时的情景，他总骂自己是笨猪。本来应该亲亲小姑娘，而他却把她往母夜叉那边一推说："忍着吧，苏珊娜，女战士！"

大家都知道清洁工都在夜深人静的时候工作。这有两个原因：首先是因为由紧张但并不是常常有益的人类活动所产生的垃圾，总是在一天的末尾才积聚起来，其次是巴黎人的视觉和嗅觉是不许冒犯的。夜阑人静的时候，除了老鼠而外，差不多没有人会看到清洁工的工作。

沙梅已惯于夜间的工作，甚至爱上了一天里的这个时辰。尤其是当曙光懒洋洋地冲破巴黎上空的时候。塞纳河上弥漫着朝雾，但它从来也没越出过桥栏。

有一次，在这样雾蒙蒙的黎明里，沙梅由荣誉军人桥上经过，看见了一个年轻的女人，穿着淡紫色镶黑花边的外衫。她站在栏杆旁边，凝望着塞纳河。

沙梅停下了步子，脱下了尘封的帽子说道：

"夫人，这个时候，塞纳河的河水是非常凉的。还是让我送您回家去吧。"

"我现在没有家了。"女人很快地回答说，同时朝着沙梅转过脸来。

帽子从沙梅的手里掉下来了。

"絮姬！"他绝望而兴奋地说，"絮姬，女战士！我的小姑娘！我到底看到你了！你恐怕忘记我了吧。我是约翰·埃尔奈斯特·沙梅，第二十七殖民军的战士，是我把你带到里昂那位讨厌的姑母家里去的。你变得多么漂亮了啊！你的头发梳得多好呀！可我这个勤务兵一点也不会梳！”

“约翰！”这个女人突然尖叫一声，扑到沙梅身上，抱住了他的脖子，放声大哭。“约翰，您还和那个时候一样善良。我全都记得！”

“咦，说傻话！”沙梅喃喃地说，“我的善良对谁有什么好处？你怎么了，我的孩子？”

沙梅把苏珊娜拉到自己身旁，做了在里昂没敢做的事——抚着、吻着她那华丽的头发。但他马上又退到一边，生怕苏珊娜闻到他衣服上的鼠臊味。但苏珊娜挨在他的肩上更紧了。

“你怎么了，小姑娘？”沙梅不知所措地又重复了一遍。

苏珊娜没回答。她已经止不住痛哭。沙梅明白了，暂时什么也不要问她。

“我，”他急急忙忙地说道，“在碉堡那边有一个住的地方。离这里有些路。屋子里，当然，全是空的，什么也没有。然而可以烧烧水，在床上睡睡觉。你在那儿可以洗洗脸休息休息。总之，随你愿意住多久。”

苏珊娜在沙梅那里住了五天。这五天巴黎的上空升起了一个不平凡的太阳。所有的建筑物，甚至最古旧、煤熏黑了的，每座花园，甚至沙梅的小巢，都像珠宝似的在这个太阳的照耀下灿烂发光。

谁没体味过因浓睡着的年轻女人的隐约可闻的气息而感到的激动，那他就不懂得什么叫温柔。她的双唇，比湿润的花瓣更鲜艳，她的睫毛因缀着夜来的眼泪而晶莹。

是的，苏珊娜所发生的一切，不出沙梅所料。她的情人，一个年轻的演员，变了心。但苏珊娜住在沙梅这里的五天时间，已经足够使他们重归于好了。

沙梅也参与了这件事。他不得不把苏珊娜的信送给这位演员，同时，当他想要塞给沙梅几个苏[①]作茶钱的时候，他又不得不教训了这个懒洋洋的花花公子要懂得礼貌。

不久，这个演员便坐着马车接苏珊娜来了。而且一切都应有尽有：花束，亲吻，含泪的笑、悔恨和不大自然的轻松愉快。

当年轻的人们临走的时候，苏珊娜是那样匆忙，她跳上了马车，连和沙梅道别都忘记了。但她马上觉察出来，红了脸，负疚地向他伸出手来。

“你既然照你的兴趣选择了生活，”沙梅最后对她埋怨地说，“那就祝你幸福。”

“我还什么都不知道。”苏珊娜回答说，突然眼眶里闪着泪光。

“你别激动，我的小娃娃，”年轻的演员不满意地拉长声音说，同时又重复道：“我的迷人的小娃娃。”

① 苏：法国的辅币，20个苏为1法郎。

“假如有人送给我一朵金蔷薇就好了！”苏珊娜叹息说，“那便一定会幸福的。我记得你在船上讲的故事，约翰。”

“谁知道呢！”沙梅回答说，“可是不管怎样，送给你金蔷薇的不会是这位先生。请原谅，我是个当兵的。我不喜欢这种绣花枕。”

年轻人互相看了一眼。演员耸了耸肩膀。马车向前开动了。

通常，沙梅把一天从手工艺作坊扫出来的垃圾统统扔掉。但是在这次跟苏珊娜相遇之后，他便不再把那从首饰作坊扫出来的垃圾扔掉了。他开始把这里的尘土悄悄地收到一起，装到口袋里，带到他的草房里来。邻居们认为这个清洁工“疯了”。很少有人知道，在这种尘土里有一些金屑，因为首饰匠们工作的时候，总要锉掉少许金子的。

沙梅决定把首饰作坊的尘土里的金子筛出来，然后把这些金子铸成一块小金锭，用这块金锭，为了使苏珊娜幸福，打成一朵小小的金蔷薇。说不定像母亲跟他说过的，它可以使许多普通的人幸福。谁知道呢！他决定在这朵金蔷薇没做成之前，不和苏珊娜见面。

这件事沙梅对谁也没说过。他怕当局和警察。狗腿子们什么事想不到呢。他们会说他是小偷，把他关到牢里去，没收他的金子。怎么说也罢，金子本来是别人的。

沙梅在没入伍之前，曾经在村子里给教区神甫当过雇工，所以他懂得怎样筛簸谷子。这些知识现在用得着了。他想起了怎样簸谷子，沉甸甸的谷粒怎样落到地上，而轻的尘土怎样随风远扬。

沙梅做了一个小筛机，每天深夜，他就在院子里把首饰作坊的尘土簸来簸去。在没有看到凹槽里隐约闪现出来的金色粉末之前，他总是焦灼不安。

不少日月逝去了，金屑已经积到可以铸成一小块金锭。但沙梅还迟迟不敢把它送给首饰匠去打成蔷薇。

他并不是没有钱——要是把这块金锭的三分之一作手工费，任何一个首饰匠都会收下这件活计，而且会很满意的。

问题并不在这里。跟苏珊娜见面的时辰一天比一天近了。但从某一个时候起，沙梅却开始惧怕这个日子。

他想把那久已赶到心灵深处去了的全部温柔，只献给她，只献给絮姬。可是谁需要一个形容憔悴的怪物的温柔呢！沙梅早就看出来，所有碰上他的人，唯一的愿望便是赶快离开他，赶快忘记他那张干瘪的灰色的脸，松弛的皮肤和刺人的目光。

在他的草房里有一片破镜子。沙梅偶尔也照一下，但他总是发出痛苦的骂声，立刻把它扔到一边去。最好还是不看自己——这个蠢笨的、拖着两条风湿的腿蹒蹒着的丑东西。

当蔷薇终于做成了的时候，沙梅才听说絮姬在一年前，已经从巴黎到美国去了，人家说，这一去永不再回来了。连一个能够把她的住址告诉沙梅的人都没有。

在最初的一刹那，沙梅甚至感到了轻松。但随后他那指望跟苏珊娜温柔而轻快地相见的全部希望，不知怎么变成了一片锈铁。这片刺人的碎片，梗在沙梅的胸中，在心的旁边，于是他祷告上帝，让这块锈铁快点刺进这颗羸弱的心里去：让它永远停止跳动。

沙梅不再去打扫作坊了。他在自己的草房里躺了好几天，面对着墙。他沉默着，只有一次，脸上露出一点笑容，他立刻拿旧上衣的一只袖子把自己眼睛捂住了。但谁也没看见。邻居们甚至都没到沙梅这里来——家家都有操心事。

守望着沙梅的只有那个上了年纪的首饰匠一个人，就是他，用金锭打成了一朵非常精致的蔷薇，花的旁边，在一条细枝上，还有一个小小的、尖尖的花蕾。

首饰匠常常来看沙梅，但没给他带过药来。他认为这是无益的。

果然，沙梅在一次首饰匠来探望他的时候，悄悄地死去了。首饰匠抬起了清洁工的头，从灰色的枕头下，拿出来用蓝色的揉皱了的发带包着的金蔷薇，然后掩上嘎吱作响的门扉，不慌不忙地走了。发带上有一股老鼠的气味。

晚秋时节。晚风和闪烁的灯火，摇曳着苍茫的暮色。首饰匠想起了沙梅的面孔在死后是怎样改变了。它变得严峻而静穆。首饰匠甚至觉得这张面孔的痛楚，是非常好看的。

“生所未赐予的而死却给补偿了。”好起这种无聊念头的首饰匠想到这里，便粗浊地叹息了一声。

首饰匠很快就把这朵金蔷薇卖给了一位不修边幅的文学家；依首饰匠看来，这位文学家并不是那么富裕，有资格买这样贵重的东西。

显然，首饰匠给这位文学家叙述的金蔷薇的历史，在这次交易中起了决定性的作用。

我们感谢这位年老的文学家，多亏他的杂记，有些人才知道从前第二十七殖民军的兵士约翰·埃尔奈斯特·沙梅一生中的这段悲惨的经历。

顺便提一提，这位老文学家在他的杂记中这样写道：

“每一个刹那，每一个偶然投来的字眼和流盼，每一个深邃的或者戏谑的思想，人类心灵的每一个细微的跳动，同样，还有白杨的飞絮，或映在静夜水塘中的一点星光——都是金粉的微粒。

“我们，文学工作者，用几十年的时间来寻觅它们——这些无数的细沙，不知不觉地给自己收集着，熔成合金，然后再用这种合金来锻成自己的金蔷薇——中篇小说、长篇小说或长诗。

“沙梅的金蔷薇我觉得有几分像我们的创作活动。奇怪的是，没有一个人花过劳力去探索过，是怎样从这些珍贵的尘土中，产生出移山倒海般的文学的洪流来的。

“但是，恰如这个老清洁工的金蔷薇是为了预祝苏珊娜幸福而做的一样，我们的作品是为了预祝大地的美丽，为幸福、欢乐、自由而战斗的号召，人类心胸的开阔以及理智的力量战胜黑暗，如同永世不没的太阳一般光辉灿烂。”

【苏联】马雅可夫斯基
飞白 译

和财务检查员谈诗①

诗人和税务官员算账，讲诗人的巨大付出和微小收益，讲近期的负债和远期的利润。对现实的税务官而言，这是奇谈怪论。可是诗人真的找财务检查员认真谈过话：诗人认为按商人税率向诗人征税不合理，要求税务局把诗人按普通劳动者看待。这首诗是有感而发，借题发挥，口舌生花地宣讲诗歌创作的神圣与艰辛，是一篇诗人喊向世人的关于什么是诗人、什么是诗歌的训导词与宣言书。独创的楼梯式结构，音韵铿锵。作者激情饱满，妙喻连珠，自嘲嘲人，放言无忌，读来让人微笑、让人拍案、让人眼亮、让人沉思。诗中警句俯拾皆是，我就不做文抄公了。

马雅可夫斯基（1893～1930），苏联诗坛的"逆子"，"头号大嗓门的鼓动家"，对20世纪世界诗坛有重要影响。

财务检查员公民！
　　　　　　　请原谅我打搅你。
谢谢……
　　　　我站站就行……
　　　　　　　　　　不必客气……
我找你
　　　谈的事
　　　　　　有微妙的性质：
关于诗人
　　　　在工人队伍中的
　　　　　　　　　　位置。
你们对我
　　　　又是征税，

① 选自飞白译《马雅可夫斯基诗选》中卷，上海译文出版社，1981年版。

又是罚款，
让我和
粮店老板
与土地所有者
为伍。
每半年
你征我
五百卢布，
如果不报收入预算单，
还要罚
二十五。
我的劳动
和任何劳动
都是一家。
你瞧瞧——
我的消耗多大，
我的生产
要花去
多少费用，
还有原材料
要多少代价。
你当然知道
有一种现象
名叫“押韵”
比方说，
一行诗
末尾的词儿是
“他爸爸”，
那么
隔一行，
咱们凑齐字数，
就给它
押上个什么
“兰巴得利八——吧”。

按你们的术语，
韵脚
就叫期票。
隔一行就得兑现！——
不欠分毫。
只好在
快要用空的
变格变位[1]的
钱柜里
把零钱——
词尾和后缀
苦苦寻找。
当你设法
把一个词儿
塞进诗句，
它偏不进去，
使劲硬挤，
就挤破了。
财务检查员公民，
说老实话，
这些词儿
真叫诗人
破费不少。
按我们的说法，
韵脚
是一个桶。
火药桶。
诗行
是导火绳。
诗行冒烟到了末尾，
引起爆炸，
于是整座城市
随着那节诗

① 俄语词尾有变格、变位的复杂变化，诗人用以押韵。

飞到空中。
以何种税率、
上哪儿找这样的韵脚，
才能保证它
一枪一个，
弹无虚发？
史无前例的韵脚呀，
也许还剩下
仅有的五个
在……
委内瑞拉。
我不分冬夏
奔波在外。
又是预支，
又是借贷，
欠了一身债。
公民，
核算核算火车票价吧！——
全部诗歌
都是到
未知领域的
出差。
做诗——
和镭的提炼一样：
一年的劳动，
一克的产量。
为了提炼仅仅一个词儿，
要耗费
几千吨
语言的矿。
可是比起老也烧不着的
词的半成品来，
这些词儿
燃烧得

何等痛快辉煌！
这些词儿
能在几千年间
鼓动起
千万人的心房。
当然
诗人也是
色色俱全。
有多少诗人的手
过于轻佻随便。
他能像魔术师一样
从自己嘴里
或从别人嘴里
拽出诗句一串。
对于那些
抒情的太监们
有什么好说？！
夹进
别人的诗句，
面无愧色。
这是在遍及全国的贪污盗窃中
一种
司空见惯的
贪污盗窃。
这些洋洋洒洒的
当代诗词，
尽管也哇啦哇啦地
风行一时，
一旦进入历史，
就将变成一笔
加在我们
两三人的
成品上的
附加开支。

如同俗话说的，
要吃上几十斤
盐，
抽上一百支
烟，
才能从人类深处的
自喷井
开发出一个
价值连城的
字眼。
一百支烟——
一卢布九
还有食盐——
一卢布六
砍掉税款中
一个零字的车轮吧！
增加税率
实无理由。
你的调查表里
一大堆问题要填：
“曾否出差？
有何公干？”
可是
如果我
这十五年
骑垮了
十四飞马[1]，
又怎么算？！
你的表格
这一角
还有仆人和财产的栏目。
请把我的情况调查清楚。
可是，怎么办——

① 根据希腊神话，飞马象征诗的灵感。

如果我是
人民的引路者，
同时又是
人民的公仆？
从我们的词句里
是阶级
在发言，
而我们——
无产者
是笔的发动机。
年深月久，
灵魂的机器
已经磨蚀，
人家就说：
“马郎才尽了，
把他归入
档案室！”
热情渐衰，
豪气渐减，
额头
遭到了
时间的摧残。
最可怕的分期付款
来到了——
心和灵魂的
分期偿还。
等到太阳
像肥猪般
升起，
照耀着
没有乞丐和残废者的
未来世纪，
我早已
死在篱下，

烂掉，
和我的
十来个同事
在一起。
请为我
算一笔
死后的收支平衡！
我知道，
不吹牛皮，
我肯定：
同今日的
投机家和钻营家
成为对照，
我将是
唯独的一人
陷在深深的债务坑中。
诗人的债务是——
用铜嗓子
吹起警号，
朝着市侩气的浓雾，
迎着沸腾的风暴。
诗人
永远是
宇宙的债户，
付着
利息
和零头，
没完没了。
我负债无数：
对百老汇的
灯火辉煌，
对巴格达地[1]的
天空晴朗，

① 作者的故乡，在格鲁吉亚。

对我们的红军，
对日本的樱花，
对我来不及写的
一切
都欠债未偿。
我何苦
戴这顶帽子，
被称为诗人？
就为了
用韵脚瞄准，
用节奏鼓劲？
坐办公室的公民！
要知道诗人的语言
能使你们永生，
能使你们成仙。
多少世纪后，
从故纸堆里
拣起一行诗，
就能唤回时间！
于是这个日子，
将带着一批
财务检查员，
带着奇迹的闪光
和墨水的臭味
重新出现。
今天的务实的居民，
请上交通部
领取
通向不朽的车票吧，
把诗的作用
计算计算，
再把我的收入
分摊到
三百年。

但诗人的力量
不仅仅是在未来
使人回想起你们
两耳朵发烧。
不！
诗人的韵律
今天，现在，
就是抚爱，
是口号，
是皮鞭，
是刺刀。
财务检查员公民，
我缴纳一个“5”，
请把它后面
全部的“0”
统统消除！
在最贫苦的
工农的
队伍里
我
有权利要求
一寸土。
要是
你们觉得
事情不过是
利用
别人用滥的言词，
那么，
请吧——
这是我的自来水笔，
你们
可以
自己试一试！

【法国】瓦雷里
罗芃 译

文坛旧事①

莫里哀的喜剧《醉心贵族的小市民》中，一个附庸风雅的小市民感慨：“天哪！原来我说了40多年的散文，自己竟一点都不知道呢。”文学的语言虽说来自生活，可是没有谁会张嘴就说散文、说诗、说小说的。日常语言毕竟不同于文学语言，文学语言应该是从日常语言中提炼出来的精华。法国诗人瓦雷里（1871~1945）向大学生发表的这场演说，用几个名作家的写作故事形象解说了两者的区别。雨果、马拉美、德加，一个个被作者请来现身说法，请你听仔细了。

我经常会有这种情况，待在一个公共场所——就像今天这样，坐在剧院或者音乐厅，看到许许多多面孔凑集在一起，许许多多经历不同的人聚会在一起，我就会想到在场的人该有多少值得回忆的往事，想到从这些回忆中该可以提炼出多少精彩的文章。

诸位不妨设想一下，假如有一个独裁者，一个暴君，他拥有无上的权力，却偏偏又极富好奇心，他突然派御林军把我们这里包围了，用刀剑威逼每一个人，叫他讲出一生中看到的、听到的、感觉到的最稀奇的事。那肯定会大有收获！在场的人就像被压挤的海绵，要吐出多少故事！个人的往事，特殊的经历，统统像河水似的在他们眼前流淌。其实，在场的每一个人，他自己就像那个百无聊赖的君王，他拥有珍奇异宝，却又寂寞得很……作家——诗人或者小说家，他是普通人中的一员，只是大家都缄默不语，而他却敢于出来讲话罢了。

我不认识维克多·雨果，诸位一定猜到，我因此抱憾不已。然而话又说回来，他去世的时候我才13岁，何况我必须承认那时我还没写什么东西呢。

维克多·雨果很欢迎青年诗人到他家去。斯苔芬·马拉美跟我们讲过几次，有一天他去拜访雨果，这位伟人揪住他的耳朵说：“啊哈！我亲爱的印象派诗人来

① 选自郭宏安编《世界散文随笔精品文库·法国卷·那天夜里我看见了巴黎》，中国社会科学出版社，1994年版。有删节。

了。”

维克多·雨果把流派的名字来了个张冠李戴。他本人各种流派的诗都能写，不过，在今天看来，他比他的直接继承人帕纳斯派诗人更接近当时叫做象征主义的诗。

维克多·雨果的作品，尤其他晚年的作品，有几首绝妙的“象征主义”诗，可叹为绝唱。

顺便说一下，维克多·雨果肯定不会赞同这样一些人的意见，他们把文学压缩为最简单的公式，把文学变为这样一种东西：“您想说下雨了，就说‘下雨了’就是了。”

维克多·雨果写过一首神妙的好诗纪念颂扬泰奥菲尔·戈蒂耶，是戈蒂耶去世一年后或者二年后写的。他那时71岁，看见对手都死了，朋友差不多也都死了，有几个弟子也死了，看见拉马丁、缪塞、维尼先后过世，最后又轮到了戈蒂耶。他肯定感到自己也时日不多了，想在诗里描写他自己的死。他想：“我已是耄耋老人，我身边的人都去了，现在该轮到我了，我也要去了。”这个思想，他是怎样表达的呢？难道他就用四句话，四句简单而直接的诗来表达么？他想说他要死了，难道他就径直说“我要死了”么？

绝对不是。维克多·雨果将这个简单的思想铺陈扩展开来，他不直接表达，而是用了许多象征主义的手法，这些手法的力量，它们那种深沉的美都是无与伦比的。

他说：

> 我在奔跑，不要关上丧葬的大门

他说：

> 我的生命之线太长了，它颤动着，就要挨利刃……

还有，为了描写步步逼近、无法逃避的死亡，他写下了这些动人的诗句：

> 铁石心肠的收割人，拿着宽大的镰刀，
> 沉吟着，一步一步，走向剩下的麦田。

维克多·雨果非常明白，实际上他也告诉我们了，直接表达法在诗里只能偶尔为之，要是通篇使用直接表达法，那无异于取消了诗。

马拉美，诸位可能读过他的诗，起码尝试性地读过，正如诸位所知，他是一位很艰深的诗人。今天我不同诸位谈他的作品，只谈谈他这个人。他这个人非常有趣，非常和蔼，非常文雅，没有人能比得上。你登门造访，迎接你的是一个小个子先生，很有风度的一张脸，谈吐很庄重，也很温和，眼睛炯炯有神。他接待客人的方式非常讲究，不免显出一点老派的味道。不妨这么说，马拉美重新塑造了他作为社会的人，塑造了大家所见到的那个人，就好比他重新塑造了自己的思想和语言一样。他很奇特地给我们树立了重新创造自我的榜样，树立了自然人品经过深思熟虑重新熔铸的榜样。一个人，能够按计划构想并且完成自己的思想、行为、作品，总之，构想并完成自我存在的全部形式，就像马拉美那样，还有什么比这更美妙的呢？

关于马拉美的最后一件事，也是马拉美给我留下的最后的既宝贵又痛苦的印象。那是我最后一次去访问他，时间是1899年7月14日。他邀请我到他在瓦尔凡的庄园——很小的庄园——同他一块儿过一天。瓦尔凡是个小村庄，紧贴着塞纳河，河对岸就是枫丹白露森林边缘地带。马拉美习惯到那里过夏天，住的是一栋农舍，不过照他纯正的趣味做了修葺，暑假的几个月，他在那里安安静静，凝神冥想，那儿有一只小船，他有时带朋友到河上划船。1898年7月14日，我在那里和马拉美相会。

我们俩一块儿走到田野里。头上的太阳火辣辣的，已经是仲夏时分，眼前地里的麦子全黄了。他蓦然收住脚步，沉思不语。他想到秋天又能有许多乐趣，他又回到巴黎，又去听音乐会……我忘了告诉大家，马拉美每个星期天都去听拉穆勒音乐会。他听音乐会全神贯注，不仅仅是为了音乐本身，而且是为了努力发掘音乐的奥秘。他手指中夹着一支铅笔，从乐曲中记录下他认为对诗有用的东西，他想从中提取不同的关系类型，把它们移植到语言领域。整个夏天，他就思考着头年冬天作的记录，同时焦急地等待着重返巴黎，那时候他又能坐到音乐会的座位上，就是说，又能够回到他的源泉旁了。他望着伸展在我们面前的金黄的田野，心里还惦念着音乐，嘴里便说出了一句绝妙的诗。他手指眼前的壮丽景色，对我说：“这是秋天在大地上击出的第一声铙钹。”晚上，他陪我到车站，在美丽的夜空下，我们俩谈了很久很久……我没能再见到他。三个星期以后，我接到他女儿打来的电报，告诉我他去世了。他是突然倒下的，被一种无法医治的病痛窒息而死，就死在赶来看他的大夫怀里。这对我是沉重的打击。

现在我来说说画家爱德加·德加，我跟他很熟，谈过马拉美之后自然要说说他。德加的画如今进了博物馆，大家都看过。德加为人有板有眼，精力充沛，有时有点生拗。这个人很有头脑，才华出众。我认识他的时候，他住在维克多—马赛大街，他的房子后来被拆了。当时他住了三层。第一层是他的私人展室，陈列了他喜爱的画家的作品，有德拉克洛瓦的杰作，有柯罗、安格尔，还有其他一些人的。第二层是住房。就我一生之所见，他的住房是打扫擦拭得最马虎的，只能见到两件东西，灰尘和奇迹，因为墙上挂满了他满意的素描。第三层是画室，里面有浴缸、浴盆、浴巾，他的模特儿常常要用这些东西，从他的作品里我们看得多了。但是我想对诸位说的不是画家德加，也不是优秀批评家德加，而是大家所不熟悉的另一个德加，作为文人和诗人的德加，这样就和我们今天讲的文坛旧事相吻合了。德加这个人思想很精确，所以做什么事，像业余爱好者那样马马虎虎，他可受不了。凡构成艺术里面职业的，如今的说法就是技巧的东西，他都直截了当地抱有无限的好奇。他写了一些诗，自己觉得极懂得这一行，实际上并没有懂。而且他写得很艰难，这是不言而喻的，因为写诗不艰难的人写的不会是诗。当他走投无路的时候，当诗神找不到诗人，或者诗人找不到诗神的时候，他就跑去求教，去向艺术大师诉苦。他有时候找到埃雷狄亚[①]，有时候找到斯苔芬·马拉美。他诉说他的痛苦，他的希望，他的困难。他说："这首倒霉的四行诗，我写了整整一天。我把画画抛到脑后，写了好多句子，可是怎么也写不出我想写的，整整一天时间白白浪费了。写得脑袋生疼。"

这番话，有一次他向马拉美讲，最后他说："我弄不懂，这首小诗我怎么就写不成，其实我脑子里装满了思想。"

马拉美回答："不过，德加，写诗靠的是词，而不是思想啊。"

这句话包含了一个重要教训。

① 法国帕纳斯派诗人。

【中国】莫言

小说的气味[1]

为什么生活中动人的故事，写出来反而显得虚假？而许多优秀的小说，明知是作家的虚构，却让我们深受感动。为什么创作的真实，比写实的真实更为动人？莫言认为，写作真实的故事时，作家往往忘记了自己是创造者，被事实牵着鼻子走；而伟大的作家在虚构时却“调动了自己的全部的感觉，并且发挥了自己的想象力，创造出了许多奇异的感觉”。就像诗人济慈所言：“由想象力捕捉到的美也就是真。”从气味入手，莫言旁征博引，断言“有气味的小说是好的小说”。以此类推，有独到的眼光、滋味、声音乃至触觉的小说也是好小说。作者无非想说明一个平常的道理，却又是一般写作者不敢追寻的创造的境界：一个写作的人要用自己的感官去感知世界，并且把这种独特的感觉用文字表达出来。磨砺感觉，以及对感觉的想象力，是作家的必修功课。

莫言（1955年生），中国当代杰出作家，作品有《红高粱》《檀香刑》《生死疲劳》等。本文为作者2001年12月14日在巴黎法国国家图书馆的演讲。

拿破仑曾经说过，哪怕蒙上他的眼睛，凭借着嗅觉，他也可以回到他的故乡科西嘉岛。因为科西嘉岛上有一种植物，风里有这种植物的独特的气味。

苏联作家肖洛霍夫在他的小说《静静的顿河》里，也向我们展示了他的特别发达的嗅觉。他描写了顿河河水的气味，他描写了草原的青草味、干草味、腐草味，还有马匹身上的汗味，当然还有哥萨克男人和女人们身上的气味。他在他的小说的卷首语里说：哎呀，静静的顿河，我们的父亲！顿河的气味，哥萨克草原的气味，其实就是他的故乡的气味。

出生在中俄界河乌苏里江里的大马哈鱼，在大海深处长成大鱼，在它们进入产卵期时，能够洄游万里，冲破重重险阻，回到它们的出生地繁殖后代。对鱼类这种不可思议的能力，我们不得其解。近年来，鱼类学家找到了问题的答案：鱼

---

① 选自《天涯》杂志2002年第2期。

类尽管没有我们这样的突出的鼻子，但有十分发达的嗅觉和对于气味的记忆能力。就是凭借着这种能力，凭借着对它们出生的母河的气味的记忆，它们才能战胜大海的惊涛骇浪，逆流而上，不怕牺牲，沿途减员，剩下的带着满身的伤痕，回到了它们的故乡，完成了繁殖后代的任务后，就无忧无怨地死去。母河的气味，不但为它们指引了方向，也是它们战胜苦难的力量。

从某种意义上说，大马哈鱼的一生，与作家的一生很是相似。作家的创作，其实也是一个凭借着对故乡气味的回忆，寻找故乡的过程。

在有了录音机、录像机、互联网的今天，小说的状物写景、描图画色的功能，已经受到了严峻的挑战。你的文笔无论如何优美准确，也写不过摄像机的镜头了。但唯有气味，摄像机还没法子表现出来。这是我们这些当代小说家最后的领地，但我估计好景不长，因为用不了多久，那些可怕的科学家就会把录味机发明出来。能够散发出气味的电影和电视也用不了多久就会问世。趁着这些机器还没有发明出来之前，我们应该赶快地写出洋溢着丰富气味的小说。

我喜欢阅读那些有气味的小说。我认为有气味的小说是好的小说。有自己独特气味的小说是最好的小说。能让自己的书充满气味的作家是好的作家，能让自己的书充满独特气味的作家是最好的作家。

一个作家也许需要一个灵敏的鼻子，但仅有灵敏的鼻子的人不一定是作家。猎狗的鼻子是最灵敏的，但猎狗不是作家。许多好作家其实患有严重的鼻炎，但这并不妨碍他们写出有独特气味的小说。我的意思是，一个作家应该有关于气味的丰富的想象力。一个具有创造力的好作家，在写作时，应该让自己的笔下的人物和景物，放出自己的气味。即便是没有气味的物体，也要用想象力给它们制造出气味。这样的例子很多：

德国作家聚斯金德在他的小说《香水》中，写了一个具有超凡的嗅觉的怪人，他是搜寻气味、制造香水的天才，这样的天才只能诞生在巴黎。这个残酷的天才脑袋里储存了世界上所有物体的气味。他反复比较了所有的气味后，认为世界上最美好的气味是青春少女的气味，于是他依靠着他的超人的嗅觉，杀死了24个美丽的少女，把她们身上的气味萃取出来，然后制造出了一种香水。当他把这种神奇的香水洒到自己身上时，人们都忘记了他的丑陋，都对他产生了深深的爱意。尽管有确凿的证据，但人们都不愿意相信他就是凶残的杀手。连被害少女的父亲，也对他产生了爱意，爱他甚至胜过了自己的女儿。这个超常的怪人坚定不移地认为，谁控制了人类的嗅觉，谁就占有了世界。

马尔克斯小说《百年孤独》中的人物，放出的臭屁能把花朵熏得枯萎，能够在黑暗的夜晚，凭借着嗅觉，拐弯抹角地找到自己喜欢的女人。

福克纳的小说《喧哗与骚动》里的一个人物，能嗅到寒冷的气味。其实寒冷是没有气味的，但是福克纳这样写了，我们也并不感到他写得过分，反而感到印象深刻，十分逼真。因为这个能嗅到寒冷的气味的人物是一个白痴。

通过上述的例子和简单的分析，我们可以发现，小说中实际上存在着两种气味，或者说小说中的气味实际上有两种写法。一种是用写实的笔法，根据作家的生活经验、尤其是故乡的经验，赋予他描写的物体以气味，或者说是用气味来表现他要描写的物体。另一种写法就是借助于作家的想象力，给没有气味的物体以气味。给有气味的物体以别的气味。寒冷是没有气味的，因为寒冷根本就不是物体。但福克纳大胆地给了寒冷气味。死亡也不是物体，死亡也没有气味，但马尔克斯让他的人物能够嗅到死亡的气味。

当然，仅仅有气味还构不成一部小说。作家在写小说时应该调动起自己的全部感觉器官，你的味觉、你的视觉、你的听觉、你的触觉，或者是超出了上述感觉之外的其他神奇感觉。这样，你的小说也许就会具有生命的气息。它不再是一堆没有生命力的文字，而是一个有气味、有声音、有温度、有形状、有感情的生命活体。我们在初学写作时常常陷入这样的困境，即许多在生活中真实发生的故事，本身已经十分曲折、感人，但当我们如实地把它们写成小说后，读起来却感到十分虚假，丝毫没有打动人心的力量。而许多优秀的小说，我们明明知道是作家的虚构，但却能使我们深深地受到感动。为什么会出现这样的现象呢？我认为问题的关键就在于，我们在记述生活中的真实故事时，忘记了我们是创造者，没有把我们的嗅觉、视觉、听觉等全部的感觉调动起来。而那些伟大作家的虚构作品，之所以让我们感到真实，就在于他们写作时调动了自己的全部的感觉，并且发挥了自己的想象力，创造出了许多奇异的感觉。这就是我们明明知道人不可能变成甲虫，但我们却被卡夫卡的《变形记》中人变成了甲虫的故事打动的根本原因。

自从电影问世之后，人们就对小说的前途满怀着忧虑。五十年前，中国就有了小说即将灭亡的预言，但小说至今还活着。电视机走进千家万户后，小说的命运似乎更不美妙，尽管小说的读者的确被电视机拉走了许多，但是依然有很多人在读小说，小说的死期短时间也不会来临。互联网的开通似乎更使小说受到了挑战，但我认为互联网仅仅是提供了一种另类的写作方式与区别于传统图书的传播方式而已。

作为一个除了写小说别无它能的人，即便我已经看到了小说的绝境，我也不愿意承认；何况我认为，小说其实是任何的艺术或是技术形式无法取代的。即便是发明了录味机也无法代替。因为录味机只能录下世界上存在的气味，而不能录出世界上不存在的气味。就像录像机只能录下现实中存在的物体，不可能录出不存在的物体。但作家的想象力却可以无中生有。作家借助于无所不能的想象力，可以创作出不存在的气味，可以创造出不存在的事物。这是我们这个职业永垂不朽的根据。

当年，德国作家托马斯·曼曾经把一本卡夫卡的小说送给爱因斯坦，但是爱因斯坦第二天就把小说还给了托马斯·曼。他说：人脑没有这样复杂。我们的卡夫卡战胜了世界上最伟大的科学家，这是我们这个行当的骄傲。

那就让我们胆大包天地把我们的感觉调动起来，来制造一篇篇有呼吸、有气味、有温度、有声音、当然也有神奇的思想的小说吧。

当然，作家必须用语言来写作自己的作品，气味、色彩、温度、形状，都要用语言营造或者说是以语言为载体。没有语言，一切都不存在。文学作品之所以可以被翻译，就因为语言承载着具体的内容。所以从方便翻译的角度来说，小说家也要努力地写出感觉，营造出有生命感觉的世界。有了感觉才可能有感情。没有生命感觉的小说，不可能打动人心。

让我们像乌苏里江里的大马哈鱼那样，追寻着母河的气味，英勇无畏地前进吧。

让我们想象远古时期地球上的气味吧，那时候地球上生活着无数巨大的恐龙，臭气熏天，有人说，恐龙是被自己的屁臭死的。

我将斗胆向我国的负责奥运会开幕式的领导人建议，在2008年奥运会开幕式上，在火炬点燃那一刹那，应该让一百种鲜花、一百种树木、一百种美酒合成的气味猛烈地散发出来，使这届奥运会香气扑鼻。

让我们把记忆中的所有的气味调动起来，然后循着气味去寻找我们过去的生活，去寻找我们的爱情、我们的痛苦、我们的欢乐、我们的寂寞、我们的少年、我们的母亲……我们的一切，就像普鲁斯特借助了一块玛德莱娜小甜饼回到了过去。

我国的伟大作家蒲松龄在他的不朽著作《聊斋志异》中写过一个神奇的盲和尚，这个和尚能够用鼻子判断文章的好坏。许多参加科举考试的人，把自己的文章拿来让和尚嗅。和尚嗅到坏文章时就要大声地呕吐，他说坏文章散发着一股臭气。但是后来，那些惹得他呕吐的文章，却都中了榜，而那些被他认为是香气扑鼻的好文章，却全部落榜。

台湾的布依族流传着一个故事，说在一个村庄的地下，居住着一个嗅觉特别发达的部落。这个部落的人善于烹调，能够制作出气味芬芳的食物。但他们不吃，他们做好了食物之后就摆放在一个平台上，然后，全部落的人就围着食物，不断地抽动鼻子。他们靠气味就可以维持生命。地上的人们，经常潜入地下，把嗅味部落的人嗅过的食物偷走。我已经把这个故事写成了一部短篇小说。在这篇小说中，我是一个经常下到地下去偷食物的小孩子。小说发表之后，我感到很后悔，我想我应该站在嗅味部落的立场上来写作，而不是站在常人的立场上来写作。如果我把自己想象成一个嗅味部落的孩子，那这篇小说，必然会十分神奇。

【中国】张大春

随手出神品[1]

——一则小说的笔记簿

古人倡导一种良好的阅读习惯：不动笔墨不读书。在字行之间朱笔圈点，在天头眉边随手点评，留下阅读的痕迹；想法更多一点，另找碎纸随记感念，日积月累，成百衲体书籍。写笔记是读书人的自白，自然流露，有感而发，点到为止；也是读者与作者的对谈，不免争强好胜，独出机杼，因而留下的多是性灵笔墨。人生也是一部大书，写在人生边上的笔记，是在批点生活。人间百态，神奇怪异，笔记也汗牛充栋，多有雅谈趣说。“笔记”，是中国书生用文字展示日常生存的优雅方式，也是一种中国特色的文学体裁。对于今天的读书人，读书作读书笔记，有感于生活则作观察日记、写博客，都是这个良好传统的延续。

张大春（1957年生），台湾作家、评论家。他的《小说稗类》是一本别开生面的小说艺术分析专著。

近十年前，我从友人作家雷骧处听过一段小故事，故事的主人翁是雷骧先生的伯父（或表叔）。我们就姑且称他为表叔罢。这位表叔是安徽省五河县人，经营蚌埠到临淮关的火轮发家。虽说是乡巴佬，却也颇有资财，且广交际，算得上见过世面的。一日表叔乘火车到上海公干，行前刻意打扮了一番——长袍、呢帽、挂链怀表，外带着金质烟盒；可以称得上是派头儿十足了，应该不会被误会成寻常的乡下人才是。孰料甫一下车，表叔才掏出烟盒，点上支烟，吞吐了不到三五口，就突然发现：烟盒、怀表、皮夹子全都不翼而飞——他老人家知道：这是着了道儿了。于是立刻透过相熟的商会人士找上了巡捕房。表叔的话撂得漂亮：“久闻上海地头儿扒手也有所谓青白眼，倘若要下手行窃，必然是看出对方‘不够称头’。兄弟自诩格调不算卑下，却不知如何仍然入不了此间道上人物的法眼。是以丢钱事小、丢脸事大。好不好烦请阁下做主，替兄弟打听打听：兄弟初来乍到，究竟做了些什么上不了台盘的事体？居然教人瞧不起。下手的人物自凡说得出一个道理，

① 选自张大春《小说稗类》，广西师大出版社，2004年版。

丢掉的东西兄弟可以不要了。”捕房的包打听慨然允诺。不出一个时辰，人赃俱至。表叔既叹服海市里黑白道绾结之严密，仍疑惑那扒手何以有眼无珠，胆敢鲁莽冒犯，于是趋前再把方才那番话表过一遍。那扒手应声唯唯，支吾了半天，才壮起胆子说：“您老一下火车就露了相了。”表叔自然不服，连声逼问：“我怎么露的相？”“您老掏出烟来吸，把支烟在那烟盒盖子上打了三下。”“那又如何？”“您老吸的是‘三炮台’，‘三炮台’是上好的烟卷儿，烟丝密实，易着耐吸，不须敲打。可您老打了那三下，足见您老平时吸的不是这种好烟卷儿，恐怕都是些丝松质劣的土烟，手底才改不过来。”表叔当下大惭失色，当然也没好意思讨回贼赃，只能认栽作罢。

还有烧饼一枚

这则小故事存放在我脑子里三四千个日子，我时而翻拣出来把玩一阵。遇到个什么场合，有谈伴提起江湖凶险、帮会严密、乡下人进城、观人术、冒充贵族雅士、市井之徒重然诺、金质烟盒甚至“三炮台”香烟或者某某牌香烟丝松质劣，我都不免想要抖包袱把这表叔亮出来分飨友朋。此外，我还有一个想法：该把它延展开来，写成一个短篇，或者是在哪一个长篇里找一个大小合适的缝隙，将表叔塞进去安身立命。如此迁延拖宕，只在饭桌酒肆间偶尔博人一粲，这位表叔始终没有变成哪部作品之中的一个角色。

此外，还有下个烧饼的故事，收在《清朝野史大观·清人艺苑》卷下，题为“古鼎”的一则：

> 阮文达公为浙江巡抚时，其门生有入都会试者，偶于通州逆旅中购一烧饼充饥。见其背面斑驳成文，戏以纸拓之，绝似钟鼎铭。即遽寄与文达，伪言：“某于北通胥董肆中见一古鼎，惜无资，不能购。某亦不知为何代物，特将铭文拓出，寄请师长与诸人共相考订，以证其真赝。”文达得书，即集严小雅、张叔未诸名士互相商参；诸人臆为拟议，皆不同。最后文达乃指为是《宣和图谱》中之某鼎，即加跋于后。历言：某字某字皆与图谱相合，某字因年久铭文剥蚀，某字因拓手不精，故有漫漶，实非赝物云云。门生见之大笑。

我在十三年前初读此篇，是后不能或忘。就像先前那位表叔的故事一般，每当有个什么场合，让我想起拓碑、钟鼎石、古印图谱、古董造假、晚生后学造反，让老师前辈栽一大筋斗，抑或是伪知识却使认真而缺乏幽默感的教授先生们皓首穷经，不得悬解，乃至一枚刚出炉的烧饼之类的物事，我都会立刻想到阮元阴沟里翻船的这个例子。同样地，我也一直没忘了要替这位好开玩笑的学生捏造一副姓字、一则身世、一个背景，再打造出一套叛逆学子的故事——这一回几乎成功；一篇至今尚未脱稿的《王梅庵生卒年考》写就了四千六百余字，但是终未续完。原因是：那是一枚独特的烧饼，一如表叔就是那样独特的一位表叔，置之于任何其他的文本之中，都不如让斯人斯物留存在“笔记”之中更为鲜活有力。也许，我在日后的某一契机召唤之下，终于还是把表叔请进了《大荒野》传奇系列的车站，把烧饼装进了《王梅庵生卒年考》的袖筒；然而，这样做只能让上说添些趣味，却谋杀了笔记。

笔记的价值在其多元检索

中国古典之中的笔记何啻万千？述史者有之，论文者有之，研经者有之，记实者有之。异方殊俗之珍闻逸事者，辄笔而记之；骚人墨客之趣言妙行者，辄笔而记之；某山某水有奇石怪木者，某诗某曲有另字旁腔者，亦不得不笔而记之。王公贵族、硕学鸿儒是不免要入笔记的，贩夫走卒、妖僧侠丐也往往厕身其间，点缀着一则又一则动人心弦的市井灯火。笔记之庞杂、浩瀚，之琳琅满目、巨细靡遗，连百科全书一词皆不足以名状。总的看来，笔记可以说就是一套历代中国知识分子眼中的生活总志。

当然，知识分子的吊梢眼长在高额上。从某些特定的文化批判论角度去理解，大部分的笔记其实暴露了文人们拂拭不掉的阶级气味，也彰显出书写这件事在中国古代所未及（或未能）深探的专业技术细节——比方说，即使像《天工开物》这样力图保存工匠实务记录的小册子都往往只能知其然而说不出所以然地写道：“凡酿蜜蜂，普天皆有；唯蔗盛之乡，则蜜蜂自然减少。”（卷上·甘嗜·蜂蜜）

非徒此也，笔记还有一个令现代人不悦的缺点：绝大部分的笔记常叫人无从检索。作者随闻随记，前后文略无安排。即使某些大部头的名著确实有“目录卷”，亦多粗疏简陋。像《太平广记》卷九六的《鸱鸠和尚》被归入“异僧”之类，卷四一五的《僧智通》被归入“木怪”之类。这两个故事原本出自《云溪友议》和《酉阳杂俎》，原书并无分类；一旦分了类，读者先就以其类别名目认识这两个故事。但是，如果用“木怪”一类之所以成立的逻辑来看，将《鸱鸠和尚》置入“禽鸟”类亦无不可；如果用“异僧”一类之所以成立的逻辑来看，将《僧智通》置入“异僧”类也非失当。反而是从这种分门别类的游移度上，让我想起了笔记这种体制的一个本质属性的问题——也许笔记作者的随闻随记、不着门类正因为笔记不该是一种（或者不该只是一种）“有特定阅读目的而设计其特定检索方式”的文本。就拿前面提到的两则故事来说：表叔的故事不该被归入“盗贼”类、“黑帮”类、“乡巴佬”类甚至“烟盒”类；《古鼎》也不该被归入“艺苑”类、“金石”类、“古董”类甚至“食品”类。一则笔记的内容倘若能铭印在读者脑海之中，往往透过其短小轻盈之便，使读者能够经由文本的各个部分检之索之。说得更浅显些：一则短小轻盈的笔记常令读者便于记忆，从而它内容所包含的许多元素都可以成为茶余饭后诸般杂谈闲话所可触及的索引。当有人谈到烟盒或烧饼，都能提醒这位读者："对了！我有个故事。"

纯属中国

对中国古代士大夫的政治正确性抱持高度怀疑和憎恶的人，不易也不宜读笔记。对中国语文表述之科学性和逻辑性有强烈不安的人，恐怕还会从十之八九的笔记作品里读出中国人的迷信无知与中国文明的混沌落后呢。即使因为本行专业而不得不大量阅读、研究笔记的国文系灵敏教授先生们也不免于称颂其可贵之余，误会了这种书写。一位我素所敬仰的前辈学者便曾经这样勖勉我："你们写小说的应该多读笔记；笔记里有取之不尽、用之不竭的材料啊！"言下之意似乎是：你们写小说的不必自己编故事了，古人留下来尽多、尽够"取用"的材料可抄、可改写、可改头换面添油加醋的……

从某一方面来说，这番话没什么不对。我在《清稗类钞》里读过一则叙述"小市"的笔记。小市者，黑市也，通常出现在一座城市的内外城墙（夹城）之间。赃物犯每于例日（如每月几日或十几日、二十几日）拂晓前设摊贩货，鸡鸣前一切交易必须完成。由于摸黑往来，不许点灯掌火，故亦称黑市。我在写《刺马》的时候"取用"过这个材料，还暗中动了手脚，声称小市里向有"快熟贱不二"五字诀作规矩，即手脚要快、交际人头要熟、脱货出价不可任意哄抬、禁止讨价还价等。是的，"取用"之不足，还可以改头换面添油加醋。

然而，从另一方面来说，更多更多的笔记唯有在保持其本来面目的时候才能见神采；它既不应被捶扁拉长变成一个短篇小说，也不该被前呼后拥变成一个长篇小说的填充物。其理无它：今世吾人所称的短篇小说也罢，长篇小说也好，原非本国固有。即使"我们写小说的"所写的小说被视为"现代中国小说作品""当代台湾小说作品"之流，究其实而言之：其实绝大多数只是用汉字所凑成的西方小说。论体制，论理念，论类型，论结构，论布局，论技术，皆由移植而来。真正的中国小说早已埋骨于说话人的书场和仿说话人而写定的章回以及汗牛充栋的笔记之中。径以笔记言之；一旦"我们写小说的"把笔记当成"材料"，"取用"了笔记，也就尽失笔记之所以为笔记的妙处了。这里有一则笔记，摘自宋沈括的《梦溪笔谈》卷十七：

> 欧阳公尝得一古画牡丹丛，其下有一猫；未知其精粗。丞相正肃吴公与欧公姻家，一见曰："此正午牡丹也。何以明之？其花披哆而色燥，此日中花时也；猫眼黑睛如线，此正午猫眼也。有带露花，则房敛而色泽；猫眼早暮睛圆，日渐中稍长，正午则如一线耳。"此亦善求古人心意也。

从数以万计的笔记之中勾出这一则来，为的是看汪曾祺的小说。汪曾祺小说的好处时有论者提出，却还没有谁这样放肆地指出：新文学运动以来，汪曾祺堪称极少数到接近唯一的一位写作“中国小说”的小说家，一位深得笔记之妙的小说家。

神品《鉴赏家》

与其说《鉴赏家》是一个短篇小说，毋宁以为它正是一则笔记，而且就在令人读之而味出与时下寻常的“短篇小说们”确乎不同之中，见其“神品”。开篇第一段两句话加上第二段的第一句话本系脱胎自笔记传统的“亮相”。

全县第一个大画家是季陶民，第一个鉴赏家是叶三。叶三是个卖果子的。

此后近三千字（占全篇的一半）写的尽是叶三的水果生意如何“得四时之先”，如何“原装”、“树熟”，他的两个在布店里出师的儿子如何能干利落，乃至于叶三给季陶民送果子、伺候画家作画。而“季陶民从不当众作画”，只对叶三例外，因为“他认为叶三真懂，叶三的赞赏是出于肺腑，不是假充内行，也不是谀媚”。叶三何以“真懂”构成了悬疑；且看这一段句型短促、进展疾速的高潮：

叶三只是从心里喜欢画，他从不瞎评论。季陶民画完了画，钉在壁上，自己负手远看，有时会问叶三：

“好不好？”

“好！”

“好在哪里？”

叶三大都能一句话说出好在何处。

季陶民画了一幅紫藤，问叶三。

叶三说：“紫藤里有风。”

“唔！你怎么知道？”

“花是乱的。”

“对极了！”

季陶民提笔题了两句词：

深院悄无人，风拂紫藤花乱。

季陶民画了一张小品，老鼠上灯台。叶三说：“这是一只小老鼠。”

“何以见得？”

“老鼠把尾巴卷在灯台柱上。它很顽皮。”

……

有一天，叶三送了一大把莲蓬来，季陶民一高兴，画了一张墨荷，好些莲蓬。画完了，问叶三："如何？"叶三说："四太爷，你这画不对。"

"不对？"

"'红花莲子白花藕。'你画的是白荷花，莲蓬却这样大，莲子饱，墨色也深，这是红荷花的莲子。"

"是吗？我头一回听见！"

季陶民于是展开一张八尺生宣，画了一张红莲花，题了一首诗：

红花莲子白花藕，果贩叶三是我师。

惭愧画家少见识，为君破例著胭脂。

打造一种另类

对照前揭之《梦溪笔谈》可知：汪曾祺非但不曾"取用"笔记，甚且在"打造"笔记。他用字精省，点到则止。对于现、当代小说理论家、批评家信手拈来又随手祭出的"叙事观点""心理分析""性格刻画""神话原型""国族寓言""政治讽喻"……丝毫未见措意。这并不是说汪曾祺所有的小说里都没有这些门道，或者经不起这些门道的检验，而是说汪曾祺"这样的小说打破了小说和散文的界限，简直近似随笔"（见《茱萸集·桥边小说三篇》后记）。是出于一种刻意为之的努力，这份努力正是为今人早已习焉不察的短篇小说寻出一个逼近中国古代笔记传统的新领域，而此一新领域偏偏就在吾辈多已弃之而不读的文言文旧坟堆里。

多年前有记者访加西亚·马尔克斯，问起他之所以能驾驭如此丰富的故事，是不是因为平日素有记笔记的习惯。显然并不知道中国笔记传统的加西亚·马尔克斯的答复亦堪称神品："不。写笔记就用不着写小说了，笔记是另外一种文学。"

相对于（无论如何前卫实验新奇变怪的）主流西方小说——也是"我们这些写小说的"正在从事的移植产业，旧时代的中国作家的笔记堪称何等的"另类"？"不过，这种东西没有了，也就没有了。"（汪曾祺《茶干》）除非小说家和读者都有大无畏于开拓另类书写与阅读的勇气和智慧，管它有没有理论的支持赞助、批评家的倡议附庸。汪曾祺渐老逢春，就有这么大的魄力——随手出神品，哪怕你说它不像小说！

【法国】莫洛亚
郑冰梅 译

论文学上的伟大[①]

同样是写作的人，甚至同样是名家，为什么有的无足轻重，其作品可以轰动一时，但很快如过眼烟云；有的却被人称作“伟大的作家”，他的作品也被当作“经典”，代代流传？如何具备这种鉴别的眼光呢？本文采用一种虚拟的对话体形式——不是真正的对话，而是“独白”，是“我自己同我自己的交谈”，推敲分析了伟大作家与一般畅销书作家的区别，他拿来作对比例证的，竟是大名鼎鼎的大仲马。作者认为，成就伟大作家的秘诀是：把文学当作神圣事业的认真态度，能够深入人的灵魂塑造人物，并通过人物展现一个社会、重新创造一个世界，对文字推敲到无可更换的地步，简而言之，“形式完美，思想深刻”，再加上作家独创的艺术风格。知道这些标准，我们才会找到接近文学大师的路径，而读名著，就意味着与杰出的灵魂约会。

莫洛亚（1885～1967），法国作家，以传记写作名世，所写传记生动有趣，富有小说情趣，被誉为写出了法国文苑最好的几部传记。如《雪莱传》《拜伦传》《屠格涅夫传》《伏尔泰传》《夏朵布里昂传》《乔治·桑传》《雨果传》《三仲马》《巴尔扎克传》等，皆为可读。他一生笔耕不辍，认为“艺术乃是一种努力，于真实世界之外，创造一个更合乎人性的天地”。

——这么说，您不会再坚持认为大仲马与维克多·雨果、拜伦及乔治·桑是属于同一个层次的作家了！

——我从未这样讲过。

——但您的所为甚于所说……您为大仲马写了一大厚本书，研究了两年之久，这就表明了您的态度……并且，有一天您对我说，在伟大的时代，文学上的下里巴人与阳春白雪之间不存在界线。

① 选自姚春树主编《外国杂文大观》，百花文艺出版社，1994年版。有删节。

——我这样写过，现在也这样想。蒙田与拉伯雷，高乃依与拉辛，狄德罗与伏尔泰，他们的作品难道晦涩难懂吗？莫里哀和莎士比亚不是"确确实实"为广大公众所理解吗？巴尔扎克什么时候犹豫过在销量可观的报纸上以连载形式发表他的小说呢？狄更斯不是也分册出售他的作品以使之普及于最普通的读者吗？您谈到维克多·雨果，可他的《悲惨世界》也是以各种形式、小说、戏剧、电影等打动了公众。还有比托尔斯泰更伟大的作家吗？《战争与和平》不仅迷住了无数读者，还将全世界的观众都吸引到了银幕前。认为晦涩难懂是一种高雅之作的观点是新近出现的。它产生于艺术家与公众的离异。

——离异是必须的，因为公众接受了一些庸俗的趣味。我可以同意您的观点，即在某些时候，公众的趣味十分纯洁，以致最优雅的文学作品也会被所有人接受。比如：索福克勒斯时期的希腊公众；莎士比亚时代伊丽莎白一世王朝时期的公众；拉辛时代的法国公众。然而自19世纪以来，在艺术家和艺术家所称的"市民"或俗人之间出现了如您所说的"离异"，或者说是不协调。

——有人可以同时既晦涩难懂又富有才华。我从不否认这点。我以前这样认为，现在继续坚持这样的观点：即没有必要为了伟大而故作艰深。波德莱尔是无可挑剔的诗人，可他并不晦涩难懂。换句话说，我不认为一本书难懂就妨碍其成为伟大之作；但我也不同意晦涩难懂是伟大的必由之路。这样讲清楚吗？

——清楚。那么在您看来，什么才是文学巨著的必由之路呢？在这次谈话的一开始您就认为大仲马与维克多·雨果或拜伦不属于同一层次。那好，我们姑且同意这个观点。可这两个层次之间的区别何在？如果伟大的尺度就是作品的数量，那么大仲马就很伟大，因为他的作品有600部。

——作品的数量不说明任何问题。波德莱尔仅以一部诗集《恶之花》，便跻身法国最伟大的诗人之列，如果不说他是头号伟大诗人，如果本杰明·贡斯当只写了《阿道尔夫》，他仍不失为伟大的作家。

——那我再提我的问题吧。是什么造就了文学上的伟大呢？是公正无私，或是为艺术而艺术的信念，还是对文学"商业化"的鄙视？

——可以肯定的是，马拉美的纯洁受到世人尊重，而维克多·雨果却对钱的问题关心备至。他签合同像公证人一样苛刻。但他并不像巴尔扎克或大仲马那样负债累累，穷困潦倒。他死后留下了一大笔财产，是他审慎持重的母亲培养了他要求安全感的性格。这一点难道有碍他成为伟大的诗人吗？

——当然没有。可是我要补充一点，雨果和巴尔扎克虽挣了不少钱，但对作品的质量毫不马虎。而对大仲马就不能这么说了。他删掉作品中默默无闻的仆人格里莫，仅仅因为报社拒绝为太短的字行付稿酬，这样做是不严肃的……好，这就是我要说的……像托尔斯泰、巴尔扎克、波德莱尔那样的伟大的作家，对文学是极认真的，他们是在从事一项神圣的事业，难道这不正是他们之所以伟大的秘诀吗？

——从某种程度说，这的确是他们能控制住最严肃的那部分读者的秘诀。然而，有时候，作家太有才华了，即使能以先知、神仙自居，人们也予以宽恕。查理·狄更斯就有很大的退步。他许多小说的结局都是皆大欢喜，草率而成，同莫里哀作品的结局极相似。他的读者，甚至评论界都容忍不咎。但是如果我们觉得大仲马在自欺欺人那就错了。他比任何人都更相信“三个火枪手”和“基度山”这些复仇者就是他自己的化身，如同普洛斯彼罗是莎士比亚自己的化身一样。

——那么我们再回到我的问题上来吧。是什么造就了文学上的伟大？我们两人又怎能毫无疑问地确信，巴尔扎克比大仲马的层次高？

——您说得对，又让我回到了关键性的论点上。那么，首先，巴尔扎克比大仲马更深入人的灵魂，大仲马塑造的人物性格很出色，但流于肤浅，而巴尔扎克的人物性格则同普斯特的一样，在我们看来更显真实。其次支撑这些人物性格的，是一个社会的复杂画面。巴尔扎克了解并且理解他当时众多阶层和各行各业的人的境况。《高老头》不仅仅是一部写高老头的小说。人们可以从背景中感觉到这是写的整个一座城市，是在巴尔扎克笔下翻滚着激情、欲望和野心的巴黎。巴尔扎克不仅仅理解一个社会，而且在《人间喜剧》中完全重建了这个社会。创造一个世界，这便是伟大之一方面。一个站立着的世界……一个令我们相信的世界……一个虽保留了不少复杂性以求真实性但比现实世界更清晰易懂，构筑得更细的世界。

——托尔斯泰也是这样的。

——所以托尔斯泰也很伟大。只是托尔斯泰没有使自然变形就达到了伟大，而巴尔扎克却喜欢创造一些美丽而又凶残的人。沃特兰、葛朗台、贝姨、高本塞克都以其夸张的轮廓而使人敬佩。而托尔斯泰描绘的安德烈亲王和娜塔莎、安娜与渥伦斯基都显示出极其出色的真实感。

我们为什么仅限于谈小说呢？谈谈诗人身上的伟大之处吧！我们不是已经承认，波德莱尔的伟大不在于他的篇幅吗？在于什么呢？在于完美。瓦莱里有一天对我说过：“当我用心研读波德莱尔的一首诗时，我发现我不可能改变其中任何一个字而不损害原诗。”瓦莱里本人也是如此。伟大的艺术家，除了利用他借以成为艺术家的天生的优雅趣味以外，常常对文字推敲到无可更换的地步才罢休。那时候，即使他天性吝啬，也变得慷慨大度。因为这项巨大的工作是无偿的。他是为自己、为艺术而这样做的。读者的苛求是微不足道的。艺术家想自己对自己满意。出版商、读者、同行、评论家都没有要求福楼拜为了3页文字而苦思冥想上整整一个星期。但是福楼拜要求福楼拜这样做。所以他是文坛圣匠。

——形式完美，思想深刻，这便是构成伟大的成分。

——我还想加上某种迫使思想只通过某种形式表达出来的难以形容的东西。因为这是艺术的秘密。

——天主教堂意味着无话可讲。

——诗人则意味着无理可讲。

【奥地利】里尔克
杨武能 译

我如此地害怕人言①

为什么诗歌被称作“语言的精华”？因为杰出的诗人都是有“语言洁癖”的人，大多像里尔克（1875~1926）这样“害怕人言”。诗人无意剥夺大家的话语权，他只想争得自己的话语权，希望自己能创造一些新鲜的语言，这些语言不会被世俗的陈词滥调所淹没。想想，人类发明了语言文字之后，已经用语言把世界重新包装了一遍又一遍，以至于人们听说故事比经历故事更容易感动。我们面对的是语言的世界，而不是世界本身，所以听不见“万物的歌唱”，只听见人类语言的暴政在喧哗、肆虐。所以，诗人，可以说是在人世间寻求那失落了的人类最初语言的人，是使人们重新获得新鲜的感受力的人。

一个小故事：在一个寒风凛冽的下午，闹市街头，一个盲人在行乞，身边立着一块板子，上面写着：“我是一个盲人，可怜可怜我吧。”路人匆匆而过，没有人肯停下来“可怜”他。这时，一位年轻人走过来，在乞丐的木板上重新写了几个字，离开了。仿佛奇迹发生了，路人纷纷停下来给他施舍。年轻人又走回来了，盲人问他到底在板子上写了什么，竟然使人们大发善心。年轻人把上面的字念给他听：“春天就要来了，可是我看不见她。”盲人问道：“你是天使吗？”“不，我是诗人。”年轻人回答。

我如此地害怕人言，
他们把一切全和盘托出：
这个叫做狗，那个叫房屋，
这儿是开端，那儿是结束。

我怕人的聪明，人的讥诮。
过去和未来他们一概知道；

① 选自臧棣编《里尔克诗选》，中国文学出版社，1996年版。

没有哪座山再令他们感觉神奇，
他们的花园和田庄紧挨着上帝。

我不断警告、抗拒：请离远些。
我爱听万物的歌唱；可一经
你们触及，它们便了无声息。
你们毁了我一切的一切。

【法国】波德莱尔
钱春绮 译

感 应[①]

自然是一座活的神殿，开发你的全部感官，去倾听她的耳语。当你的视听嗅味触觉全都开放，你将体验到，“芬芳、色彩、音响全在互相感应。”五官互通，叫做“通感”，是一种独特的体验方式，也是一种新鲜而“危险”（感觉“通”得不流畅，有点莫名其妙）的写作技巧。许多诗人乐此不疲，比如美国诗人惠特曼就说：即便我有了荷马、莎士比亚、丁尼生的才华，“啊，大海，我想用这一切和你做交易：只要你能教给我你用什么技巧使一条波浪翻滚，或者你能在我的诗上噗地喷上一口气，把气的芳香留在那里。”（《如果我能有选择自由》）

自然是一座神殿，那里有活的柱子[②]
不时发出一些含糊不清的语音；
行人经过该处，穿过象征的森林，
森林露出亲切的眼光对人注视。

仿佛远远传来一些悠长的回音，
互相混成幽昧而深邃的统一体，
像黑夜又像光明一样茫无边际，
芳香、色彩、音响全在互相感应。

有些芳香新鲜得像儿童肌肤一样，[③]
柔和得像双簧管，[④]绿油油像牧场，[⑤]

① 选自钱春绮译《恶之花》，人民文学出版社，1994年版。
② 将自然比作神殿，是法国文学常见的比喻。
③ 嗅觉与触觉通感。
④ 嗅觉与听觉通感。
⑤ 嗅觉与视觉通感。

——另外一些，腐朽、丰富、得意扬扬，

具有一种无限物的扩展力量，
仿佛琥珀、麝香、安息香和乳香，
在歌唱着精神和感官的热狂。

【美国】J.K. 莱吉曼

蒋成红 译

停下瞧一瞧①

熟视无睹是人的通病，学习观察的第一课就是“眼见为生”，经常用第一次看事物的眼光去生动地观看，世界就会变得丰富起来。因此，我们不要走得那么匆忙，要习惯于“停下瞧一瞧”，回头看一看，用自己的眼睛看，再看第二眼。文中的艺术家为你提供了一个巧妙的“练眼法”——镜框取景法，用以日常生活中做思维上的抓拍，不用任何仪器，只用眼睛照相。有心人不妨一试。

有人问海伦·凯勒，人生最不幸的是什么？她答：“有眼睛却看不见。”

一天晚上，我看电视时又想起了她的话，摄影家恩斯特·哈斯正表演着艺术家看东西的技巧，目的是为了把世界表现得更有看头。他运用的是个简单“框架”。世界太大了，没法一下子全都看在眼里，得选择性地看个局部，遮掩多余部分，一如摄影家从取景器里向外窥视。简而言之，用框框看。

我走访哈斯的工作室，观看墙上的作品，其形式、图案、结构等都生动有趣，取材于极寻常的事物，大部分作品是他在纽约街头漫步时拍摄的。

“无论你去哪里，四周都有画面。”他说，“关键是认识它们，瞧！”他把一张纸揉皱，扔在地上。我只见到一团糟，可哈斯用一个硬纸做的黑方框放在上面，我看见一个光和影的有趣图案。

我们来到大街上。起先什么也没引起我的注意，可当我运用纸框看周围时，一幅幅图画跃现眼前。

人行道上涓滴的油漆形成一个令人心动的流畅自由图案。在孩子们乱涂抹的旧墙上，我框出一幅如同远古时代穴居洞人的图画。

体会思维上的抓拍不需照相机，什么也不需要。只需去看、去观察、去欣赏的意愿。况且，“取景器”大小由之。有的时候，看小东西也挺有趣。你是否凝视过百合花的花蕊？在你吃香蕉时有否细看过香蕉籽的排列状况？或者观察冰块中央

① 选自《读者》杂志。

的星状迸裂？威廉·布雷克说：“从一颗沙粒里看世界，从一朵野花里见天国。”可见，他并没夸大其事。

要想看清小东西，不妨随身携带一个放大镜。我和罗伯特·麦克艾弗在乡间散步时，他便带着这么一个放大镜。他用放大镜来发现树叶、卵石、贝壳、蘑菇、羽毛、种子的未知图案、形状和色彩。他说放大镜“神奇地拓展了奇景秀色”。我们走向海滨，我抓起一把湿沙，用放大镜观察时，看到了从未注意过的东西：每粒沙子都被薄薄地涂上一层水，相互之间实际上并不接触碰撞！我同伴解释说：“这就是为什么尽管沙粒受到汹涌波涛的连续猛击，可它们却永远不会改变和不被研成粉末的缘故。”

我们只看想看的东西，却不去注意实际存在着的世界。我们每天端镜自视，肯定镜中的映像与脸盘大小相等。但你若蘸点皂液将镜中映像的轮廓描摹下来，你会发现这椭圆形只有你脸的一半大小。你随意后退几步对镜自视，镜中的形象依然与你刚才画的那个椭圆形相吻合。

画家莫里斯·斯特恩说：“我并不一味教导我的学生画模特儿，而是试图教他们去看。因为观察力才造就艺术。”

歇洛克·福尔摩斯何以能使我们倾倒？原因之一就是他使我们对细枝末节的感觉变得敏锐。他注意到华生医生穿的那双擦得不干净的靴子，便得出结论：他曾在乡间道上走过，而且他有个粗枝大叶的女佣人。福尔摩斯猜出一个谋杀者的身高一定超过6英尺，因为这个谋杀者用血在墙上写了几个字，而这些字的高度离地面是6英尺。因为“当一个人在墙上书写时，本能驱使他在位于眼睛高度的地方写字”。

温斯顿·丘吉尔也是个能手，他常为自己明察秋毫的天赋而自豪，他在视察斯卡帕佛洛海军基地时，紧盯住那些用来迷惑德军轰炸机而停泊在港口的假军舰和假航空母舰。突然，他转向自己的侍卫说道：“这些假货有问题，四周没有一只海鸥，敌军飞机马上就会发现真情。”他下令扔些食物在周围以吸引海鸥。

使得那些训练有素的观察者更加敏锐地观察，并且保留住他所见东西的印象，一个简单技巧便是回头再看看。首先得形成一个初次印象，然后用再看一遍的方法来验证他那个初次印象。有家生意兴隆的餐馆，衣帽间里的姑娘全凭她们的记忆力。只需“两次观看每一位顾客”，便能不出差错。你不妨试一试，你将会为第二次所发现的细节深感惊奇。瞟一眼1元钱的票面，闭上眼睛想象一番，你觉得有许多细节吃不准。现在睁开眼睛再看一次，然后再闭目思忖，你是否觉得自己对该票面细微图案的了解增多了呢？

作家卡尔·凡·多伦在康涅狄格州避暑时，访问过一个地道的美国农夫，他隐居在树木繁茂的山坡一间棚屋里，是个半盲人。“你能见到云的阴影朝我们飘来吗？”农夫问道，“你若抬头观望的话，你将见到这些阴影如何使山谷一直变化着。有时云的阴影非常从容缓慢，今天它们移动起来如同一阵风。它们是我观赏的运动着的绘画。”

凡·多伦说：“当我抬头观望时，又一片阴影越过了山脊，沿着长长的山坡滚动漂流，将一排排枫树染成墨绿色，阴影扫遍沼泽和草地，使其变得干涸深沉，最后从我们头顶掠过，犹如瑟瑟作响的风声。我屏息静气，心驰神往。如此的云层阴影想必整个下午从我们头顶上飘然而过，可我却木然无知。一个连近旁东西都看不清的安详老者，却依然能够看见那么多令人耳目一新的大自然的壮观奇景。”

以个人的独特方式观察世界之不可思议的力量，形成了艺术家自己的风格，正是恩斯特·哈斯所说的“睁开双眼想象”的结果。这也是所有极为有用的观察能力之一，孩子们用来得心应手。“噢，瞧，妈妈，沟里有条彩虹。”一个小姑娘告诉她的母亲，而她的母亲也许只见到一摊污油水面。

人人都具备“睁开双眼想象”的能力。但随着年龄的增长，我们都抑制了它的发展，担心被人讥为与众不同。我们得把这些担心抛开，去看看四周的美。

有道是，“眼见为实”，不如说“眼见为生”。越是不断学习如何生动地观看，生活越是丰富多彩。

【苏联】高尔基

巴金 译

人们背着人的时候[1]

据说，一个人每天都有五分钟是愚蠢的，重要的是不超过这个限度。高尔基发现，当人背着人独处的时候，常常表现得像个“傻瓜”。从他举的例子来看，那些“傻”的行为多么可爱，这正是人的本真的一面，被高尔基的一双鹰眼给瞧见了。这本身就是处处留心观察，就会有所发现的好例子。高尔基以旁观者的身份看别人，如果你当时站在他的后面看他，又能见到一副怎样的“傻样儿”？

高尔基（1868～1936），苏联社会主义现实主义文学的奠基人。其《自传三部曲》备受中国青少年读者的喜爱。

……每当我观察着一个人在背着人的时候怎样行动，我就看出来这人是一个傻瓜，我找不出别的话来形容了。

我第一次注意到这个的时候，还是一个小孩。有一天那个英国的演马戏的丑角南达尔穿过马戏场的阴暗荒凉的廊子，他走过一面镜子跟前，揭起他那顶尖尖帽，恭恭敬敬地对他自己的像行礼。廊子里除了他自己以外，连一个人也没有；我那时候坐在他头上一个水槽里面，他看不到我。他的这个举动使我又痛苦又莫名其妙地呆了好一会儿。后来我才明白：一个丑角，并且还是个英国人，为了他的职业和技术的缘故，倒是应当古怪的。

可是有一天我看见契诃夫坐在他的园子里，正在用他的帽子去捉日光。他想把日光跟帽子一块儿戴到他的头上去，他试了好些次，一点儿也不成功。我又看见这个捕捉日光的人因为失败动了气：他的面貌越来越显得烦恼了。最后他带着一种忧郁的神情把帽子在他的膝上用力打了一下，做一个粗暴的姿势把它套到他的头上去，他不高兴地拿脚踢了他的狗，随后眯一下眼睛，斜斜地望了望天，便动身走回屋去。他看见我站在台阶上，便含笑对我说：

① 选自高尔基《文学写照》附录，巴金译，人民文学出版社，1959年版。

“您好。您在巴尔芒特的诗里面念过‘太阳有青草的香味’，胡说！在俄国，太阳有着喀山的肥皂的气味，在这儿，在克里米亚，太阳的气味像鞑靼人的汗臭……”

又有一次他费了很久的时间，想了许多方法，要把一支粗大的红色铅笔塞进一个小药瓶的颈子里去。这明明是想破坏物理学的定律。他居然认真地顺从他的这个愿望，抱着一个科学实验者的不屈不挠的决心去做了。

列夫·N·托尔斯泰小声地问一只蜥蜴道：

“你过得好吗，你？”

这只蜥蜴正在狄尔白尔大道上一丛灌木中间一块石头上面晒太阳；托尔斯泰站在它面前，一只手插进他的腰带里。这个伟大的人物向他周围看了一眼，随后便对蜥蜴承认说：

“我呢，我却过得不好。”

化学家M.M.吉黑文斯基教授坐在他的饭厅里，问着铜盘子上面映出来的他自己的像：

“喂，老朋友，你还活着？”

像没有回答他。教授叹了一口长气，便十分小心地用他的手掌心揩拭他的像，一面皱着眉头，不愉快地摇动着他那个像喇叭管子似的鼻子。

……乌拉吉米尔斯基神父把他的靴子放在自己面前，一本正经地对它说：

“喂，开步走！”

过后他问道：

“你不会吗？”

于是他带着傲慢而确信的口气断定道：

“这样很好。没有我你连一步也走不动。”

我在这时候走进屋子里来，问道：

“你在做什么，菲奥朵尔神甫？”

他注意地望了望我，便对我解释道：

“呵，就是这只靴子：它的后跟坏了。现在，连鞋子也做得坏了。”

要是一个小孩想用他的手指把书上的一张插图揭下来，这倒不是什么奇怪的事。可是看见一个学者，一个教授一心一意在做这种事情，并且东张西望，又侧耳倾听，好像害怕给人撞见一样，这就很古怪了。

这个教授仿佛认为谁都可以从纸张上揭去印好的图画，把它藏在他们背心的口袋里面似的。有一两次他相信已经做成功了：他从书页上揭下来一点东西，像夹一个铜板似的把它夹在两根手指的中间，想拿它放进他的背心口袋里去，可是等他将他的手指细看了一下以后，他皱起眉头，在亮光下面将图仔细研究一番，又用手去剥那印好的图。然而他却没有成功，于是他丢开书，不高兴地顿着脚急匆匆地走了。

亚历山大·布洛克站在世界文学社的楼梯上，在一本书的空白地方写字；突然间他靠紧栏杆，做出恭恭敬敬地让路给什么人的动作，而我却看不见那个人在什么地方。我正站在上面楼梯口上；当布洛克的带笑的眼光伴送着那个上楼的人到了上面的时候，碰到了我那也许带了点吃惊的表情的眼睛，他手里捏着的一支铅笔落在地上了，他俯下身子去拾起它来，一面问我道：

“我来迟了吗？”

【俄国】契诃夫

贾植芳 译

手记一束①

曾有人说鲁迅是天才，鲁迅回答：“我哪有什么天才，我只不过把别人喝咖啡的时间用在工作上罢了。”这句话用在契诃夫身上是合适的。随便翻翻一本《契诃夫手记》，全是点点滴滴的生活细节，用细节串起的生活。你可以想见写下这些文字的作家，在平常的日子里，是如何睁大眼睛，凝视人间，并将每一点发现和瞬间的灵感，捕捉下来。这分明是一个作家在辛勤练功，读者从中能够窥见一点创作的奥秘——训练眼力，磨锐感觉，积累素材，其中许多零碎文字，以后就成了小说中的片段。

契诃夫（1860～1904），俄国小说家、戏剧家。他和法国的莫泊桑、美国的欧·亨利并称为世界三大短篇小说巨匠。代表作有《变色龙》《万卡》《套中人》《公务员之死》等。

这一带的土壤好极了，你种一根车杠下去，过上一年就能长出马车来。

善良的人，甚至在狗的面前也会感到害羞。

某四等官眺望着美丽的景色说：“这是何等绝妙的自然的排泄作用啊！”

有一位小姐，她的笑声，简直像是把她的全身浸在冷水里发出来的一般。

连诺奇加喜欢小说里的侯爵和伯爵，讨厌身份低的人。她虽然喜欢描写有爱情的章节，可是这限于纯洁而理想的恋爱，不能容忍猥亵的描写。她不喜欢自然描写。和描写相比，她爱对话。当她开头读一本书的时候，就急性地常常去看一下结尾。她知道作家的名字却不去记它，她在空白处用铅笔写满了这一类话：“妙极了！”“没有比这再好的了！”“活该！”等等。

一家饭馆的雅座上。Z富翁正把餐巾围在脖子上，用叉子叉着鲟鱼，一边说：“为了向这个世界告别，就吃上一口罢。”——那是他很久以来每日都要说的一句话。

① 选自《契诃夫手记》，贾植芳译，百花文艺出版社，2000年版。标题为编者所拟。文段重新排序。

一个爱国者说:“你知道我们俄国的通心面条要比意大利的好吗?我给你证据。有一次我在意大利的威尼斯吃到鲟鱼的时候,我不禁哭起来了!”这位爱国者并没有注意到:爱国的只是他的肠胃而已。

……他渴望着生活。但是,他以为这就是所谓要喝上一杯酒,于是他喝了葡萄酒。

他认为自己无论走到哪里——走到任何地方,甚至是到车站的餐室里去,也会受到人们的尊教和崇拜的,所以他常常面带微笑地吃着饭。

N每天喝牛奶,每次喝牛奶时,总在牛奶杯子里放一只苍蝇进去,然后把仆人喊过来责问:“这可为什么呀?”现出一个活人殉葬似的脸色。他不这样做一下,就会一天也活不下去的。

他用过牙签,又把它放回牙签盒里。

她脸上的皮肤不够用,睁眼的时候必须把嘴闭上;张嘴的时候必须把眼睛闭上。

某官吏把他的儿子打了一顿,因为他儿子在学校里的所有功课都得了五分,他认为这是坏成绩。后来他听到人家告诉他说,五分是顶好的成绩,是他弄错了;他又把儿子打了一顿,这次因为他生了自己的气。

一个地主在吃饭的时候,得意洋洋地说:“乡间生活真是便宜啊。——鸡也是自己的,猪也是自己的。——生活真便宜啊!”

有人每次在报上看到大人物的死讯就穿上丧服。

修道院司祭叶巴米依德神父,把钓来的鱼放进衣袋里,回到家里想吃的时候,就一条一条地从衣袋里掏出来油炸。

女佣人每次铺床的时候,总是把拖鞋丢进床下靠墙的地方去。肥胖的主人终于生了气,想要撵走女佣人。结果才明白了:为了治愈主人的肥胖病,医生吩咐她把拖鞋尽可能地丢进床底深处去。

他吃饭的时候看见一个漂亮的女人,打起嗝来;一会儿又看见一个漂亮女人,又打起嗝来。这样,他的晚饭没有吃成,因为漂亮的女人太多了。

他不是在吃,而是在尝。

他从自己卑劣的高度来俯视人世。

只有你能够使他看见他自己是个什么样子，他才会开始变好。

从邻居B.H.谢明科维奇[1]那里听到这样的话：他的伯父是那位有名的抒情诗人费特——洗辛[2]，可是据说路过莫霍瓦耶街的时候，有着一种一定要把马车的窗子拉下来、对大学吐一口痰的习惯，他故意咳出痰来，“呸”的一口吐了出去。马车夫也摸着了他的这种脾气，每次经过大学前面，一定把车停了下来。

他们常去戏院看戏，常读厚厚的杂志——然而依然是品质恶劣，道德败坏。

他在街头马车中，眺望着在街上走过去的儿子的背影，一边想：“也许这孩子和我不同，他说不定不是属于我这类在龌龊的马车中颠簸的人，而是属于坐着气球在天空翱翔的那一类人物……”

生下孩子以后，我们就把我们的一切弱点，我们的妥协性和势利行为，一股脑都推到“这是为了孩子”这个借口上去了。

……在溜冰场上，他在л后面追赶；他想追上她。这时，他在恍惚中觉得，他想追赶的是生活，那一去不复返的、追不上的、就像要捉自己影子而不可得的同样难以捕捉的生活。

凡是老年人不能享受的东西，不是受到禁止便是被认为是危险的。

我到来世时，希望能够回顾一下我这一世的生活，说：“那是个美丽的梦呀……”

当喉咙发干时，会有连大海也可以一饮而尽的气概——这便是信仰；一等到喝时，至多只能喝两杯——这才是科学。

人类把历史看成战斗的连续，为什么呢，因为直到今天，他们还以为争斗是人生的主要东西。

文学上出现新动态之后，跟着必然会产生生活上的新动态。这就是为什么它被头脑僵化的人如此反对的原因了。

民族的力量和生路放在它的知识分子身上，放在那些肯忠实地思想、感受而且善于工作的知识分子身上。

---

① 契诃夫在梅里霍夫的邻居。

② 费特——洗辛（1820~1892）：俄国当时地主贵族阶级的抒情诗人，以“为艺术而艺术”来对抗涅克拉索夫的“为人生而艺术”。

【乌拉圭】胡安娜·伊瓦沃罗
朱景冬 译

清凉的水罐①（4则）

如果你用看人的眼光看风景，一定别有所获，因为这是一种动情的注视的眼光。乌拉圭女诗人胡安娜·伊瓦沃罗（1895~1979），就有一双如此灵动的眼睛：把面颊贴在清凉的水罐上，她感到简单朴实的幸福，她渴望把手穿过玻璃窗去抚摸小麦的金黄，她将少女时代的一部分快乐的记忆遗留在丛林里，她充满柔情地在内心深处把水称作慈悲修女……这是一个贴着大地生活的灵魂，人们称她“美洲的胡安娜”。

清凉的水罐

为了做午饭，佣人提来一只刚刚打满井水的大肚子陶罐。井水凉得直从陶罐的所有的毛细孔里往外渗，水汽布满清凉潮湿的水罐发红的表面。水汽多些的地方凝成的大水滴滚落在洁白的桌布上。厨房里充满半明不暗的柔和光线。一道阳光从窗缝里射进来，像拉紧的黄丝带从窗扇高处伸向房间中央，活像一个金线团落在地上。有时吹来一阵风把窗帘掀动，圆圆的光点也随着移动。小小的纽芬兰犬蒂塔尼奥久久地注视着那个光点，然后猛地向它扑去。它以为那是一个古怪的小昆虫。现在它竟像一只开玩笑的蜜蜂爬到它那毛茸茸的爪上，它不禁汪汪地叫起来。厨房里传来碗碟的声响；院子里响起秋蝉的模糊的叽叽声。在等待吃午饭的时候，12月份的炎热中午的昏睡开始侵扰我。我那6岁的健康的儿子饿得不行，掰了一块面包坐在桌边的椅子上等待父亲回来。我的毛衣针、毛线活、毛线团从我的裙子缓缓滑向地席。我把面颊贴在清凉、潮湿的陶罐上。这简单朴实的幸福足以将我眼前这个时刻变得充实。

小 麦

我坐在窗前做针线活儿，窗外缓缓走过一辆满载小麦的大车。路面上丢下一

① 选自林光主编《拉丁美洲散文选》，云南人民出版社，1996年版。

溜儿闪光的黄麦秸和麦穗。我的整个心灵也跟着它们走去，我的眼睛不知疲倦地望着它们，我的手指不停地在玻璃窗上敲击，渴望穿过玻璃去抚摸那金色的痕迹。当我还是小姑娘时，我多么喜欢在麦秸上玩啊！我那不听话的黑发在挂满闪光的麦秸下反射着金光。那个季节，空气温暖，风儿飘着雏菊的芳香。那时我是个快乐的小女孩，眼睛还没有现在这种贪婪的、忧郁的神情。

丛林

丛林，是个潮湿、碧绿、凉爽、深沉、飒飒作响的字眼。提到这个词儿时，你会立刻想到整个树林布满长毛绒似的苔藓，会听到啾啾的鸟鸣和昆虫翅膀的摩擦声，会想象那密集的树冠形成的许多摇动的阳伞。在那种阳伞下面，午睡是多么惬意，躺在那里进入梦乡是多么愉快、多么舒坦。

丛林！这是一个多么快乐、多么凉爽的字眼！对我来说，它充满多少值得回忆的往事！它散发着桉树、杨树和绊根草的气息；它发出风声、流动的水声、鸟儿的歌声和啁啾声，还有昆虫的唧唧声和绿色小青蛙的呱呱声；它使你联想到阳光投射在地上的圆圈儿、又甜又涩的野果、驮着嫩树叶的蚂蚁大队、凉爽而昏暗的绿色光线和生活的孤独。天哪，它还使我想起了我的15岁和我全部健康的、下意识的和粗野的快乐！

水

我头疼，我难受。有些日子总是这样，事事都不顺心，好像有一只无形的手对着我的心灵扔痛苦的卵石。

我的太阳穴烫得厉害，我便来到花园，从井里打了一桶凉水，在井边向头上、脸上和脖子上淋水。立刻我觉得轻松多了。因为对我来说，井水有着最完美的慈悲心肠。

我需要它，如同需要一个有意识的生灵。我确信它是一个跟我们一样有心灵的创造物；它跟我们一样会说话、会做梦、会唱歌、会亲吻、会安慰人。有多少事情我们不知道啊！我们不承认它们具有我们的智能，只有那些按照我们的形象制造的东西才有。然而我认为，在世界上，水就像总是给人以安慰和帮助的善良的修女一样。如果草木懂我们的语言……如果每个伤口是一张会讲话的嘴……在我的内心深处我把水称作“慈悲修女”。今天，我觉得她用她那美好的凉爽手指把我太阳穴上的热量驱散了。她的温柔一直深入到我的心！

【日本】清少纳言
周作人 译

枕草子[①]（6则）

一颗心像水一样流动易感，随处留痕，把这种痕迹用文字固定下来，就是熠熠生辉的心情碎片，点点滴滴的美，虽然纤细，然而动人。一颗易感的心，就是这样将一位有才学的女子，造就成为一名作家。

清少纳言（约965～？）生活年代相当于中国的宋朝初年，是古代日本的一名宫中女官，聪明灵秀，常随手记下瞬间的印象和感受，集成一本风物与情感随笔，取名《枕草子》——放在枕边随手写下的笔记。从零散的文字中，读者可以见到一位以体贴入微的姿态喜爱着生活，心性高洁而不乏风趣的才女形象。因为这本用轻松的心态写下的随笔集，清少纳言在日本与写作长篇小说《源氏物语》的紫式部齐名。《枕草子》的文体形式借鉴了唐朝诗人李商隐的《杂纂》。

使人惊喜的事

使人惊喜的事是：饲养幼雀；走过玩耍着的幼儿面前；烧了好气味的薰香，一个人独睡；在中国来的铜镜上边，发现有些阴翳；身份很上等的男子，在门前停住了车子，叫人前来问候。

洗了头发打扮起来，穿了薰香的衣服的时候。这时虽然并没有人看着，自己心里暗自觉得愉快。等着人来的晚上，听见雨脚以及风声，便都以为那人来了，都会感到吃惊。

优美的事

优美的事是：瘦长而潇洒的贵公子穿着直衣的身段；可爱的童女，特地不穿那裙子[②]，只穿了一件开缝很多的汗衫，挂着香袋，带子拖得长长的，在勾栏旁

① 选自《日本古代随笔选》，周作人等译，人民文学出版社，1998年版。

② 原文云上裤，仪式时穿在大口裤外面，外白里红，童女所着例用红色。

边，用扇子遮住脸站着的样子。年轻貌美的女人，将夏天的帷帐下端搭在帐竿上，穿着白绫单衣，外罩二蓝的薄罗衣，在那里习字，这是很优美的。用村浓染的丝线装订得很好看的薄纸本子是很优美的。长出嫩芽的柳条上，缚着在青色薄纸上写的书简[1]。在染得很好玩的长须笼[2]里，插着五叶的松树。三重的桧扇，五重的就太厚重，手拿的地方有点讨厌了。做得很好的分格的桧木饭盒。细的白色的丝辫。不太新，也不太旧的桧皮屋顶[3]，很整齐地编插着菖蒲。青青的竹帘底下，露出帷帐的朽木形[4]的花纹模样来，很是鲜明，还有那帷帐的穗子，被风吹动着，是很优美的。夏天挂着帽额[5]鲜明的帘子的外边，在勾栏旁，有很可爱的猫，带着红脖绳，挂有白色名牌，拖着索子，且走且玩耍，也是很优美的。五月节时候的菖蒲的女藏人，头上戴了菖蒲的发饰，挂着和红垂纽[6]的颜色不一样、可是形状相像的领巾和裙带，将上赐的香球送给那并列着的王子和公卿们，是很优美的。他们接过来，拿来挂在腰间，舞蹈拜谢，也实在是很好看的。在五节捧薰炉的童女，还有着小忌衣[7]的贵公子们，都是很优美的。六位藏人穿着青色袍值宿的姿态，临时祭[8]的舞人，五节舞[9]女的随从童女，也很优美。

画起来看去较差的东西

画起来看去较差的东西是：石竹、樱花、棣棠花；小说里说是很美的男子或女人的容貌。

画起来看去更好的东西

画起来看去更好的东西：松树、秋天的原野、山村、山路、鹤、鹿；冬天是很寒冷好，夏天是世上少有的那样热些为好。[10]

① 古代传送书简多用此法，缚在一枝带叶的树枝上。

② 原文须笼，系谓一种竹笼，编好之后特地将余剩的竹保留，有似长须，故以为名，古时用以盛馈赠之物。

③ 日本古时用树皮葺屋顶，以代茅草，至今神社亦有特别保留古时制度者。

④ 此为织物图案之一，仿朽木的形状，略作云彩，织染而外亦用于印刷，为糊裱隔扇墙壁之用。

⑤ 帽额用于帘子，系指上部的一幅布帛，原系中国古语。

⑥ 系一种装饰，两折作结，挂于小忌衣的右肩，舞人则挂在左肩。

⑦ 为斋戒时穿的衣服，用白布蓝色印花，义取洁净，供奉神膳者用之。

⑧ 贺茂神社及石清水八幡神社于定期祭祀之外，别有临时祭，贺茂在阴历十一月下旬的酉日，石清水在阴历三月中旬的午日，有神乐舞蹈。

⑨ 古时日本朝廷于大尝会举行的一种女乐的仪式，于十一月中旬丑寅卯辰四日中行之，称五节舞。

⑩ 冬冷夏热，画上不易表示出来，这两句所以成为问题，别本将“冬天”以下另作一段，但文意也未完了，或疑下有脱逸。《春曙抄》则以上半属于绘画，“冬天”以下属于文章，谓更能形容得好，引用韩愈的诗“肌肤生鳞甲，衣被如刀镰，气寒鼻莫嗅，血冻指不粘”，及梁元帝诗“季夏烦暑，流金铄石”为例。

感人的事

感人的事是：孝顺的儿子；鹿的叫声；身份很好的年轻男子潜心修行、精进，朝拜御岳；和家里的人别居而每朝修行拜佛礼赞，也是特别感人的。念诵经文的人，想着他恩爱的妻子夜里醒来，听着他念经的声音的那一种神气，让人感到很可怜。

在九月三十日，十月一日左右，听着若有若无的蟋蟀[①]的叫声，母鸡抱卵的样子。在深秋的庭院里，长得很短的茅草，上头带着些露珠，像珠子似的发着光。苦竹被风吹着的傍晚，或是夜里醒过来，这一切都觉得有点哀愁的。相思的年轻男女，有人从中妨碍他们，使得他们不能如意。山村里下雪。男人或女人都很俊美，却穿着黑色丧服。每月的二十六、七日的夜里，谈天到了天亮，起来看时，只见若有若无的渺茫的残月，挂在山边很近的地方，实在是令人觉得悲愁的。秋天的原野。已经年老的僧人们一直在修行。荒废的人家庭院里，爬满了拉拉藤[②]，很高地生着蒿艾，月光却普照着。而风又徐徐地吹着[③]。

可爱的东西

可爱的东西是：画在甜瓜上的幼儿的脸[④]；小雀儿听人家啾啾地学老鼠叫，便一跳一跳地走来。再有，在小雀儿脚上系上了一根丝绦，老雀儿就捉了虫儿之类来，给它放在嘴里，这情景很是可爱的。

三岁左右的幼儿急忙地爬了来，路上有极小的尘埃，给他很明敏地发现了，用很可爱的小指头撮起来，给大人们看，实在是很可爱的。留着沙弥发的幼儿，头发披到眼睛上边来了也并不拂开，只是微微地侧着头去看东西，也是很可爱的。交叉系着裳带的小孩的上半身，白而且美丽，看了也觉得可爱。还有个子很小的殿上童，装束好了在那里行走，也是可爱的。刚把可爱的幼儿抱过来玩玩，却在怀中睡着了，这也是很可爱的。

雏祭的各样器具。从池里拿起极小的荷叶来看，极小的葵叶，也都很可爱。无论什么，凡是细小的都可爱。

胖胖的两岁左右的小孩，色白而且美丽，穿着二蓝的罗衣，衣服很长，用背带

① 这一句是运用《诗经·豳风》里的“十月蟋蟀，入我床下”的典故。

② 原文作“葎”，字书云，蔓草，似葛有刺。

③ 末句独立似不成意义，《春曙抄》据别本谓或应连上文读，即说在上边那院子里，月光照着，并有不很大的风吹着，这种情景也很易引起一种哀愁。

④ 有一种香瓜，俗名金鹅蛋。日本旧有“姬瓜雏祭”，于旧历八月朔日，取瓜如梨大者，敷粉涂朱，画耳目如人面，以绢纸做衣服，为雏人形，设赤饭白酒供养。这里是指在此瓜上所画人面。

束着，爬着出来，实在是很可爱的。八九岁十岁的男孩，用了幼稚的声音念着书，很是可爱。

小鸡脚很长的，白色，样子又很是滑稽，仿佛穿着很短的衣服的样子，咻咻地叫得很是喧扰，跟在人家后面，或是同着母鸡走路，看了都很可爱。小鸭儿[①]、舍利瓶[②]、石竹花，都可爱。

① 诸本多训作鸭卵，但鸭蛋并不比鸡蛋更可爱，今从《春曙抄》，作小鸭解。

② 舍利瓶乃佛教火葬后纳骨的器具，并不常见，且纵使瓶上有些华饰，也总不会使人觉得可爱。

【中国】阿城

威尼斯日记[1]（9则）

旅游的看头说多不多：一看风景二看人，民情风俗一眼过。像阿城这样挑一个地方住下来，慢慢看，看头就多了：像读一本古典名著，细细琢磨，从容翻阅，一种气定神闲的态度。加上深厚的学问底蕴，以及过人的悟性，忍不住悠悠联想，翩翩遐想。这样的旅居日记，不是游记，是在随手解读城市，解读文化，解读人性。阿城的文字向来干净不俗，常有令人心折的好句子。

阿城（1949年生），当代杰出作家，著有《棋王》《孩子王》《遍地风流》《闲话闲说》等。玩转文字出神入化，可说是天生的文体家。

五 日

威尼斯像舞台布景，游客是临时演员，我也来充两个月的角色。

乘1号船沿大运河走了两次，两岸华丽的楼房像表情过多的女人。

好文章不必好句子连着好句子一路下去，要有傻句子笨句子似乎不通的句子，之后而来的好句子才似乎不费力气就好得不得了。人世亦如此，无时无刻不聪明会叫人厌烦。

年初的时候来过威尼斯一天，无处不"惊艳"。回忆会"净化"，心中已经安静下来。再来，住下，无穷无尽的细节又无时无刻不在眼中，仍然是"惊艳"，而且是"轰炸"，就像前年伊拉克人遭遇到的。

整个意大利就是一种遗产轰炸，每天躺下去，脑袋里轰轰的，好像睡在米兰火车站。

这次到威尼斯来，随手抓了本唐人崔令钦的《教坊记》，闲时解闷。这书开首即写得好，述了长安、洛阳的教坊位置后，笔下一转，却说：

> 坊南西门外，即苑之东也，其间有顷余水泊，俗谓之月陂，形似偃月，故以名之。

古人最是这闲笔好，令文章一下荡开。

---

① 选自阿城《威尼斯日记》，作家出版社，1997年版。

威尼斯像“赋”，铺陈雕琢，满满当当的一篇文章。华丽亦可以是一种压迫。

九 日

傍晚，在圣马可广场边的弗洛利安咖啡店外独自闲坐，看游客买了苞谷粒喂成千上万只鸽子。一个小孩放几粒苞谷在头顶上，他的父亲拿着照相机在远处瞄准着，等鸽子飞来孩子的头上吃苞谷时，好按下快门。鸽子很久不来，小孩子于是像钓鱼一样等着，不同的是，微笑地等着。

据说弗洛利安咖啡店是欧洲饮咖啡史上的第一家咖啡店，又据说意大利的咖啡由巴西运来。我忽然想起华格纳是在威尼斯完成《特里斯坦与伊索尔德》的第二幕，当时的巴西皇帝请华格纳为巴西首都里约热内卢的意大利歌剧班写个歌剧，《特里斯坦与伊索尔德》与咖啡贸易有关系吗？

1627年，威尼斯建成欧洲的第一个歌剧院。这一年明朝的熹宗皇帝驾崩，思宗，也就是明朝最后一个皇帝即位，此时距中国歌剧——元杂剧的黄金时期已去400年，明杂剧的杰作《牡丹亭》也已轰动了30年。

中国的戏棚里可以喝茶，中国人喝茶是坐着的，所以楼上楼下的人都有座。同时期的欧洲剧院最底层的人是站着看戏的。中国戏曲的开场锣鼓与意大利歌剧的序曲的早期作用相同，就是镇压观众的嘈杂声浪，提醒戏开始了，因为那时中国欧洲都一样，剧院里可以卖吃食、招呼朋友和打架。前些年伦敦发掘19世纪的蔷薇剧场遗址，发现里面堆满了果壳。莎士比亚的哈姆雷特大概是在果壳的破裂声中说出“生存还是灭亡”（to be or not to be）这个名句的吧？

我一直认为莎士比亚的戏是世俗剧，上好的世俗剧。

五月初的威尼斯夜晚有一些寒意，尤其是日落后，海上的湿气浸漫到圣马可广场上的时候。

十四日

马克的头发是浅栗色，属金发一类，眼睛蓝灰色。一般意大利的女人认为金发是美，金发应该是当年“北方蛮族”的头发。历史的归历史，现实的归现实。

以我有限的直观来看，地中海沿岸的种族的混合，包括东方的阿拉伯人、南方的北非人、北方的“蛮族”。这种混合的结果，就是意大利的男女非常好看，腿修长有力，脖子精致，额头饱满，腰部微妙，像脸一样的有表情。天生的鬈发和暗色皮肤的人非常多，肥胖臃肿的人在人口比例上很少。我曾问过一个人为什么意大利的胖子少，回答是“胖子都被我们赶到美国去了”。

不少中国画家因为画《大卫》石膏像，错把大卫当欧洲美男子，其实大卫是实实在在的阿拉伯美男，他是以色列王，鼻梁坚挺，嘴唇有变化，鬈发。北方欧洲人是直发，斯堪的纳维亚人为典型。当地中海东南方的文明灿烂时，“北方蛮族”赶时髦，将头发烫卷为美，我们现在还可以从英国法官头上的假鬈发体会到当年的趋时遗绪。古希腊得非洲人种与文明的传布，于是古希腊的俊男美女雕像，无一不是鬈发，给中国画家们的学生时代添了不少麻烦。

现代中国人的爱烫鬈发，应该是近代对西方世俗审美的隔代趋时，因为《水浒传》里的赤发鬼刘唐还是古典丑男，现在则是男女刘唐满街走，意气风发。

意大利人的血源混杂使他们的嘴唇有造型。欧洲北方人的嘴，像用刀在鼻子下面横砍的一条缝。我的经验里，亚洲人的嘴有形状，这一点在佛像上得到典型的表现。

当一个意大利人看着你的时候，虽然没有说话，但嘴的造型已经在表达意义了。意大利人的手势太强烈，因此掩盖了嘴的妙处。

因为头骨的造型，意大利人的脸到老的时候，越来越清楚有力，中国人的脸越老越模糊，模糊得好的，会转成一种气氛。

十八日

下午开始刮风，圣马可广场那些接吻的人，风使他们像在诀别。游客在风里都显得很严肃。

二十六日

我现在知道威尼斯的鸟什么时候开始叫。它们在窄巷里叫，声音沿着水面可以传得很远。听到鸟叫，我就关上电脑，下楼，走到巷子里的一座小桥，下面是河水，其实是海水，在威尼斯你永远可以闻到咸腥味。威尼斯是一个海岛，海是亚德里亚海。

桥头有一盏昏暗了整夜的灯。黎明前的黑暗中，鸟的嗓子还有点哑，它们会像人那样起床后先咳嗽几下，清理清理。

现在它们已经清理好了，所以声音传得更远了。

威尼斯的水手也是在小巷河中的船上唱歌，唱完了，船里的游客和站在桥上的游客一起拍手，掌声像歌声一样，在小河里传得很远。

七日

假如威尼斯的一条小巷是不通的，那么在巷口一定没有警告标志。你只管走进去好了，碰壁返回来的时候不用安慰自己或生气，因为威尼斯的每一条小巷都有性格，或者神秘，或者意料不到，比如有精美的大门或透过大门而看到一个精美的庭院。遗憾的是有些小巷去过之后再也找不到了，有时却会无意之中又走进同一条小巷，好像重温旧日情人。

应该为威尼斯的每一条街巷写传。

十六日

晚上与Sisci和漫画家Carpenteri在一个小馆子的街边吃比萨。我嗜漫画，年初在罗马搜购了不少漫画集漫画杂志，其中就有Carpenteri的。

我亦收有法国的，美国的，中国台湾的CoCo、老琼、朱德庸，老琼原来是女性。

有的时候我一整天都在看漫画。我还记得小学二年级的时候，在课桌底下看德国卜劳恩的漫画《父与子》，被一脸杀气的女老师没收。我猜她一定拿回家去看了，一直没有还给我《父与子》，不还就不还吧，脸上的杀气总该化解一点吧？

1984年我买到再版的《父与子》，翻来覆去看了一个月，终于将童年洗干净。

Carpenteri开车带我们去他的工作室，他在画大画，准备一个展览，桌上放了一些从前的漫画原稿，极其精致，居然送了一张给Sisci！不过他们是老朋友。

夜已深了，又到Carpenteri的家去，意大利人是越晚越有精神，与我不谋而合。路上在西瓜摊上买了一只巨大的西瓜，到了家里，摆开桌子，准备痛聊，将西瓜切好，刚吃了三四口，突然停电，于是在朦胧的月光下把西瓜吃完。

二十四日

晚上Luigi开了他爸爸的车，接了乔万娜，我们到山上的教堂前看这个城市。红屋顶们刚被雨洗过，暮色潮湿。

街灯里，古老的宫殿和教堂周围行人稀少，Luigi忽然说每次回来都是在父母那里，很久没有看到朋友了，今天下雨，恐怕在街上还是遇不到朋友。人世就是这样，会静静地突然想到忽略了极熟的东西。我有一个朋友一天忽然说，好久没有吃醋了，当即到小铺里买了瓶山西老陈醋，坐在街边喝，喝得眼泪流出来。

再见Ciao！

就要离开威尼斯了，瑞雅尔多桥下的一条船上，有个老人在唱歌，高音，面容像极了列奥纳多·达·芬奇的自画像，一曲才歇，桥上和两岸掌声雷动，总有几千人吧，小船却独自沿运河向南漂去了。

【中国】于坚

便条集[1]（10首）

诗集取名《便条集》，不只是说明诗篇短小，更是一种写作姿态：把诗人的姿态放低，把诗歌的精致椅子搁在油盐柴米之间，让诗进入人们的日常生活流通起来，这是需要智慧和勇气的。当代诗人于坚（1954年生）似乎两者兼备，他的这一尝试，让诗变得容易亲近了。这里选择的几则诗人发给生活的“便条”，无不让人眼前一亮，或者莞尔一笑，因为这是我们正在经历的生活——

正当全家举杯祝贺父亲生日的时候，父亲突然想起要看《新闻联播》，传媒对人们日常生活的剥夺之深，以至人的社会动物的习惯可以轻易驱逐亲情（5）；春江水暖“牙”先知（18）；超市把人们与自然隔离，我们无法从货架上看见“风吹草低见牛羊”（33）；一双好手，没有好用，它不触摸也不传递温暖（94）；寒流似乎冻僵了人们的生活，而只要有美人儿在街头出现，如同一道暖流淌过，冻僵的生活又继续流动，美的能量无敌（96）；照相的一刻，人们是如何装模作样啊（98）；老师说作文主题不深刻，学生无奈去爬“青藏高原”（114）；如果能用电话接收初春传呼的消息多好（125）；宁静的下午，阳光像小鸡出壳，啄动诗笺，诗人的灵感就要破壳而出（205）；森林路边一篮带露的野菜，诗人待它像待一个甜睡的婴儿，这是一份什么心情呢（212）？

5

今天　是父亲的生日
母亲做了一桌子的菜
白斩鸡　回锅肉　父亲最喜欢
我提来了好酒　给父亲倒一杯
给母亲倒一杯　给弟妹倒一杯

① 选自《于坚诗歌·便条集》，云南人民出版社，2001年版。

举杯吧　祝父亲长寿
但他忽然放下了酒杯
对我说
现在　是七点钟了
你去把电视机打开

18

早上　刷牙的时候
牙床发现　自来水已不再冰凉
水温恰到好处
可以直接用它漱口
心情愉快　一句老话脱口而出
“春天来了”

33

超级市场的水泥地基打入地层十米以下
为的是不使消过毒的苹果和冰冻的牛肉
从货架上掉下来
超级市场　仍旧是大地上的一部分
在这坚固而没有细菌的地面上
长不出苹果树
在这丰富多彩的货架中间
不会有人
在转过某个弯的时候　悠然瞥见
远远的南山下　一头母牛和一头小牛
在低头吃草

94

他有一双好手
修长　骨节像竹
但他从不用这双手
抚摸

可怜的人 他的手
像竹叶一样虚悬在空中

96

寒流袭击城市
三点钟 天空已灰暗
冷气控制着一切
有人对生活产生畏惧
有人对旅行丧失了信心
有人把外衣裹紧
但是只要有美丽的女人在附近出现
只是她们的背影在公共场合出现
控制一切的就会立即失控
生活的就想重新生活
旅行的就想继续旅行
那个怕冷的昆明男子
忽然间松开了衣领
露出被严寒冻红的脖子

98

穿西装的男子
在秋天的公园拾起一片
红枫叶 他靠着一座亭子
试图像古代的平民那样自然
梳洗罢 独倚望江楼
但他无法放松 他的爱人走上去
为他整整领带 于是他扔掉叶子 挺直
像一位总统在签字后那样憋气
等着快门响起 几乎倒下

114

主题还不深刻

老师说　叫他把作文再次修改
他写的本来是家门前的山坡
越改越高了　他的作文已经到达西藏
但老师说还是不够
他只好再往高处走
去尼泊尔

125

在三月六日的电话亭里
我等待着一个传呼的应答
我呼叫的是
惊蛰

205

下午的蛋壳碎了
阳光像一群群刚刚孵出来的小鸡
温暖地散落在城市的各处
内心充满光明　我与人生和解
照亮着家庭的暗处
有一只小鸡　跳过百叶窗
落到我的书桌上啄起来
雪白的纸张微微地翘着
像蛋壳的表面
似乎有什么生龙活虎的
就要破壳而出

212

一篮子野菜
横放在小路中间
把我的脚挡住了
附近是森林
有些花在开

看不见篮子的主人
我只好抬脚跨过去
把野菜碰掉了几根
弯腰去拾
又碰掉了叶上的露

【英国】史密斯
主万等 译

琐事集[1]（5则）

史密斯（1865～1946），英国散文家，属于隐秘的智者一类人物，凭一本薄薄的《琐事集》行走天下。他像唐朝诗人李贺一样，无论走到哪里，仿佛随身带着纸笔，随时把冷眼旁观或俯首沉思的断片记录下来，最后集成一本精巧、别致的内心独白或思想日记。他的为人和行文似乎都有“洁癖”，文章大多是百字小品，文笔玲珑剔透，却能深入人性的深处。整本《琐事集》，就像是从一般作家的文章中把那些最有灵性的个别片段剪辑在一起。史密斯自信“我对文字的欣赏力几乎是毫无瑕疵的”，他的人生理想是：“在葬礼之后，还在一个完美的词中继续生存下去。”

星 星

当人的目光与星光对视，一股豪气流注心田——我也是这宇宙中的一名王子，在我的身上，也有熠熠生辉的东西。这是一个人顿悟到生命的高贵和思想的尊严的美妙时刻，就像中国民间所言：天上一颗星，地上一个人。

一个黑夜，当我顶风冒雨走回家的时候，一阵强烈的狂风迫使我到一棵树下躲避。但是不久西边的天空就开朗了；群星的光芒从消散的云层后边倾泻出来。

看到这些星星以柔和的光辉注满夜晚，我对它的明亮感到惊讶，于是我在它们陪伴下往前走；大角星跟随我，时而被一棵茂密的树遮掩，光亮忽明忽暗，然后又以胜利者的姿态出现——西边天空的主宰。当我在自己脚步声的寂静中沿着道路前进的时候，我的思想是在星座中间。我是这个星光灿烂的宇宙的许多王子之中的一个；在我的身上也有一些东西不是低贱的，卑微的，无足轻重的。

① 下译选自《西窗集》，百花洲文艺出版社，1993年版。主译选自《史密斯散文选》，百花文艺出版社，1994年版。

安慰

世人留恋的种种乐趣，在情绪低落的我看来，都不过是平庸的消遣，还有什么值得活下去的理由呢？忽然想到读书，心中顿时一片明朗，为了这世上美好的书籍，人生就值得活下去。把读书当作生存的全部理由，这或许是世界上最可爱的头号书痴。

前些日子有一天，我情绪低落地坐在地铁里，为了振奋一下精神，我默想人世间的各种乐趣。但是它们中间没有一种我似乎是在乎的——美酒、友谊、吃喝、恋爱，或者道德感。既然这个世界只能找到这样平庸的东西，那又何必坐上电梯回到那里去呢？

然后我想到了读书——那美好而微妙的读书的乐趣。这就够了，这种不会因年老而减色的乐趣，这种优雅的、不受惩罚的恶癖，这种自私的、宁静的、毕生的陶醉。

（以上两则 赵全章 译）

词句

爱书本甚于爱现实生活，被词句感动甚于被宗教感动，这是活在语言文字中的人，他仿佛存在于另一个空间。对词句的无比敏感和彻骨钟情，造就了这位情致精微的散文家。

世界上，究竟，还有什么慰藉像语文的慰藉和安慰呢？当我被生存的黑暗面闹得茫然若失了，当这个华美的万象在我看起来，像在哈姆雷特看起来，归于尘埃与残根了，倒不是在形而上学里，也不是在宗教里我找到了重振的保证，却是在美丽的词句里。想到凝视人生的黄昏星，丑陋的老年变成一个赏心悦目的景色了；如果我称死为强大的，劝不动的，它对于我就没什么恐怖了；我完全满足于被折如花，消失如影，被吞没如雪片人海。这些明喻减轻了我的痛苦，有效地安慰了我。我只忧伤在一个时候，就是当我想到言词一定会消灭，如一切凡界的东西；最完美的隐喻一定会忘掉人类化为尘埃的一天。

可是“遗忘”的“邪恶”盲目地散播她的罂粟。

（主万 译）

在一把伞底下

有些人一辈子都在追问自己一个问题：我为什么活着？每一次追问都可能没有答案，但每一次认真地追问之后，都可能刷新一次自己的人生。但更多的情况是逃避疑问，因为这的确是一个“不愉快的问题”。

从我的伞顶底下我看见洗过的铺道在我脚底下溜过去，新闻广告纸溅污了躺在交叉路口，公共汽车的轮辙在泥浆里。我在这个阴郁的湿世界里走向前去。我还要经多少次雨，多少年，匆匆地走在湿街上呢——中年了吧，于是，也许很老了吧？而且为了什么事呢？

自己问着这种不愉快的问题，我从你，读者的眼前，消失到远处去了，迎风侧下了我的伞。

（卞之琳 译）

忙碌的蜜蜂

不知从何时起，人们老被教导要向蜜蜂学习勤劳。史密斯烦了，在一次享受了几小时午后的闲适之后，他要教导那些“劳碌过度的功利主义小虫”，用“较为明智、较为宽厚的方式去利用那些阳光灿烂的时刻”。小虫听不懂，希望有人能听懂。

靠近花园里的蜂房，在那些“蜂蜜商人”空中通道之下的一株苹果树的树阴下面，我常常闲坐上几小时——往往在炎热的中午，那些“蜂蜜商人”总营营地忙于它们细致的劳动，或者从斜阳中成群地飞了回来，去从事彻夜的工作——我曾经想从蜜蜂那里得到教诲，极力想使那个陈旧的勤奋教训适用于我自己。

然而，真见鬼，谁按理该是教师，谁该是学生呢？就那些倔强的、劳碌过度的功利主义小虫而言，从我的那幅景象中难道得不出什么教训吗？它们从自己落落寡合的工厂里用合成的眼睛向外凝视着我，会不会终于学到——我能否最后教导它们——一个较为明智、较为宽厚的方式去利用那些阳光灿烂的时刻呢？

（主万 译）

【俄国】屠格涅夫

黄伟经 译

爱之路[1]（3则）

屠格涅夫（1818~1883），俄国作家，语言大师。作品有《猎人笔记》《罗亭》等。在衰老多病的晚年，又侨居法国，屠格涅夫陆续写下一些散文诗，记录了一个心灵丰富的作家一生中对人间最后的观察和思考，文章在作家去世后四十余年才结集出版，名为《爱之路》。

乞丐

把乞丐视为“兄弟”，在无物施舍之时仓促握紧乞丐的手。在一握之间，彼此都觉得从对方得到了施舍。真正的人道主义是平等的，在施者和受者之间，人格与生命没有高下之分。一个人陷入贫穷、困顿，有许多原因。需要人帮助，并不是人格上的耻辱。中国古代就有不食嗟来之食的乞丐，现在，屠格涅夫又做了与乞丐握手的施者。

我在街上走着……一个乞丐——一个衰弱的老人挡住了我。

红肿的、流着泪水的眼睛，发青的嘴唇，粗糙、褴褛的衣服，龌龊的伤口……呵，贫穷把这个不幸的人折磨成了什么样子啊！

他向我伸出一只红肿、肮脏的手……他呻吟着，他喃喃地乞求帮助。

我伸手搜索自己身上所有口袋……既没有钱包，也没有怀表，甚至连一块手帕也没有……我随身什么东西也没有带。

但乞丐在等待着……他伸出来的手，微微地摆动着和抖颤着。

我惘然无措，惶惑不安，紧紧地握了握这只肮脏的、发抖的手……“请别见怪，兄弟；我什么也没有带，兄弟。”

乞丐那对红肿的眼睛凝视着我；他发青的嘴唇微笑了一下——接着，他也照样紧握了我的变得冷起来的手指。

“哪儿的话，兄弟，”他吃力地说道，“这也应当谢谢啦。这也是一种施舍

[1] 选自屠格涅夫《爱之路》，黄伟经译，湖南人民出版社，1981年版。

啊，兄弟。”

我明白，我也从我的兄弟那儿得到了施舍。

1878年2月

爱之路

“一切感情都可以导致爱情”，只有感激之情例外。因为感谢只是还债，而爱情不是金钱。人称“情书圣手”的屠格涅夫，对爱情的体悟自有心得。

一切感情都可以导致爱情，导致热烈爱慕，一切的感情：憎恨，怜悯，冷漠，崇敬，友谊，畏惧——甚至蔑视。是的，一切的感情……只是除了感谢以外。

感谢——这是债务；任何人都可以摆出自己的一些债务……但爱情——不是金钱。

1881年6月

俄罗斯语言

许多人在寻求精神家园的时候，不约而同地把心灵的皈依指向母语。负载着精神传统和民族文化的母语，其内涵远远超过实在的国土，尤其对于生存在非母语国家的作家而言。晚年多病的屠格涅夫侨居法国，他对俄语的一往情深是发自肺腑的，这里有自尊、自豪，也有对多难的祖国的希望和祝愿。列宁曾把托尔斯泰、屠格涅夫等人称为有力的、自由的俄罗斯语言的代表。

在疑惑不安的日子里，在痛苦地思念着我的祖国的命运的日子里——给我鼓舞和支持的，只有你啊，伟大的，有力的，真实的，自由的俄罗斯语言！要是没有你——想起家乡发生的一切，怎能不叫人绝望呢？然而，这样一种语言如果不是属于一个伟大的民族，是不可置信的啊！

1882年6月

【印度】泰戈尔
郑振铎 译

飞鸟集[①]

泰戈尔（1861～1941），印度诗圣，1913年获诺贝尔文学奖。他的抒情诗集《吉檀迦利》《新月集》《飞鸟集》等给予中国白话诗歌积极的影响。形式精巧、喻象新颖、内蕴丰厚的格言诗《飞鸟集》深受中国读者喜爱。它的天人相通、物我和谐的底蕴与中国传统哲学同脉分枝，它的宗教关怀和自然礼赞有春风风人、春雨雨人的效用，它一以贯之的爱的哲学温暖人心，劝喻人们美丽而谦逊地活着。

世界对着它的爱人，把它浩瀚的面具揭下了。
它变小了，小如一首歌，小如一回永恒的接吻。

幼花开放了它的蓓蕾，叫道："亲爱的世界呀，请不要萎谢了。"

小草呀，你的足步虽小，但是你拥有你足下的土地。

群树如表示大地的愿望似的，竖趾立着，向天空窥望。

安静些吧，我的心，这些大树都是祈祷者呀。

花瓣似的山峰在饮着目光，这山岂不像一朵花吗？

大地借助于绿草，显出她自己的殷勤好客。

绿叶恋爱时便成了花。
花崇拜时便成了果实。

鸟的歌声是曙光从大地反响过去的回声。

鸟儿愿为一朵云。

① 选自华宇清编《吉檀迦利——泰戈尔散文诗选》，浙江文艺出版社，1991年版。本文是节选，并重新排序。

云儿愿为一只鸟。

“你离我有多远呢，果实呀？”
“我是藏在你的心里呢，花呀。”

只管走过去，不必逗留着去采了花朵来保存，因为一路上，花朵自会继续开放的。

如果错过了太阳时你流了泪，那么你也要错过群星了。

樵夫的斧头，问树要斧柄。
树便给了他。

人是一个初生的孩子，他的力量，就是生长的力量。

使生如夏花之绚烂，死如秋叶之静美。

人走进喧哗的群众里去，为的是要淹没他自己的沉默的呼号。

道路虽然拥挤，却是寂寞的，因为它是不被爱的。

我不能选择那最好的。
是那最好的选择我。

最好的东西不是独来的。
他伴了所有的东西同来。

不是槌的打击，乃是水的载歌载舞，使鹅卵石臻于完美。

鸟翼上系上了黄金，这鸟便永不能再在天上翱翔了。

全是理智的心，恰如一柄全是锋刃的刀。
叫使用它的人手上流血。

妇人呀，你用你的眼泪的深邃包绕着世界的心，正如大海包绕着大地。

人类的历史很忍耐地在等待着被侮辱者的胜利。

上帝等待着人在智慧中重新获得童年。

静悄悄的黑夜具有母亲的美丽，而吵闹的白天具有孩子的美。

当人微笑时，世界爱了他。当他大笑时，世界便怕他了。

果实的事业是尊重的，花的事业是甜美的，但是让我做叶的事业罢，叶是谦逊地专心地垂着绿荫的。

蟋蟀的唧唧，夜雨的淅沥，从黑暗中传到我的耳边，好似我已逝的少年时代沙沙地来到我梦境中。

我的忧思缠绕着我，要问我它们自己的名字。

世界以它的痛苦同我接吻，而要求歌声做报酬。

思想以它自己的言语喂养它自己，而成长起来。

压迫着我的，到底是我的想要外出的灵魂呢，还是那世界的灵魂，敲着我心的门，想要进来呢？

静静地坐吧，我的心，不要扬起你的尘土。
让世界自己寻路向你走来。

世界已在早晨敞开了它的光明之心。
出来吧，我的心，带了你的爱去与它相会。

让我设想，在群星之中，有一粒星是指导着我的生命通过不可知的黑暗的。

我有群星在天上，
但是，唉，我屋里的小灯却没有点亮。

我的心呀，从世界的流动中，找你的美吧，正如那小船得到风与水的优美。

大地呀，我到你岸上时是一个陌生人，住在你屋内时是一个宾客，离开你的门时是一个朋友。

让死者有那不朽的名，但让生者有那不朽的爱。

我把小小的礼物留给我所爱的人——大的礼物却留给一切的人。

让我真真实实地活着吧，我的上帝，这样，死对于我也就成了真实的了。

我梦见了一颗星，一个光明的岛屿，我将在那里出生，而在它的快速的闲暇的深处，我的生命将成熟它的事业，像在秋天的阳光之下的稻田。

当我死时，世界呀，请在你的沉默中，替我留着“我已经爱过了”这句话吧。

“我相信你的爱。”让这句话做我的最后的话。

【美国】迪·恩·帕金斯
陈小慰 译

苹果里的星星①

新奇的想象力就是一种创造力。文学作品，有想象力的作品才叫创作，没有想象力的作品只是写作而已。想象力的养成没有踪迹可寻，它的起点却是明确的，那就是，从最微小的事物开始，比如，横切一只苹果。

一个人的错误，有可能侥幸地成为另一个人的发现。

儿子走上前来，向我报告幼儿园里的新闻，说他又学会了新东西，想在我面前显示显示。

他打开抽屉，拿出一把还不该他用的小刀，又从冰箱里取出一只苹果，说："爸爸，我要让您看看里头藏着什么。"

"我知道苹果里面是什么。"我说。

"来，还是让我切给您看看吧。"他说着把苹果一切两半——切错了。我们都知道，正确的切法应该是从茎部切到底部窝凹处。而他呢，却是把苹果横放着，拦腰切下去。然后，他把切好的苹果伸到我的面前："爸爸，看哪，里面有颗星呢。"

真的，从横切面看，苹果核果然显出一个清晰的五角星状。我一生不知吃过多少苹果，总是规规矩矩地按正确的切法把它们一切两半，却从未疑心过还有什么隐藏的图案我尚未发现！于是，在那么一天，我的孩子把这消息带回家来，彻底改变了冥顽不化的我。

无论是谁，第一次切"错"苹果，大凡都仅出于好奇，或由于疏忽所致。让我深深触动的是，这深藏其中，不为人知的图案竟具有如此巨大的魅力。它先从不知什么地方传到我儿子的幼儿园，接着便传给我，现在又传给你们大家。

是的，如果你想知道什么叫创造力，从小处说，就是苹果——切"错"的苹果。

---

① 选自《隽永小品集》，甘肃人民出版社，1989年版。

【古希腊等】无名氏等

短诗10首①

在各种形式的写作者中，诗人的想象力最为奇幻多姿。这里选择了十首短诗，希望能够刺激你的想象力。

古希腊诗人用寓言体诗句讽刺横行霸道又贼喊捉贼的人（《蟹与蛇》）。庄严的英国古典诗人蒲柏也有幽默的时候，将空洞无物的脑袋比作一间无人的空屋（《空屋》）。美国豪放派诗人桑德堡偶尔也轻声细语，雾像小猫一样悄然移动，慢慢地游过城市，雾在这里不仅是风景，可能还象征着工业文明对大地的侵袭（《雾》）。在诗人眼中，寻常景致变得如梦如幻，床前的一片明月光，当成了一纸不知是谁发来的信笺，它轻盈，像一个善意的问候和美好希望，而月光之外的一切，却是沉重无边，无法把握（《我以为看见一封信投在门廊》）。划过天际的一颗流星真真切切就摔碎在我的花园里，成了一地碎玻璃，言外之意是说生命中的美被眼睁睁毁灭破碎（《星》）。“闷热”好像是个活动的黏稠的庞大怪物，它不紧不慢地磨钝梨尖、搓圆葡萄，而耐不住炎夏闷热的人，要用犁耙才能将它翻动，才得以喘息。这是意象派诗人的一个名篇（《热》）。在村野所见，月亮如红脸的农夫，星星是城里小儿，作者似乎话里有话（《秋》）。冬去春来的一刹那被诗人捕捉到了，他看见一柄绿色的剑，一下就刺杀了冬天（《最后的雪》）。又一个春天干干净净来到人间，世界仿佛刚刚被创造出来那样纯洁，所以，“春天的第一朵蒲公英露出它的深信的脸”（《第一朵蒲公英》）。山名佛慧，春日草长，诗人联想：佛头，青了。佛会动情，才亲切；佛与人间气息相通，才可以观世音，度众生啊（《春日远眺佛慧山》）。

① 《蟹与蛇》选自罗念生、水建馥译《古希腊抒情诗选》，湖南人民出版社。《秋》《最后的雪》选自杨宪益译《近代英国诗钞》，人民文学出版社，1983年版。《热》选自赵毅衡编译《美国现代诗选》。《第一朵蒲公英》选自李野光译《惠特曼精选集》，山东文艺出版社，1997年版。《空屋》选自黄杲炘译《英国抒情诗选》，上海译文出版社，1997年版。《春日远眺佛慧山》选自伊沙编《现代诗经》，漓江出版社，2004年版。余三首选自《当代欧美诗选》，春风文艺出版社，1994年版。

蟹与蛇

【古希腊】无名氏

水建馥 译

蟹钳住蛇，
对蛇说：
“朋友，你应伸直。
不要横行。”

空屋

【英国】蒲柏

黄杲炘 译

你拍着脑袋，以为能拍出智慧；
随你去叩吧，根本没人在屋内。

雾

【美国】桑德堡

申奥 译

雾来了
踏着小猫的脚步。
它坐在那儿俯瞰
海港和城市，
静静地蹲着
然后向前游动。

我以为看见一封信投在门廊

【芬兰】依瓦 · 玛纳

北岛 译

我以为看见一封信投在门廊，
可那只是一片月光。
我从地板上拾了起来。

多轻啊，这月光的便笺，

而一切下垂，像铁一样弯曲，在那边。

星

【芬兰】瑟德格兰

飞白 译

黑夜降临，
我站在楼梯上静听，
星星在花园里蜂拥，
而我站在暗中。
听！一颗星叮当一声摔下了地！
不要赤脚走到草地上去呀，
我的花园里满是碎玻璃。

热

【美国】H.D.

赵毅衡 译

哦风，撕开这闷热，
劈开这闷热，
把它剁成碎片。

空气这样黏厚，
果子也落不下来，
果子掉不下，被闷热
紧紧压住，磨钝了
梨子的尖端，
搓圆了葡萄。

劈开这闷热吧——
犁过去，
把它翻开，
抛在两边。

秋

【英国】T.E. 休姆

杨宪益 译

秋夜里一点寒意。
我到外面散步，
看见赤色的树倚在篱边，
如一红脸的村夫。
我没有停止说话，只点点头，
四围有憧憬的星，
脸白，如城里小儿。

最后的雪

【英国】安德鲁 · 扬

杨宪益 译

虽然残雪还流连着
堆在茑萝的钝蹼上，
而把树身一面涂白。
在这有阳光的路上，
新的无名东西出现，
有叶，有苞，下面有茎，
还有土块连在上面，
来指示它们的来因。
无花说出它的名字，
可是一条绿色的箭，
从地下穿过枯叶时，
一下就刺杀了冬天。

第一朵蒲公英

【美国】惠特曼

李野光 译

单纯，清新，美丽，从寒冬结束时出现，

好像这世界从没有过时髦、交易和政治手腕，
从它那草丛中阳光充足的角落里冒出
　　——天真的，金黄的，宁静如黎明，
春天第一朵蒲公英露出它的深信的脸。

春日远眺佛慧山

【中国】孔孚

佛头
青了

【日本】小林一茶

俳句10首①

俳句是日本传统的一种微型诗歌，形式上有点类似唐宋词中的短歌调，有音数、句数的限制，常常是见景吐情，似乎随意而作，其实多具深意。

小林一茶（1763～1827），日本俳句大师，幼年失母，一生不幸，到处流浪。他的俳风朴实，对微小事物深含悲悯情怀，哀而不怨，在幽默中带点苦味。这里所选的十首俳句，集中表达两个主题：对小动物的慈爱温情，对故乡的刻骨思恋。留心俳句的语言，如何在朴素中见深意，平凡中出新意。

山中明月夜，独照盗花人。

瘦蛙莫认输，有我一茶农。

（以上杨烈 译）

别拍打呀，苍蝇手揖脚跪啦！

（周作人 译）

前生我们是堂兄弟吗？
布谷鸟。

女儿看啊，
正被卖身去的萤火虫。

（注：夏天有钱人买萤火虫，装在纱袋里，悬在室内，或放在院子里飞翔，以供玩乐。）

春雨纷纷落，
吃剩的鸭子叫着。

① 杨烈译诗选自华宇清编撰《金果小枝——外国历代著名短诗欣赏》，黑龙江人民出版社，1982年版。林林译诗选自《日本古典俳句选》，湖南人民出版社，1983年版。

（注：冬天捕到的野鸭，大多已经吃掉，有的留到春来时还在叫着，被认为是吃剩的。）

故乡呀，
挨着碰着，
都是带刺的花。

我生地的故乡，
那儿的草，
可以做饼哩！

像“大”字一样躺着，
又凉爽又无聊。

有个家，
再建个水仙园吧。

（以上林林 译）

【葡萄牙】佩索阿

韩少功 译

惶然录[①]（2则）

佩索阿（1888~1935），葡萄牙作家，生前默默无闻，死后饱受盛誉，人称“欧洲现代主义的核心人物”“最能深化人们心灵”的写作者。《惶然录》是他晚年在极度孤寂中写作的零星随笔结集。译者韩少功评说：他“一次次把自己逼向终极性绝境，以亲证人类心灵自我粉碎和自我重建的一个个可能性”。“其惊心动魄的自我紧张和对峙，不是每一个人都能轻易得到的内心奇观，更不是每一个人都敢于面对的精神挑战。”把事情做到极致，正是每一个文学大家的必由之路。

我游历第八大洲

佩索阿自称是一个“不动的旅行者”，他如此瞧不起实地旅行：“我对世界七大洲的任何地方既没有兴趣，也没有真正去看过。我游历我自己的第八大洲。”世界第八大洲在哪里？在每个人的脑海里。不过，肚子里有货，脑子里才会有想象。台湾作家李敖，以博学与狂傲名世，他对旅行的观点，也与佩索阿不谋而合。

有一种关于知识的学问，我们通常定义为“学问”。也有一种关于理解的学问，我们称其为“文化”。但是，还有一种关于感觉的学问。

这种学问与人的生活经验没有什么关系。生活经验就像历史，不能给我们什么教益。真正的体验包含两个方面：弱化一个人与现实的联系，与此同时又强化一个人对这种联系的分析。以这种方式，无论我们内心中发生了什么事情，人的感觉可以变得深入和广阔，足以使我们把这些事情找出来，并且知道如何去找。

什么是旅行？旅行有何用处？一个落日，同另一个落日太像了，你无须到康士坦丁堡去刻意地看一下某个落日。而旅行会给我们带来什么样的自由感？我可以享乐于一次仅仅是从里斯本到本弗卡的旅行，比起某一个人从里斯本到中国的旅

① 选自费尔南多·佩索阿《惶然录》，韩少功译，上海文艺出版社，1999年版。

行来说，我的自由感可以更加强烈。因为在我看来，如果自由感不备于我的话，那么它就无处可寻。“任何一条道路，”卡莱尔说，“通向N市的任何一条道路，都可以把你引向世界的终点。”但是，通向N市的道路，如果随后顺利到达了世界的终点，同样会引导我们径直返回N市。这就意味着，作为我们起点的N市，一开始也是我们启程以求的“世界终点”。

孔狄亚克（18世纪法国哲学家——译者注）在一本著名著作中，一开始就说：“无论我们爬得多高，也无论我们跌得多深，我们都无法逃出自己的感觉。”我们从来不能从自己体内抽身而去。我们从来不能成为另外的一人，除非运用我们对自己的想象性感觉，我们才能他变。真正的景观是我们自己创造的，因为我们是它们的上帝。它们在我们眼里实际的样子，恰恰就是它们被造就的样子。我对世界七大洲的任何地方既没有兴趣，也没有真正去看过。我游历我自己的第八大洲。

有些人航游了每一个大洋，但很少航游他自己的单调。我的航程比所有人的都要遥远。我见过的高山多于地球上所有存在的高山。我走过的城市多于已经建起来的城市。我渡过的大河在一个不可能的世界里奔流不息，在我沉思的凝视下确凿无疑地奔流。如果旅行的话，我只能找到一个模糊不清的复制品，它复制着我无须旅行就已经看见了的东西。

其他旅行者访问一些国家时，所作所为就像无名的流浪者。而在我访问过的国家里，我不仅仅有隐名旅行者所能感觉到的暗自喜悦，而且是统治那里的国王陛下，是生活在那里的人民以及他们的习俗，是那些人民以及其他民族的整个历史。我看见了的那些景观和那些房屋，都是上帝用我想象的材料创造出来的。我就是它们。

活着使我迷醉

“有一件事足以迷醉我，那就是活着。”人间芸芸众生，有谁会把“活着”当一件稀奇事，更何从去谈“迷醉”？惯于“梦游”的佩索阿似乎一天要生活两遍——一遍是与人雷同的日常生活，一遍是在梦境中、或者说创造性的想象中所经历的只属于自己的生活。“在这个雷同的后面，我偷偷地把星星散布于自己个人的天空，在那里创造我的无限。”这可能就是当作家的好处之一了，他可以比常人多活一遍。

我梦境纷纷的时候，总是自己走到大街上去的时候，眼睛张开，却仍然安然无恙地被梦境包藏。我很得意，有那么多人无法察觉我无魂的自动。我走过每天的生活，仍然可以握住我星空中太太的手。我走在街上的脚步，也可以与我梦中想象的种种模糊设计协调一致。我还能在街上横冲直撞：不会跌跤。我应该有所反应的时候决不会误事。我存在着。

我常常不必观察自己下一步的去处以避开汽车和行人，在这样的时候，我不必向任何人问话也不必拐入近处的门道，我让自己更多地像一只纸船漂流在梦想的海洋上。我重访死去的幻象，让这些幻象温暖着我关于早晨的朦胧感觉，以及在卡车声中卷入生活的感觉——这些卡车把菜送到市场上去。

在这里，在生活之中，梦想成为一个巨大的电影银幕。我走入贝克萨区的一条梦境之街，走入其中的梦幻化现实，我的双眼被温柔地蒙上一道虚假记忆的白眼罩。我成为一位航海者，穿越无法知解的我。我占领了自己甚至从来没有造访过的地方。像一抹清新的微风，我在这种催眠的状态中走着，引颈向前，大踏步走在不可能的存在之上。

我们中的每一个人都迷醉于各个不同的事情。有一件事足以迷醉我，那就是活着。我豪饮自己流动的感受但决不会迷路。如果眼下到了回去干活的时间，走向办公室的我恰如他人。如果眼下没有这回事，我就走到河边去看水流，再一次恰如他人。我不折不扣与他们雷同。但在这个雷同的后面，我偷偷地把星星散布于自己个人的天空，在那里创造我的无限。

【中国】陶泰忠等

喊叫水①

电视上你方唱罢我登场的各色人等，报刊上七嘴八舌街谈巷议的各类文章，虽然我们天天接触，但绝不代表社会的全部，他们多半是浮游在生活的水面上的一些五光十色的表象。更丰富的真实的生活在底层，在民间，而民间的底层往往是无言的。把这些底层的声音传达出来，就是为民立言，就是好文章。几位出色的作家与电视台合作，沿着古长城一路探访，为北方边塞的民间生活把脉，写出《东方老墙——万里长城写真》的系列电视专题脚本，这里选择了其中的一个专题：《喊叫水》。

"喊叫水"，一个听起来浪漫的词语下面，呈现的是一个干涸的现实——与万里长城终年相伴的，是令人心悸的干旱！在缺水的地方如何生存？长城一线的众多百姓，千百年来依然谦卑而顽强地生存下来了，生命之源的稀缺，并没有令古边关成为人迹罕至之所。人们卑微的求生方式、对水的异常珍惜、对天地的虔敬态度，都因此发生切实的变化。肮脏的冰块、雨水与兽粪混杂的水窖、新媳妇回娘家的礼物是一罐清水……这就是人们赖以维生的水，这不是天方夜谭，这是现实。

中国一直号称地大物博，但是水资源极度缺乏。用着哗哗流淌的自来水的人们，很难设想这样的生活。珍惜水的广告很多，其中一个大意是：如果你浪费水，那么地球上最后一滴水将是你的眼泪。因为是电视片解说词，本文的文体有点特别，有大量的分镜头说明，与叙述的文字交织出现，表现在电视上，就是画面与解说。

一条不知干涸了几个世纪的河。

干燥的沙石。

壁立千仞的黄土崖。

千沟万壑。

黄土无堆。

---

① 选自《东方老墙——万里长城写真》，江苏文艺出版社，1991年版。

无声。

令人窒息的黄色。

慵倦的牛。

慵倦的羊。

慵倦的牧童。

从什么地方飘来一声叮咚的滴水声。

牛的眼睛在搜寻。

羊的眼睛在搜寻。

牧童也在张望。

依然无声。

黄土漫漫。

沟壑纵横。

被称为“挂地”的陡坡上的梯田。

视点渐远——

凝然不动的人。

一切像是贴在黄色的峭壁上。

在一次采访中，我们第一次见到了那个令人触目惊心的地名……

汽车在黄土路上颠簸行驶。

车窗外迎面而来的黄土梁。

黄土路在晃动

山梁在晃动。

灰土蒙蒙。

一个陈旧的地名牌由远及近。

三个大字跃入眼帘：

喊叫水

一首无词歌：“嗷……”

这是从大地龟裂的胸腔里发出的喊叫吗？

“水会”上朝天吹奏的长唢呐。

祈水的人群……

这一切似乎都印在了“喊叫水”的地名牌上。

相传，忠勇爱国的女将穆桂英，镇守三关，抗击敌寇，一天率兵追敌历经险阻，来到今同心县西北处。正是溽暑，骄阳似火，却滴水难见。一匹战马大汗淋漓，士兵干渴难熬。军心动荡，人喊马嘶……

不一会儿，一块寸草不生的干滩出现了一方潮湿的绿地。战马嗅到水味，四蹄猛刨，竟刨出了一眼泉水。

这里从此便有了一个脆亮的名字："喊叫水"。

在长城沿线，以水命名的地名可就太多了。长流水、一碗泉、甜水塘、迎水桥……

可是水又在哪里呢？

与长城终年相伴的，是令人心悸的干旱！

铁镐在奋力刨冰。
混浊的冰沫四溅。
一把又一把刨冰的铁镐。
背冰回村的大人小孩。

冬天，人们就在为春天发愁。这些肮脏的冰块将被精心收藏……

晨曦初现。
无数移动的人影。
长龙般的队伍。
无数的桶、罐连起的队伍。
顺着队伍往前……
岩石。
缓缓的滴水声。
接水的小罐。
往前缓慢移动的桶。
人声嘈杂。
自行车铃声。
公路。
驴嘶。
驮水的车。
挂在自行车两边的塑料桶。
骑车人身上左缠右绕的装满水的自行车内胎。

春天和夏天，人们每天早晨都要奔波在这样的路上……

自行车内胎里的水哗哗流下。

水窖。

浅而黑的窖水。

这样的水窖是长城沿线的山西、陕西、宁夏、甘肃独有的。人们就用它蓄水，人们就靠它活命。下雨时，雨水、羊粪、泥浆都流入这方方的小口。

谁也不能离开它。

每家人都把它看成生命的泉眼。

关于水，这里有多少离奇的传闻。

有一个新媳妇回娘家，她带的礼物就是一罐清水。可是她刚进屋坐下，房梁上就飞下干渴的麻雀，扑到水罐上……

大旱之年，政府派汽车连日往这里送水。几天后，只要送水车一在公路上出现，满山的牛都会嗥叫起来，撒蹄奔去……

水！

水……

让我们来看看缺水的人们是怎么生活的。

一户普通家庭。

滴水贵如油。

一盆水多用。

下雨时，一家人全跑到柏油马路上抢时间在地上洗衣服……

这里土地贫瘠，遇有大旱，五谷枯干，疫病猖獗，于是，民间祈雨活动便盛行不衰……

悠远的锣声。

长唢呐向天高奏。

“朝山供水”四个大字——

写着四个字的是一顶朝天冠。

数百顶朝天冠。

身穿黑色道装的男人组成的仪仗队。

队首的引水锣。

引水幡。

鼓乐喧天。

八抬三霄轿楼。

虎头牌。
九节神鞭。
四十八对绘有神龙飞虎、雷公电母、北斗七星的各色彩旗。
二十名挑着小水桶的献水者。
仪仗队缓步前进……

离喊叫水不远的预旺山区，每年四月望日，要举行“青苗水会”。这个具有道教和佛教双重色彩的水会，顾名思义，是为刚刚出土的庄稼幼苗祈求神助，呼唤甘霖……

行进中的众人口念佛号：

南无佛阿弥陀佛
南无佛无量寿佛
合会人来取水哎
各秉虔诚……
玄天大帝无量寿

取水仪式。
众跪于预先选定的水窖前。
众念祭祈雨“偈子”——

远看南山雾沉沉
近视泉水湛清清
各发虔诚修善果
担上名山献诸神
说是雨来雨是精
出自五湖四海中
老天降下太平雨
五谷田苗往上升……

会众们将窖水灌入水桶后，一路上目不斜视，口不闲言，高奏鼓乐，焚香鸣炮……

跪在山道边的民众。
跪在山道边的许许多多怀抱孩子的女人。
众人拦阻取水队伍。

"过关"开始了……据说这是为了消灾禳祸。

取水者举全驾执事，越过"过关"民众。
水桶小心地从婴儿脸的上方移过。
领队者用朱砂水在人们额上点上红点。
队伍来到山顶卧龙寺前。
献水仪式开始……
"偈子"——

众弟子齐跪在梵刹神门
往上看金岱顶雾气腾腾
同献上水一盏普度众生
祈神灵显感应五谷丰登

一人将水舀到佛像前的碟子内。
众人将水泼在寺院。
全体朝山者一齐向神灵叩拜。
众颂——

布雨兴云助太平
滋润万物育众生
从今雨部承天敕
诛恶安良达圣明
五湖四海进香烟
众名百姓来朝山
风调雨顺太平年
五谷丰登万家欢

颂声渐渐模糊。
变成那首无字歌：噉——
水滴声。
滴水声渐强。
流水声。
浪涛翻滚声。
依然是千沟万壑。
依然是无垠的黄土地。
除了黄色还是黄色。

【中国】阿城

遍地风流[1]（3则）

《遍地风流》是阿城的一本笔记体小说，用意在于留住人间曾经存在过的特异之人。这里选的三篇，都是关于“吃喝拉撒”后二字内容的奇异文字，因为少见，所以难得。“吃喝拉撒”，人的日常功课，何以见得议论吃喝就高雅，说点拉撒就卑俗？关键还是看你怎么说吧？怒江上溜索过峡，牛们吓得屎尿横飞，汉子们却如玩过山车；绝壁下视，怒江不过一道细尿流远。这样的人，是自然之子；这样的事，是自然之事（《溜索》）。王建国生于国庆日，在五星红旗下成长。小说为什么安排他在那么“神圣”的地方撒尿？解决之后又为什么“两眼泪水”（《成长》）？紫禁城没有厕所，宫里的人怎么方便？这样偏僻的学问，有民俗史料的价值，若干年后，还有考古学的价值（《厕所》）。

溜索

不信这声音就是怒江。首领也不多说，用小腿磕一下马。马却更觉迟疑，牛们也慢下来。

一只大鹰旋了半圈，忽然一歪身，扎进山那侧的声音里。马帮像是得到信号，都止住了。汉子们全不说话，纷纷翻下马来，走到牛队的前后，猛发一声喊，连珠脆骂，拳打脚踢。铃铛们又慌慌响起来，马帮如极稠的粥，慢慢流向那个山口。

一个钟头之前就感闻到这隐隐闷雷，初不在意，只当是百里之外天公浇地。雷总不停，才渐渐生疑，懒懒问了一句。首领也只懒懒说是怒江，要过溜索了。

山不高，口极狭，仅容得一个半牛过去。不由捏紧了心，准备一睹气贯滇西的那江，却不料转出山口，依然是闷闷的雷。心下大惑，见前边牛们死也不肯再走，就下马向岸前移去。行到岸边，抽一口气，腿子抖起来，如牛一般，不敢再往前动半步。

万丈绝壁飞快垂下去，马帮原来就在这壁顶上。转了多半日，总觉山低风冷，

① 选自《阿城精选集》，北京燕山出版社，2006年版。

却不料一直是在万丈之处盘桓。

怒江自西北天际亮亮而来，深远似涓涓细流，隐隐喧声腾上来，着一派森气。俯望那江，蓦地心中一颤，惨叫一声。急转身，却什么也没有，只是再不轻易向下探视。叫声漫开，撞了对面的壁，又远远荡回来。

首领稳稳坐在马上，笑一笑。那马平时并不觉雄壮，此时却静立如伟人，晃一晃头，鬃飘起来。首领眼睛细成一道缝，先望望天，满脸冷光一闪，又俯身看峡，腮上绷出筋来。汉子们咦咦喂喂地吼起来，停一刻，又吼着撞那回声。声音旋起来，缓缓落下峡去。

牛铃如击在心上，一步一响，马帮向横在峡上的一根索子颤颤移去。

那索似有千钧之力，扯住两岸石壁，谁也动弹不得，仿佛再有锱铢之力加在上面，不是山倾，就是索崩。

首领缓缓移下马，拐着腿走到索前，举手敲一敲那索，索一动不动。首领瞟一眼汉子们。汉子们早蹲在一边吃烟。只有一个精瘦短小的汉子站起来，向峡下弹出一截纸烟，飘飘悠悠，不见去向。瘦小汉子迈着一双细腿，走到索前，从索头扯出一个竹子折的角框，只一跃，腿已入套。脚一用力，飞身离岸，嗖地一下小过去，却发现他腰上还牵一根绳，一端在索头，另一端如带一缕黑烟，弯弯划过峡顶。

那只大鹰在瘦小汉子身下十余丈处移来移去，翅膀尖上几根羽毛被风吹得抖。

再看时，瘦小汉子已到索子向上弯的地方，悄没声地反着倒手拔索，横在索下的绳也一抖一抖地长出去。

大家正睁眼望，对岸一个黑点早停在壁上。不一刻，一个长音飘过来，绳子抖了几抖。又一个汉子站起来，拍拍屁股，抖一抖裤裆，笑一声：“狗日的！”

三条汉子一个一个小过去。首领哑声说道：“可还歇？”余下的汉子们慢声应道：“不消。”纷纷走到牛队里卸驮子。

牛们早卧在地下，两眼哀哀地慢慢眨。两个汉子拽起一条牛，骂着赶到索头。那牛软下去，淌出两滴泪，大眼失了神，皮肉开始抖起来。汉子们缚了它的四蹄，挂在角框上，又将绳扣住框，发一声喊，猛力一推。牛嘴咧开，叫不出声，皮肉抖得模糊一层，屎尿尽数撒泄，飞起多高，又纷纷扬扬，星散坠下峡去。过了索子一多半，那边的汉子们用力飞快地收绳，牛倒垂着，升到对岸。

这边的牛们都哀哀地叫着，汉子们并不理会，仍一头一头推过去。牛们如商量好的，不例外都是一路屎尿，皮肉疯了一样抖。

之后是运驮子，就玩一般了。这岸的汉子们也一个接一个飞身小过去。

战战兢兢跨上角框，首领吼一声：“往下看不得，命在天上！”猛一送，只觉耳边生风，聋了一般，任什么也听不见，僵着脖颈盯住天，倒像俯身看海。那海慢慢一旋，无波无浪，却深得令人眼呆，又透远得欲呕。自觉慢了一下，急忙伸手在索上向身后拔去。这索由十几股竹皮扭绞而成，磨得赛刀。手划出血来，黏黏的反倒抓得紧索。手一松开，撕得钻心一疼，不及多想，赶紧倒上去抓住。渐渐就有血溅到唇上、鼻子，自然顾不到，命在天上。

猛然耳边有人笑："莫抓住鸡巴不撒手，看脚底板！"方才觉出已到索头，几个汉子笑着在吃烟，眼纹一直扯到耳边。

慎慎地下来，腿子抖得站不住，脚倒像生下来第一遭知道世界上还有土地，亲亲热热跺几下。小肚子胀得紧，阳物酥酥的，像有尿，却不敢撒，生怕走了气再也立不住了。

眼珠涩涩的，使劲挤一下，端着两手，不敢放下。猛听得空中一声唿哨，尖得直入脑髓，腰背颤一下。回身却见首领早已飞到索头，抽身跃下，拐着腿弹一弹，走到汉子们跟前。有人递过一支烟，嚓地一声点好。烟浓浓地在首领脸前聚了一下，又忽地被风吹散，扬起数点火星。

牛马们还卧在地下，皮肉乱抖，半个钟头立不起来。

首领与两个汉子走到绝壁前，扯下裤腰，弯弯地撒出一道尿，落下不到几尺，就被风吹得散开，顺峡向东南飘走。万丈下的怒江，倒像是一股尿水，细细流着。

那鹰斜移着，忽然一栽身，射到壁上，顷刻又飞起来，翅膀一鼓一鼓地扇动。首领把裤腰塞紧，曲着眼望那鹰，抖一抖裆，说："蛇？"几个汉子也望那鹰，都说："是呢，蛇。"

牛们终于又上了驮，铃铛朗朗响着，急急地要离开这里。上得马上，才觉出一身黏汗，风吹得身子抖起来。手掌向上托着，寻思几时才能有水洗一洗血肉。顺风扩一扩腮，出一口长气，又觉出闷雷原来一直响着。俯在马上再看怒江，干干地咽一咽，寻不着那鹰。

成长

王建国生于一九四九年十月一日。

母亲生他的时候，发生难产。医生说，需要产妇的先生签字，是要孩子，还是要大人。等在产科外面的父亲首先纠正说，时代变了，不要叫先生，要叫同志，或者说，孩子的父亲。护士说，好，可以叫同志，孩子现在还不知道生不生得出来，所以还不知道可不可以称父亲，现在要你签字，是保产妇，还是保胎儿？

父亲说，两个人都要。于是剖腹。从肚脐到阴阜竖着剖开，取出婴儿，缝上刀口，日后母亲肚子上留下一条长长的亮疤。

父亲晚上独自回家，长安街上的游行尚未结束，许多人手上举着火把，蜡烛，呼着口号，并不整齐地通过天安门的前面。长安街上有重炮车碾出的轮子印。

父亲想好了，孩子的名，就叫个建国。

建国长到七岁，上学了。第一天老师点名，叫王建国，站起来两个，还有一个也叫建国，但姓李，没有站起来。学校教导处调整了一下，将名为建国而同姓的学生分到不同的班，于是王建国和李建国还在原来的班。

学校开大会的时候，校长，教导主任点名表扬学生，要很清楚地说明，某年某班的张建国或李建国或赵建国或孙建国或刘建国或王建国如何如何。

学校里的老师常常议论的是一个学生叫蒋建国，有老师建议家长应该给孩子改一下名字，家长很愤怒，说，姓蒋的就不能叫建国了吗？老师认为姓蒋的家长没有体会出问题的实质。

王建国到四年级的时候，老师出了一道作文题：在红旗下长大。王建国写了四百多字，老师认为很好，在班上读了。

五年级的时候，又有一道作文题叫：在红旗下成长。王建国写了一千多个字，老师认为很好，在班上读了，并且推荐给北京市教育局，收进小学生作文选。

考初中的时候，语文试题发下来，王建国打开卷子一看，在五星红旗下成长。想起老师在考试前教的办法是先做会做的题，再做要想一下才会做的题，最后做难题，于是提笔开始写作文，把附在考卷之外的一张白纸也写了一半。

王建国考上一个很好的中学，当了班长，初二就入了共产主义青年团，做过班上的团支部书记和校团委书记。上到高中一年级的时候，校党委书记已经和王建国谈过话，让他提前写入党申请书。教导处也写过报告，推荐重点培养王建国为高中毕业后保送苏联留学的苗子。

但是一九六六年“文化大革命”了，那一年所有叫建国的孩子十七岁。

王建国后来上山下乡，又转回北京，谋到建筑公司的一个工作，捆钢筋。一九七六年的四五，王建国也写了一首诗，贴到天安门广场。还是一九七六年，建筑公司调到毛主席纪念堂工地，王建国还是捆钢筋。王建国在顶层捆了四个小时后，尿憋了。建筑工的老规矩是就地解决，上上下下几十米高，是合理的。老工人传下来的说法是，撒了拉了才结实。王建国问了班长，班长说上头讨论过了，可以，可也别像以前那么明显。

王建国找了一处，向下看看天安门广场，五星红旗在远处呼啦啦地飘，毛主席他老人家在更远的天安门城楼的像上看着他，左边人民大会堂，右边中国历史博物馆和中国革命历史博物馆，近处是人民英雄纪念碑，纪念堂比纪念碑高，所以看得见纪念碑真正的顶。

高处有风，王建国解决问题后，抖了一下，两眼泪水。

厕所

北京是皇城，皇城的皇城是紫禁城。说来话近，民国时将宣统逐出后，将这个大院子用作博物院，凡国民都可进去参观。于是，紫禁城里就永远有走着的国民和坐着的国民，坐着的是走累了的国民。只要紫禁城里不通汽车，大院子里就永远有走着的国民和走累了坐着的国民，因为紫禁城大，而且不可能改小。

这个道理，老吴是早就想通了。

老吴想不通的是，老吴当时在珍宝馆外的公共厕所外排队，生理上有点儿急，所以忽然想不通早年皇上太监三宫六院御林军上朝的文武大臣，这么多人每天在哪儿上厕所？老吴怀了这个心，专门来了三个礼拜天的故宫，结论是当年没厕所，因为考察下来，现在的公共厕所，都是将当年的小间屋改建或新建的。

老吴于是很替皇家古人担忧。

老吴从学术的立场对吃的问题不操心，但一旦吃了，排泄就是一定的了，这个肯定的问题怎么找不到肯定的解决空间呢？吃在皇家不成问题，排泄在老吴的心里倒是个问题了。

老吴于是去找老申。老申八十了，当年在宫里做过粗使太监，现在孤身一人住在朝阳门内大街。老吴找到老申，请教了，老申细着嗓子说，嗐，用桶，桶底铺上炒焦了的枣儿，屎砸下去，枣儿轻，会转圈儿，屎就沉到底下。焦枣儿又香，拉什么味儿的都能遮住。宫里单有太监管把桶抬出去。

老吴问抬到哪儿去？老申说抬出宫去。老吴又问抬出宫再抬到哪儿去？老申就支支吾吾，说自己不是干抬屎专业的。这几年太监成了国宝，经常上电影，老申答不了老吴的问题，有点挂不住，就转了话题透露给老吴太监也有性生活的秘密。

回家后，老吴一边儿感叹焦枣儿粪桶的实际与气派，一边儿到街上公共厕所解决一时之私。

北京人称公共厕所为官茅房。老吴认为这可能是因为最早的街上厕所是官家修的，所以叫官茅房。但这个“最早”早到什么时候，老吴还没考证出来。明清还是民国？也许元大都的时候就有了？总之发明权不在人民政府，要不怎么不叫人民厕所呢？

公共厕所的八个坑儿蹲了四个，都是熟邻居，正议论宣武区虎坊桥新盖了个官茅房，有个小子没房结婚，连夜把男厕的坑儿填了当洞房，今儿早上大家伙儿一推门，新娘新郎两口子正度蜜月呢！

正笑着，老吴旁边儿的人问老吴，你有富余的纸吗？

老吴明白旁边儿这位没带擦的纸，就直起腰掏兜儿，一掏，才知道自己也没带，就问另外的人，您带的纸有富余吗？

问来问去，原来四个人都没带纸，就又聊起来，等等看再有人来的结果。

果然又来了个人，大家先不好意思问，等那个解了裤子蹲下了，老吴问您带的纸有多吗我们几位巧了都忘了带纸。那人一惊，说，坏了坏了我以为这官茅房里有人就有纸就进来了。

五个人都不说话，听隔壁女厕所有人聊天，也是没办法。

等了近一个钟头，官茅房里居然再没进来人。大家开始怨政府，说官茅房里应该有纸给大家用嘛。老吴说，自己没带就说自己没带，政府管天管地还管擦屁股纸？政府还给你们焦枣儿呢！其他四个人看着老吴，不明白“焦枣儿”是什么意思，也不明白老吴怎么突然站起来了。

老吴系好裤子，说，我的晾干了。

【中国】冯骥才

俗世奇人[1]（2则）

天津作家冯骥才（1942年生）为家乡的“奇人”立传，写下一本《俗世奇人》的短篇小说集，文字间透出的天津卫口语气息，别有风味。既然是奇人，必有奇事，说破了败看官的兴，自己读吧。读完了，玩味一下“苏七块”的“规矩”和“泥人张”的骨气。

苏七块

苏大夫本名苏金散，民国初年在小白楼一带，开所行医，正骨拿环，天津卫挂头牌。连洋人赛马，折胳膊断腿，也来求他。

他人高袍长，手瘦有劲，五十开外，红唇皓齿，眸子赛灯，下巴颏儿一绺山羊须，浸了油赛[2]的乌黑锃亮。张口说话，声音打胸腔出来，带着丹田气，远近一样响，要是当年入班学戏，保准是金少山的冤家对头。他手下动作更是“干净麻利快”，逢到有人伤筋断骨找他来，他呢？手指一触，隔皮截肉，里头怎么回事，立时心明眼亮。忽然双手赛一对白鸟，上下翻飞，疾如闪电，只听“咔嚓咔嚓”，不等病人觉疼，断骨头就接上了。贴块膏药，上了夹板，病人回去自好。倘若再来，一准是鞠大躬谢大恩送大匾来了。

人有了能耐，脾气准各色。苏大夫有个各色的规矩，凡来瞧病，无论贫富亲疏，必得先拿七块银元码在台子上，他才肯瞧病，否则决不搭理。这叫嘛规矩？他就这规矩！人家骂他认钱不认人，能耐就值七块，因故得个挨贬的绰号叫做：苏七块。当面称他苏大夫，背后叫他苏七块，谁也不知他的大名苏金散了。

苏大夫好打牌，一日闲着，两位牌友来玩，三缺一，便把街北不远的牙医华大夫请来，凑上一桌。玩得正来神儿，忽然三轮车夫张四闯进来，往门上一靠，右手托着左胳膊肘，脑袋瓜淌汗，脖子周围的小褂湿了一圈，显然摔坏胳膊，疼得够劲。可三轮车夫都是赚一天吃一天，哪拿得出七块银元？他说先欠着苏大夫，过后准还，说话时还哼哟哼哟叫疼。谁料苏大夫听赛没听，照样摸牌看牌算牌打

---

① 选自冯骥才《俗世奇人》，作家出版社，2000年版。

② 赛：天津地方土语，有“好像”或“似”之意。

牌，或喜或忧或惊或装作不惊，脑子全在牌桌上。一位牌友看不过去，使手指指门外，苏大夫眼睛仍不离牌。“苏七块”这绰号就表现得斩钉截铁了。

牙医华大夫出名的心善，他推说去撒尿，离开牌桌走到后院，钻出后门，绕到前街，远远把靠在门边的张四悄悄招呼过来，打怀里摸出七块银元给了他。不等张四感激，转身打原道返回，进屋坐回牌桌，若无其事地接着打牌。

过一会儿，张四歪歪扭扭走进屋，把七块银元“哗”地往台子上一码，这下比按铃还快，苏大夫已然站在张四面前，挽起袖子，把张四的胳膊放在台子上，捏几下骨头，跟手左拉右推，下顶上压。张四抽肩缩颈闭眼龇牙，预备重重挨几下，苏大夫却说：“接上了。”当下便涂上药膏，夹上夹板，还给张四几包活血止疼口服的药面子。张四说他再没钱付药款，苏大夫只说了句：“这药我送了。”便回到牌桌旁。

今儿的牌各有输赢，更是没完没了，直到点灯时分，肚子空得直叫，大家才散。临出门时，苏大夫伸出瘦手，拦住华大夫，留他有事。待那二位牌友走后，他打自己座位前那堆银元里取出七块，往华大夫手心一放。在华大夫惊愕中说道：

“有句话，还得跟您说。您别以为我这人心地不善，只是我立的这规矩不能改！”

华大夫把这话带回去，琢磨了三天三夜，到底也没琢磨透苏大夫这话里的深意。但他打心眼儿里钦佩苏大夫这事这理这人。

泥人张

手艺道上的人，捏泥人的“泥人张”排第一。而且，有第一，没第二，第三差着十万八千里。

泥人张大名叫张明山。咸丰年间常去的地方有两处。一是东北城角的戏剧大观楼，一是北关口的饭馆天庆馆。坐在那儿，为了瞧各样的人，也为捏各样的人。去大观楼要看戏台上的各种角色，去天庆馆要看人世间的各种角色。这后一种的样儿更多。

那天下雨，他一个人坐在天庆馆里饮酒，一边留神四下里吃客们的模样。这当儿，打外边进来三个人。中间一位穿得阔绰，大脑袋，中溜个子，挺着肚子，架势挺牛，横冲直撞往里走。站在迎门桌子上的“撂高的”一瞅，赶紧吆喝着：“益照临的张五爷可是稀客，贵客，张五爷这儿总共三位——里边请！”

一听这喊话，吃饭的人都停住嘴巴，甚至放下筷子瞧瞧这位大名鼎鼎的张五爷。当下，城里城外气最冲的要算这位靠着贩盐赚下金山的张锦文。他当年由于为盛京将军海仁卖过命，被海大人收为义子，排行老五，所以又有“海张五”一称。但人家当面叫他张五爷，背后叫他海张五。天津卫是做买卖的地界儿，谁有钱谁横，官儿也怵三分。

可是手艺人除外。手艺人靠手吃饭，求谁？怵谁？故此，泥人张只管饮酒，吃菜，西瞧东看，全然没把海张五当个人物。

但是不会儿，就听海张五那边议论起他来。有个细嗓门的说：“人家台下一边看戏，一边手在袖子里捏泥人。捏完拿出来一瞧，台上的嘛样，他捏的嘛样。”跟着就是海张五的大粗嗓门说：“在哪儿捏？在袖子里捏？在裤裆里捏吧！”随后一阵笑，拿泥人张找乐子。

这些话天庆馆里的人全都听见了。人们等着瞧艺高胆大的泥人张怎么“回报”海张五。一个泥团儿砍过去？

只见人家泥人张听赛没听，左手伸到桌子下边，大鞋底下抠下一块泥巴。右手依然端杯饮酒，眼睛也只瞅着桌上的酒菜，这左手便摆弄起这团泥巴来；几个手指飞快捏弄，比变戏法的刘秃子的手还灵巧。海张五那边还在不停地找乐子，泥人张这边肯定把那些话在他手里这团泥土全找回来了。随后手一停，他把这团往桌上“叭”地一截，起身去柜台结账。

吃饭的人伸脖一瞧，这泥人真捏绝了！就赛把海张五的脑袋割下来放在桌上一般。瓢似的脑袋，小鼓眼，一脸狂气，比海张五还像海张五。只是只有核桃大小。

海张五在那边，隔着两丈远就看出捏的是他，他朝着正出门的泥人张的背影叫道：“这破手艺也想赚钱，贱卖都没人要。”

泥人张头都没回，撑开伞走了。但天津卫的事没有这样完的——

第二天，北门外估衣街的几个小杂货摊上，摆出来一排排海张五这个泥像，还加了个身子，大模大样坐在那里。而且是翻模子扣的，成批生产，足有一二百个。摊上还都贴着个白纸条，上面使墨笔写着：

贱卖海张五

估衣街上来来往往的人，谁看谁乐。乐完找熟人来看，再一块儿乐。

三天后，海张五派人花了大价钱，才把这些泥人全买走，据说连泥模子也买走了。泥人是没了，可“贱卖海张五”这事却传了一百多年，直到今儿个。

【中国】萧乾

京白与吆喝[1]

一种语言就是一种文化，一种方言就是一种地域风俗文化。普通话是北京语音与北方方言嫁接的品种，与老北京话——北京方言不是一回事。地道的"京白"委婉多姿，在普通话里多被简化了。北京城的叫卖声也"吆喝"得有滋有味，可惜现代多已消逝。在老作家萧乾（1910~1999）笔下，这一份语言中的民俗被演绎得妙趣横生，也提醒读者关注自家方言中的神韵。

京白

50年代为了听点儿纯粹的北京话，我常出前门去赶相声大会。现在除了说老段子，一般都用普通话了。虽然未免有点儿可惜，可我估摸着他们也是不得已。您想，现今北京城扩大了多少倍！两湖两广陕甘宁，真正的老北京早成"少数民族"啦。要是把话说纯了，多少人能听得懂！印成书还能加个注儿。台上演的，台下要是不懂，没人乐，那不就砸锅啦！

所以我这篇小文也不能用纯京白写下去啦。我得花搭着来——"花搭"这个词儿，作兴就会有人不懂。它跟"清一色"正相反：就是京白和普通话掺着来。

京白最讲究分寸了。前些日子从南方来了位愣小伙子来看我，忽然间他问我："你几岁了？"我听了好不是滋味儿。瞅见怀里抱着的，手里拉着的娃娃才那么问哪。稍微大点儿，上中学的，就得问："十几啦？"问成人"多大年纪"。有时中年人也问"贵庚"，问老年人"高寿"，可那是客套了，我赞成朴素点儿。

北京话里，三十"来"岁跟三十"几"岁可不是一码事。三十"来"岁是指二十七八，快三十了。三十"几"岁，就是三十出头了。就是夸起什么来，也有分寸。起码有三档。"挺"好和"顶"好发音近似，其实还差着一档。"挺"相当于文言的"颇"，褒语最低的一档是"不赖"，就是现在常说的"还可以"。代名词"我们"和"咱们"在用法上也有讲究。"咱们"一般包括对方，"我们"有时候不包括。

① 选自萧乾《北京城杂忆》，三联书店，1999年版。标题为编者所拟。

“你们是上海人，我们是北京人，咱们都是中国人。”

京白最大的特点是委婉。常听人抱怨如今的售货员说话生硬——可那总比待理不理强哪。从前，你只要往柜台前头一站，柜台里头的就会跑过来问：“您来点儿什么？”“哪件可您的心意？”看出你不想买，就打消顾虑说：“您随便儿看，买不买没关系。”

委婉还表现在使用导语上。现在讲究直来直去，倒是省力气，有好处。可有时候猛孤丁来一句，会吓人一跳。导语就是在说正话之前，先来上半句话打个招呼。比方说，知道你想见一个人，可他走啦。开头先说：“您猜怎么着——”要是闲话转入正题，先说声：“喂，说正格的——”就是希望你严肃对待他底下的这段话。

委婉还是表现在口气和角度上。现在骑车的要行人让路，不是按铃，就是硬闯，最客气的才说声“靠边儿”。我年轻时，最起码也得说声“借光”。会说话的，在“借光”之外，再加上句“溅身泥”这就替行人着想了，怕脏了您的衣服。这种对行人的体贴往往比光喊一声“借光”来得有效。

京白里有些词儿用得妙。现在夸朋友的女儿貌美，大概都说：“长得多漂亮啊！”京白可比那花哨。先来一声“哟”，表示惊讶，然后才说：“瞧您这闺女模样儿出落得多水灵啊！”相形之下，“长得”死板了点儿，“出落”就带有“发展中”的含义，以后还会更美；而“水灵”这个字除了静的形态（五官端正）之外，还包含着雅、娇、甜、嫩等等素质。

名物词后边加“儿”字是京白最显著的特征，也是说得地道不地道的试金石。已故文学翻译家傅雷是语言大师。50年代我经手过他的稿子，译文既严谨又流畅，连每个标点都经过周详的仔细斟酌，真是无懈可击。然而他有个特点：是上海人可偏偏喜欢用京白译书。有人说他的稿子不许人动一个字。我就在稿中“儿”字的用法上提过些意见，他都十分虚心地照改了。

正像英语里冠语的用法，这“儿”字也有点儿捉摸不定。大体上说，“儿”字有“小”之意，因而也往往带有爱昵[①]之意。小孩加“儿”字，大人后头就不能加，除非是挖苦一个佯装成人老气横秋的后生，说：“喝，你成了个小大人儿啦。”反之，一切庞然大物都加不得“儿”字，比如学校、工厂、鼓楼或衙门。马路不加，可“走小道儿”、“转个弯儿”就加了。当然，小时候也听人管太阳叫过“老爷儿”。那是表示亲热，把它人格化了。问老人“您身子骨儿可硬朗啊”，就比“身体好啊”亲切委婉多了。

京白并不都娓娓动听。北京人要骂起街来，也真不含糊。我小时，学校每年

① 爱昵（nì）：亲热。

办冬赈[1]之前，先派学生去左近一带贫民家里调查，然后，按贫穷程度发给不同级别的领物证。有一回我参加了调查工作，刚一进胡同，就看见显然在那儿巡风的小孩跑回家报告了。我们走进那家一看，哎呀，大冬天的，连床被子也没有，几口人全蜷缩在炕角上。当然该给甲级喽。临出门，我多了个心眼儿，朝院里的茅厕探了探头。喝，两把椅子上是高高一叠新棉被。于是，我们就要女主人交出那甲级证。她先是甜言蜜语地苦苦哀求。后来看出不灵了，系了红兜肚的女人就叉腰横堵在门槛上，足足骂了我们一刻钟，而且一个字儿也不重，从三姑六婆一直骂到了动植物。

《日出》写妓院的第三幕里，有个家伙骂了一句“我教你养孩子没屁股眼儿”，咒得有多狠！

可北京更讲究损人——就是骂人不带脏字儿。挨声骂，当时不好受。可要挨句损，能叫你恶心半年。

有一年冬天，我雪后骑车走过东交民巷，因为路面滑，车一歪，差点儿把旁边一位骑车的仁兄碰倒。他斜着瞅了我一眼说：“嗨，别在这儿练车呀！”一句话就从根本上把我骑车的资格给否定了。还有一回因为有急事，我在人行道上跑。有人给了我一句：“干吗？奔丧哪！”带出了恶毒的诅咒。买东西嫌价钱高，问少点儿成不成，卖主朝你白白眼说：“你留着花吧。”听了有多窝心！

吆喝

一位20年代在北京做寓公的英国诗人奥斯伯特·斯提维尔写过一篇《北京的声与色》，把当时走街串巷的小贩用以招徕顾客而做出的种种音响形容成街头管弦乐队，并还分别列举了哪是管乐、弦乐和打击乐器。他特别喜欢听串街的理发师（“剃头的”）手里那把钳形铁铉。用铁板从中间一抽，就会刺啦一声发出带点颤巍的金属声响，认为很像西洋乐师们用的定音叉。此外，布贩子手里的拨浪鼓和珠宝玉石收购商打的小鼓，也都给他以快感。当然还有磨剪子磨刀的吹的长号。他惊奇的是，每一乐器，各代表一种行当。而坐在家里的主妇一听，就准知道街上过的什么商贩。最近北京人民广播电台还广播了阿隆·阿甫夏洛穆夫以北京胡同音响为主题的交响诗，很有味道。

囿于语言的隔阂，洋人只能欣赏器乐。其实，更值得一提的是声乐部分——就是北京街头各种商贩的叫卖。

听过相声《卖布头》或《改行》的，都不免会佩服当年那些叫卖者的本事。得气力足，嗓子脆，口齿伶俐，咬字清楚，还要会现编词儿，脑子快，能随机应变。

① 冬赈（zhèn）：冬日发放对灾民的救济。

我小时候，一年四季不论刮风下雨，胡同里从早到晚叫卖声没个停。

大清早过卖早点的：大米粥呀，油炸果（鬼）的。然后是卖青菜和卖花儿的，讲究把挑子上的货品一样不漏地都唱出来，用一副好嗓子招徕顾客。白天就更热闹了，就像把百货商店和修理行业都拆开来，一样样地在你门前展销。到了夜晚的叫卖声也十分精彩。

“馄饨喂——开锅！”这是特别给开夜车的或赌家们备下的夜宵，就像南方的汤圆。在北京，都说“剃头的挑子，一头热”。其实，馄饨挑子也一样。一头儿是一串小抽屉，里头放着各种半制成的原料：皮儿、馅儿和作料儿，另一头是一口汤锅。火门一打，锅里的水就沸腾起来。馄饨不但当面煮，还讲究现吃现包。讲究皮要薄，馅儿要大。

从吆喝来说，我更喜欢卖硬面饽饽的：声音厚实，词儿朴素，就一声“硬面——饽饽”，光宣布卖的是什么，一点也不吹嘘什么。

可夜晚过的，并不都是卖吃食的，还有唱话匣子的。大冷天，背了一具沉甸甸的留声机和半箱唱片。唱的多半是京剧或大鼓。我也听过一张不说不唱的叫“洋人哈哈笑”，一张片子从头笑到尾。我心想，多累人啊！我最讨厌胜利公司那个商标了：一只狗蹲坐在大喇叭前头，支棱着耳朵在听唱片。那简直是骂人。

那时夜里还经常过敲小钹的盲人，大概那也属于打击乐吧。“算灵卦！”我心想：“怎么不先替你自己算算！”还有过乞丐。至今我还记得一个乞丐叫得多么凄厉动人。他几乎全部用颤音。先挑高了嗓子喊“行好的——老爷——太（哎）太”，过好一会儿，（好像饿得接不上气儿啦。）才接下去用低音喊：“有那剩饭——剩菜——赏我点儿吃吧！”

四季叫卖的货色自然都不同。春天一到，卖大小金鱼儿的就该出来了，我对卖蛤蟆骨朵儿（未成形的幼蛙）最有好感，一是我买得起，花上一个制钱[①]，就往碗里捞上十来只；二是玩够了还能吞下去。我一直奇怪它们怎么没在我肚子里变成青蛙！一到夏天，西瓜和碎冰制成的雪花酪就上市了。秋天该卖“树熟的秋海棠”了。卖柿子的吆喝有简繁两种。简的只一声“喝了蜜的大柿子”。其实满够了。可那时小贩都想卖弄一下嗓门儿，所以有的卖柿子的不但词儿编得热闹，还卖弄一通唱腔。最起码也得像歌剧里那种半说半唱的道白。一到冬天，“葫芦儿——刚蘸得”就出场了。那时，北京比现下冷多了。我上学时鼻涕眼泪总冻成冰。只要兜里还有个制钱，一听“烤白薯哇真热乎”，就非买上一块不可。一路上既可以把那烫手的白薯揣在袖筒里取暖，到学校还可以拿出来大嚼一通。

叫卖实际上就是一种口头广告，所以也得变着法儿吸引顾客。比如卖一种用秫秸秆制成的玩具，就吆喝：“小玩艺儿赛活的。”有的吆喝告诉你制作的过程，

① 制钱：明清两代最小的货币单位，即官制铜钱。

如城厢里常卖的一种近似烧卖的吃食，就介绍得十分全面："蒸而又炸呀，油儿又白搭。面的包儿来，西葫芦馅儿啊，蒸而又炸。"也有简单些的，如"卤煮喂，炸豆腐哟"。有的借甲物形容乙物，如"栗子味儿的白薯"或"萝卜赛过梨"。"葫芦儿——冰塔儿"既简洁又生动，两个字就把葫芦（不管是山楂、荸荠还是山药豆的）形容得晶莹可人。卖山里红（山楂）的靠戏剧性来吸引人，"就剩两挂啦"。其实，他身上挂满了那用绳串起的紫红色果子。

有的小贩吆喝起来声音细而高，有的低而深沉。我怕听那种忽高忽低的，也许由于小时人家告诉我卖荷叶糕的是"拍花子的"——拐卖儿童的，我特别害怕。他先尖声尖气地喊一声"一包糖来"，然后放低至少八度，来一声"荷叶糕"。这么叫法的还有个卖荞麦皮的。有一回他在我身后"哟"了一声，把我吓了个马趴。等我站起身来，他才用深厚的男低音唱出"荞麦皮耶"。

特别出色的是那种合辙押韵的吆喝。我在小说《邓山东》里写的那个卖炸食的确有其人，至于他替学生挨打，那纯是我瞎编的。有个卖萝卜的这么吆喝："又不糠来又不辣，两捆萝卜一个大。""大"就是一个铜板。甚至有的乞丐也油嘴滑舌地编起快板："老太太（那个）真行好，给个饽饽吃不了。东屋里瞧（那么）西屋里看，没有饽饽赏碗饭。"

现在北京城倒还剩一种吆喝，就是"冰棍儿——三分啦"。语气间像是五分的减成三分了。其实就是三分一根儿。可见这种戏剧性的叫卖艺术并没失传。

【中国】王安忆

流 言[①]

"流言"，是城市生活阴暗一面的滋生物。看看人们是多么热衷于传播流言，就知道城市平民的精神生活实际上是多么的无聊和庸俗。一种干净的生活，需要从干净的语言开始。当代女作家王安忆（1954年生）在其长篇小说《长恨歌》中，专列一节解读上海弄堂里的流言飞语，把它当作城市文化的一种现象来分析，写法上又把它当作一种活的"生物体"来解剖。在繁复的文字背面，层层剥笋一般剥出流言那一颗"粗俗的内心"。

流言总是带着阴沉之气。这阴沉气有时是东西厢房的薰衣草气味，有时是樟脑丸气味，还有时是肉砧板上的气味。它不是那种板烟和雪茄的气味，也不是六六粉和敌敌畏的气味。它不是那种阳刚凛冽的气味，而是带有些阴柔委婉的，是女人家的气味。是闺阁和厨房的混淆的气味，有点脂粉香，有点油烟味，还有点汗气的。流言还都有些云遮雾罩，影影绰绰，是哈了气的窗玻璃，也是蒙了灰尘的窗玻璃。这城市的弄堂有多少，流言就有多少，是数也数不清，说也说不完的。这些流言有一种蔓延的烟染的作用，它们会把一些正传也变成流言一般暧昧的东西，于是，什么是正传，什么是流言，便有些分不清。流言是真假难辨的，它们假中有真，真中有假，也是一个分不清。它们难免有着荒诞不经的面目，这荒诞也是女人家短见识的荒诞，带着些少见多怪，还有些幻觉的。它们在弄堂这种地方，从一扇后门传进另一扇后门，转眼间便全世界皆知了。它们就好像一种无声的电波，在城市的上空交叉穿行；它们还好像是无形的浮云，笼罩着城市，渐渐酿成一场是非的雨。这雨也不是什么倾盆的雨，而是那黄梅天[②]里的雨，虽然不暴烈，却是连空气都湿透的。因此，这流言是不能小视的，它有着细密绵软的形态，很是纠缠的。上海每一条弄堂里，都有着这样是非的空气。西区高尚的公寓弄堂里，这空气也是高朗的，比较爽身，比较明澈，就像秋日的天，天高云淡的；再下来些的新式弄堂里，这空气便要混浊一些，也要波动一些，就像风一样，吹来吹去；

① 选自王安忆《长恨歌》，作家出版社，1996年版。

② 黄梅天：江南连续下雨的天气，一般在春末夏初梅子黄熟期间。

更低一筹的石窟门老式弄堂里的是非空气，就又不是风了，而是回潮天里的水汽，四处可见污迹的；到了棚户的老弄，就是大雾天里的雾，不是雾开日出的雾，而是浓雾作雨的雾，弥弥漫漫，五步开外就不见人的。但无论哪一种弄堂，这空气都是渗透的，无处不在。它们可说是上海弄堂的精神性质的东西。上海的弄堂如果能够说话，说出来的就一定是流言。它们是上海弄堂的思想，昼夜里都在传播。上海弄堂如果有梦的话，那梦，也就是流言。

流言总是鄙陋的。它有着粗俗的内心，它难免是自甘下贱的。它是阴沟里的水，被人使用过，污染过的。它是理不直气不壮，只能背地里窃窃喳喳的那种。它是没有责任感，不承担后果的，所以它便有些随心所欲，如水漫流。它均是经不起推敲，也没人有心去推敲的。它有些像言语的垃圾，不过，垃圾里有时也可淘出真货色的。它们是那些正经话的作了废的边角料，老黄叶片，米里边的稗子。它们往往有着不怎么正经的面目，坏事多，好事少，不干净，是个腌臜[1]货。它们其实是用最下等的材料制造出来的，这种下等材料，连上海西区公寓里的小姐都免不了堆积了一些的。但也唯独这些下等的见不得人的材料里，会有一些真东西。这些真东西是体面后头的东西，它们是说给自己也不敢听的，于是就拿来，制作流言了。要说流言的好，便也就在这真里面了。这真却有着假的面目；是在假里做真的，虚里做实，总有些改头换面，声东击西似的。这真里是有点做人的胆子的，是不怕丢脸的胆子，放着人不做却去做鬼的胆子，唱反调的胆子。这胆子里头则有着一些哀意了。这哀意是不遂心不称愿的哀，有些气在里面的，哀是哀，心却是好高骛远的，唯因这好高骛远，才带来了失落的哀意。因此，这哀意也是粗鄙的哀意，不是唐诗宋词式的，而是街头切口[2]的一种。这哀意便可见出了重量，它是沉底的，是哀意的积淀物，不是水面上的风花雪月。流言其实都是沉底的东西，不是千淘万洗，百炼千锤的，而是本来就有，后来也有，洗不净，炼不精的，是做人的一点韧，打断骨头连着筋，打碎牙齿咽下肚，死皮赖脸的那点韧。流言难免是虚张声势，危言耸听，魑魅魍魉[3]一起来，它们闻风而动，随风而去，摸不到头，抓不到尾。然而，这城市里的真心，却唯有到流言里去找的。无论这城市的外表有多华美，心却是一颗粗鄙的心，那心是寄在流言里的，流言是寄在上海的弄堂里的。这东方巴黎遍布远东的神奇传说，剥开壳看，其实就是流言的芯子。就好像珍珠的芯子，其实是粗糙的沙粒，流言就是这颗沙粒一样的东西。

流言是混淆视听的，它好像要改写历史似的，并且是从小处着手。它蚕食般地一点一点咬噬着书本上的记载，还像白蚁侵蚀华厦大屋。它是没有章法，乱了

① 腌臜（ā zā）：肮脏。

② 切口：行会、帮公或黑社会的暗语。

③ 魍魉（wǎng liǎng）：传说中的怪物。

套的，也不按规矩来，到哪算哪的，有点流氓地痞气的。它不讲什么长篇大论，也不讲什么小道细节，它只是横着来。它是那种偷袭的方法，从背后撩上一把，转过身却没了影，结果是冤无头，债无主。它也没有大的动作，小动作却是细细碎碎的没个停，然后敛少成多，细流汇大江。所谓“谣言蜂起”，指的就是这个，确是如蜂般嗡嗡嘤嘤的。它是有些卑鄙的，却也是勤恳的。它是连根火柴梗都要拾起来做引火柴的，见根线也拾起来穿针用的。它虽是捣乱也是认真恳切，而不是玩世不恭，就算是谣言也是悉心编造。虽是无根无凭，却是有情有义。它们是自行其是，你说你的，它说它的，什么样的有公论的事情，在它都是另一番是非。它且又不是持不同政见，它是一无政见，对政治一窍不通，它走的是旁门别道，同社会不是对立也不是同意，而是自行一个社会。它是这社会的旁枝错节般的东西，它引不起社会的警惕心，因此，它的暗中作祟往往能够得逞。它们其实是一股不可小视的力量，有点“大风始于青萍之末”的意味。它们是背离传统道德的，却不以反封建的面目，而是一味的伤风败俗，是典型的下三烂。它们又敢把皇帝拉下马，也不以共和民主的面目，而是痞子的作为，也是典型的下三烂。它们是革命和反革命都不齿的，它们被两边的力量都抛弃和忽略的。它们实在是没个正经样，否则便可上升到公众舆论这一档里去明修栈道，如今却只能暗度陈仓，走的是风过耳。风过耳就风过耳，它也不在乎，它本是四海为家的，没有创业的观念。它最是没有野心，没有抱负，连头脑也没有的。它只有作乱生事的本能，很茫然地生长和繁殖。它繁殖的速度也是惊人的，鱼撒子似的。繁殖的方式也很多样，有时环扣环，有时套连套，有时谜中谜，有时案中案。它们弥漫在城市的空中，像一群没有家的不拘形骸的浪人，其实，流言正是这城市的浪漫之一。

流言的浪漫在于它无拘无束能上能下的想象力。这想象力是龙门能跳狗洞能钻的，一无清规戒律。没有比流言更能胡编乱造，信口雌黄的了。它还有无穷的活力，怎么也扼它不死，是野火烧不尽，春风吹又生的。它是那种最卑贱的草籽，风吹到石头缝里也照样生根开花。它又是见缝就钻，连闺房那样帷幕森严的地方都能出入的。它在大小姐花绷上的绣花针流连，还在女学生的课余读物，那些哀情小说的书页流连，书页上总是有些泪痕的。台钟滴滴答答的走时声中，流言一点一点在滋生；洗胭脂的水盆里，流言一点一点在滋生。隐秘的地方往往是流言丛生的地方，隐私的空气特别利于流言的生长。上海的弄堂里是很藏得住隐私的，于是流言便漫生漫长。夜里边，万家万户灭了灯，有一扇门缝里露出的一线光，那就是流言；床前月亮地里的一双绣花拖鞋，也是流言；老妈子托着梳头匣子，说是梳头去，其实是传播流言去；少奶奶们洗牌的哗哗声，是流言在作响；连冬天没有人的午后，天井里一跳一跳的麻雀，都在说着鸟语的流言。这流言里有一个“私”字，这“私”字里头是有一点难言的苦衷。这苦衷不是唐明皇对杨贵妃的那种，也不是楚霸王对虞姬的那种，它不是那种大起大落，可歌可泣，悲天恸地的苦衷，而是狗皮倒灶，牵丝攀藤，粒粒屑屑的。上海的弄堂是藏不住大苦衷的。它的苦衷都是割碎了平均分配的，分到各人名下也就没有多少的。它即便是悲，即便是恸，也是悲在肚子里，恸在肚子里，说不上戏台子去供人观赏，也编不成词曲供人唱的，那是怎么来怎么去都只有自己知道，苦来苦去只苦自己，这也就是那个“私”字的意思，其实也是真正的苦衷的意思。因此，这流言说到底是有一些痛的，尽管痛的不是地方，倒也是钻心钻肺的。这痛都是各人痛各人，没有什么共鸣，也引不起同情，是很孤单的痛。这也是流言的感动之处。流言产生的时刻，其实都是悉心做人的时刻。上海弄堂里的做人，是悉心悉意，全神贯注的做人，眼睛只盯着自己，没有旁骛的。不想创造历史，只想创造自己的，没有大志气，却用尽了实力的那种。这实力也是平均分配的实力，各人名下都有一份。

【中国】韩少功

马桥词典[1]（3则）

《马桥词典》是当代作家韩少功（1953年生）的一部构想独特的长篇小说，以给一个名叫“马桥”的乡村编写“常用语词典”的方式，纵横解剖风俗文化，文字内涵丰厚，闪现异样的色彩。这里选择了三节。其一，“三月三”，乡人家家磨刀，“刀光一亮，春天就来了。”明快锐利的描写，展示农家生活的虎虎生机。其二，从一个“肯”字入手，分析神奇的泛灵论与冷冰冰的科学文明的冲突，值得深思。其三，“甜”，马桥人把所有好吃的味道一律叫做“甜”，由这种味觉的盲区，联想到中西文化对话和交流的盲区，立意奇高。警示世人，许多堂而皇之的言论，其实就是停留在“甜”的水平。

三月三

每年农历三月三日，马桥的人都要吃黑饭，用一种野草的汁水，把米饭染黑，吃得一张张嘴都是黑污污的。也就是在同一天，所有的人都要磨刀，家家户户都嚯嚯之声惊天动地，响成一片，满山的树叶被这种声音吓得颤抖不已。他们除了磨柴刀菜刀镰刀铡刀，每家必有的一杆腰刀，也磨得雪亮，寒光在刃口波动着跳荡着爆发着，激动着人们的某种凶念。这些刀曾经在锈钝中沉睡，现在一把把锐亮地苏醒，在蛮子即蛮人三家们的手中勃跃着生命，使人们不自觉地互相远离几许。如果不是人们把刀柄紧紧握住，它们似乎全都会自行其是，嗖嗖嗖呼啸着夺门而去扑向各自的目标，干出人们要大吃一惊的事情——它们迟早会要这样干的。

我可以把这一习俗，看做他们一年之初准备农事的仪式，不作干戈的联想。但不大说得通的是，准备农事主要应该磨锄头，磨犁头，何以磨腰刀？

刀光一亮，春天就来了。

三月三是刀刃上空气的颤动。

① 选自韩少功《马桥词典》，作家出版社，1996年版。

肯

“肯”是情愿动词，表示意愿，许可。比方“首肯”“肯于”“肯动脑筋”等等，用来描述人的心理趋向。

马桥的人把“肯”字用得广泛得多，不但可用来描述人，描述动物，也可以用来描述其他的天下万物。

有这样一些例句：

*这块田肯长禾。

*真是怪，我屋里的柴不肯起火。

*这条船肯走些。

*这天一个多月来不肯下雨。

*本义的锄头蛮不肯入土。

等等。

听到这些话，我不能不体会出一种感觉：一切都是有意志的，是有生命的。田，柴，船，天，锄头，等等所有这些都和人一样，甚至应该有它们各自的姓名和故事。事实上，马桥的人特别习惯对它们讲话，哄劝或者咒骂，夸奖或者许诺，比如把犁头狠狠地骂一骂，它在地里就走得快多了。比如把柴刀放在酒坛口上用酒气熏一熏，它砍柴时烈劲就足多了。也许，如果不是屈从于一种外来的强加，不是科学的宣传，马桥的人不会承认这些东西是没有情感和思维的死物。

只有在这个前提下，一棵树死了，我们才有理由感到悲戚，甚至长久地怀念。在那些林木一片片倒下而没有悲戚的地方，树从来没有活过，从来都不过是冷冰冰的成本和资源。那里的人，不会这样来运用“肯”字。

小的时候，我也有过很多拟人化或者泛灵论的奇想。比如，我会把满树的鲜花看做树根的梦，把崎岖山路看做森林的阴谋，这当然是幼稚。在我变得强大以后，我会用物理或化学的知识来解释鲜花和山路，或者说，因为我能用物理或化学的知识来解释鲜花和山路，我开始变得强大。问题在于，强者的思想就是正确的思想么？在相当长的岁月里，男人比女人强大，男人的思想是否就正确？列强帝国比殖民地强大，帝国的思想是否就正确？如果在外星空间存在着一个比人类高级得多也强大得多的生类，它们的思想是否就应该用来消灭和替代人类的思想？

这是一个问题。

一个我不能回答的问题，犹疑两难的问题。因为我既希望自己强大，也希望自己一次又一次回到弱小的童年，回到树根的梦和森林的阴谋。

甜

马桥人对味道的表达很简单，凡是好吃的味道可一言以蔽之："甜"。吃糖是"甜"，吃鱼吃肉也是"甜"，吃米饭吃辣椒吃苦瓜统统还是"甜"。

这样，外人很难了解，是他们味觉的粗糙，造成了味觉词汇的缺乏？还是味觉词汇的缺乏，反过来使他们的舌头丧失了区分辨别能力？在饮食文化颇为发达的中国，这种情况殊为少见。

与此相联系的是，他们对一切点心的称呼，差不多只有一个"糖"字。糖果是"糖"，饼干也是"糖"，蛋糕酥饼面包奶油一类统统还是"糖"。他们在长乐街第一次见到冰棒的时候，还是叫"糖"。例外的情况当然也有，本地土产还是各有其名的，比如"糍粑"和"米糕"。"糖"的笼统，只限于一切西式的、现代的、至少是遥远地方来的食物。知青们从街上买回的明明是饼干，被他们叫做"糖"，总让人觉得有些不顺耳，不习惯。

也许，马桥人以前的吃仅仅要在果腹，还来不及对食味给予充分的体会和分析。很多年以后，我接触到一些讲英语的外国人，发现他们的味觉词汇同样贫乏，比如对一切有刺激性的味道，胡椒味也好，辣椒味也好，芥末味也好，大蒜味也好，一律满头大汗，"hot（热味）"一下完事。我窃窃地想，他们是否也如马桥人，曾经有过饥不择食饥不辨味的历史？我不会笑话他们，因为我知道饥饿是什么滋味。我曾经在天黑的时候摸回村，顾不上洗手洗脸（满身全是泥巴），顾不上拍打蚊子（它们正在密密地扑向我），只是一口气吞下了五钵饭（每一钵据说是半斤米），吞完了还不知道刚才吃了些什么，是什么味道。在这个时候，我什么也没看见，什么也没听见，唯一的感觉是腹中肠胃在剧烈蠕动，一切上等人关于味觉的词，那些精细的、丰繁的、准确的废话，对于我有什么意义？

一个"甜"字，暴露了马桥人饮食方面的盲感，标定了他们在这个方面的知识边界。只要细心体察一下，每个人其实都有各种各样的盲感区位。人们的意识覆盖面并非彼此吻合。人们微弱的意识之灯，也远远没有照亮世界的一切。直到今天为止，对于绝大多数的中国人来说，辨别西欧人、北欧人以及东欧人的人种和脸型，辨别英国人、法国人、西班牙人、挪威人、波兰人等民族的文化差异，还是一件极为困难的事。关于欧洲各个民族的命名，只是一些来自教科书的空洞符号，很多中国人还不能将其与相应的脸型、服装、语言、风俗特征随时联系起来。这在欧洲人看来有点不可思议，就像中国人觉得欧洲人分不清上海人、广东人以及东北人一样不可思议。因此，中国人更爱用"西方人"甚至"老外"的笼统概念，就像马桥人爱用"甜"字。在一个拒绝认同德国的英国人或者拒绝认同美国的法国人看来，这种笼统当然十分可笑。同样，直到今天为止，对于绝大多数中国人乃至相当多数的经济学者来说，美国的资本主义，西欧的资本主义，瑞典等几个北欧国家的资本主义，日本的资本主义，似乎也没有什么重要的差别。18世纪的资本主义，19世纪的资本主义，本世纪战前的资本主义，20世纪60年代的资本主义以及20世纪90年代的资本主义，还是没有什么重要的区别。在很多中国人那里，一个“资本主义”的概念就足够用了，就足够支撑自己的爱意或者敌意了。

我在美国时读到过一本反共的政治刊物。我很奇怪，刊物编辑的政治味觉，同样停留在马桥人“甜”的水平。比方说，他们时而谴责某共产党是假马克思主义，背叛了马克思主义，时而又谴责马克思主义（那么假和背叛岂不是很好？）；一方面揭露共党分子也有婚外恋和私生子，一方面又嘲笑共党分子的自我禁欲太压抑人性（那么婚外恋和私生子岂不是很符合人性？）。他们不觉得自己有什么逻辑的矛盾和混乱，只觉得凡是反共的就值得喝彩，就很好，就是甜。也就是在这本刊物上，我读到一条消息：一个刚从海南岛跑到香港的女子，姓陈，宣称自己是反共义士，被西方一个国家的政府热情地当作政治难民给予收留和保护。几个月后，我遇到了这个国家一个使馆官员，很为他们的政府感到委屈和气愤。在餐桌上，我告诉他，我认识这个陈小姐。她在海南岛从未参加过任何政治活动，只是组织过一个“热岛文学大赛”，骗取了全国文学青年近二十万元的参赛费，然后把一大堆参赛稿件丢在宾馆里，一拍屁股卷款逃港。她没有能够说服我当她的大赛顾问，但这不要紧，在她的登在报纸上的征稿广告上，十几个她能够想到的世界当红的作家，马尔克斯、昆德拉、略萨等等，居然都成了她的顾问——她差不多想在海南岛评出一次超级诺贝尔文学奖。

我的这一番介绍似乎让使馆官员感到困惑，他皱着眉头说，她也许骗了钱，也许骗得很笨，但这是不是可以看做是一种特殊的政治反抗方式？

他费力地打着手势。

我没法把谈话继续下去。我并不想改变餐桌对面这位外交官的政治立场。任何一种严肃而恪守和平原则的政治立场，你可以拥护，可以反对，但不能没有尊重。我只不过是感到一种困难。就像我没法让当年的马桥人从语言上区别各种各样的“糖”，现在，我也没法让外交官区别中国各种各样的“反抗”。在他眼中陌生而模糊的这个国家，骗钱也是一块可口的“糖”。如此而已。

【印度】《阿达婆吠陀》
金克木 译

治咳嗽[①]

据说爱情与咳嗽，是人控制不住的两件事，那么，我们从咳嗽开始说起。

用诗句来治咳嗽，很奇怪吗？中国民间有“敬惜字纸”的习俗，道家有贴符辟邪的“法术”……古人认为语言就是事物，语言有通灵的力量，这是一种古老的文学传统：当我们想了、当我们写了，想象中的事情就可能变成现实——一种心理现实。文学，因此成为一个令人向往的魔法世界。

像心中的愿望，
迅速飞向远方，
咳嗽啊，远远飞去吧，
随着心愿的飞翔。

像磨尖了的箭，
迅速飞向远方，
咳嗽啊！远远飞去吧，
在这广阔的地面上。

像太阳的光芒，
迅速飞向远方，
咳嗽啊！远远飞去吧，
跟着大海的波浪。

① 选自金克木译《印度古诗选》，湖南人民出版社，1984年版。

【德国】柯里德
郝平萍 译

第一瓶香槟酒①

心灵现实是另一种现实，比眼见为实的现实未必虚假，或许更为真实，因而，有时候，文学的虚拟空间如果传达了人的心灵现实，就有矿泉水喝醉人的事发生。

当我爱上16岁的英格时，我正好17岁。我们是在游泳池里认识的。然而，我们的友谊当时只限制在冷饮店里的约会。

每当我想英格的时候（我每天要想她上百次），就兴奋地等待和她的再次见面。当她真的又来到我身边时，我事先准备好的许多美丽动人的句子都不翼而飞了。我胆怯、拘谨地坐在她身边，手脚无处放，不知所措。英格肯定也察觉到了这些，因为她在不断地设法让我活泼起来，或者让我感到我是她的保护人。我的自信心由此也坚定起来了。我拼命地鼓起勇气，开始定期地邀请我的英格去游泳或去冷饮店。

事情朝着顺利的方向发展。直到有一天英格告诉我，她对去冷饮店已感到厌倦了。那是小孩子去的地方。她要正正经经地出去一趟，像她姐姐那样去喝一瓶香槟酒。

起初我装着什么也没听见。但我的耳朵里却不停地重复着香槟酒这几个字。我仅有的零钱几乎都花完了。尽管如此，我仍不露声色，而是用漫不经心的口气说道："香槟酒，好呀，为什么不去喝一杯呢！"我的话似乎在表明，喝这种饮料对我来讲就像做任何一件理所当然的事一样。人在热恋中是什么都能装得出来的。

钱终于存够了。我带着热恋的人来到城里最好的一座酒吧。这里富丽堂皇，婉转动人的音乐在低声地围绕着我们，侍者们悄声无息地来回走动。在这种高雅、朦胧的气氛下，我的胃也莫名其妙地作怪起来。

当我们在一张小桌旁就座后，我不得不集中精力，以免我和英格在大庭广众

① 选自《读者》杂志。

之下出丑。我把使者唤来，激动之中尽可能用无所谓的口气要了一瓶香槟酒。侍者上了年纪，两边鬓角已经灰白，有一双亲切的眼睛。

他默默地弯下腰，认真和严肃地重复道："一瓶香槟酒，赶快。"

他是尊重我们的。在他的脸上没有一丝讽刺的笑容。看来我穿上姨妈送给我的西服和系上新的红领带是对的，周围的客人也都把我们看做是成年人。不管怎样，我已17岁了。英格穿的是她姐姐的漂亮的黑色连衣裙。

侍者回来了。他用熟练的动作打开了用一块雪白的餐巾裹着的酒瓶。然后，把冒着珍珠般泡沫的饮料倒进杯子里。太壮观了！我们仿佛置身在另一个世界里。"为了我们的爱情，干杯！"我说道，并举起杯子和英格碰杯。

喝第二杯时，我抚摸着英格的手，她不再抽回去了。喝第三杯时，她甚至允许我偷偷地吻她一下。香槟酒太棒了。英格说她已微醉了。我也同样浑身发热。可惜，酒已喝完了。我们还能再要一瓶吗？我偷偷地望一眼酒的价格表。哦，不行了。

"快一点来算账，经理先生。"我大声地喊道。真糟糕，我对自己的粗鲁既吃惊，又骄傲。侍者来了。他把账单放在一个银盘子里，默默地将账单挪到桌上。当她转身走后，我拿过账单，读道：一瓶矿泉水加服务费共1.10马克。下面写道：原谅我，孩子。你们尚未成年，不能喝酒，但我确实不想扫你们的兴，所以擅自给你们换了矿泉水。你们的侍者。

我的英格这辈子也不知道她喝的第一瓶香槟酒是矿泉水。

【日本】川端康成

叶渭渠 译

伊豆的舞女①

初次萌动的爱意是清美的，人儿正年少，何况又在容易刺激浪漫情怀的旅途。《伊豆的舞女》几乎是一个初恋故事。说“几乎”，是它没有人们预期中的卿卿我我，也从未点破那层微妙的心情。不过是几个纯真的眼神、几滴朦胧的清泪，如烟如雾地忧伤着和吸引着，偏又那样如丝如缕地牵扯人心。或许这就是初恋的特别之处，也正是作者捕捉到的初恋之美吧。

川端康成（1899~1972），日本现代文学大师。1968年因其“以敏锐的感受高超的叙事技巧，表现了日本人的内心精华”而获得诺贝尔文学奖。代表作有《伊豆的舞女》《千只鹤》《睡美人》《雪国》《古都》等中短篇小说。川端的文字熏染着浓郁的东方美学情调和虚幻、哀愁、颓废的个性色彩。他爱用病态的诗意、孤绝的意象来刻画生活的忧伤，追求一种空灵的至美。他的死也是日本式的，73岁，在公寓里口衔煤气管自杀。

一

山路变得弯弯曲曲的，快到天城岭了。这时，骤雨白亮亮地笼罩着茂密的杉林，从山麓向我迅猛地横扫过来。

那年我20岁，头戴高等学校②的制帽，身穿藏青色碎白花纹的上衣和裙裤，肩挎一个学生书包。我独自到伊豆旅行，已是第四天了。在修善寺温泉歇了一宿，在汤岛温泉住了两夜，然后登着高齿木屐爬上了天城山。重叠的山峦，原始的森林，深邃的幽谷，一派秋色，实在让人目不暇接。可是，我的心房却在猛烈跳动。因为一个希望在催促我赶路。这时候，大粒的雨点开始敲打着我。我跑步登上曲折而陡峭的山坡，好不容易爬到了天城岭北口的一家茶馆，吁一口气，呆若木鸡地站在茶馆门前。我完全如愿以偿。巡回艺人一行正在那里小憩。

① 选自叶渭渠、唐月梅主编《川端康成文集·睡美人》，东北师范大学出版社，1996年版。

② 高等学校，即旧制大学预科。

舞女看见我呆立不动，马上让出自己的坐垫，把它翻过来，推到了一旁。

“噢……”我只应了一声，就在坐垫上坐下。由于爬坡气喘和惊慌，连“谢谢”这句话也卡在嗓子眼里说不出来了。

我就近跟舞女相对而坐，慌张地从衣袖里掏出一支香烟。舞女把随行女子跟前的烟灰碟推到我面前。我依然没有言语。

舞女看上去约莫17岁光景。她梳理着一个我叫不上名字的大发髻，发型古雅而又奇特。这种发式，把她那严肃的鹅蛋形脸庞衬托得更加玲珑小巧，十分匀称，真是美极了。令人感到它活像小说里的画像，头发特别丰厚。舞女的同伴中，有个四十出头的妇女、两个年轻的姑娘；还有一个二十五六岁的汉子，他身穿印有长冈温泉旅馆字号的和服外褂。

舞女这一行人至今我已见过两次。初次是在我到汤岛来的途中，她们正去修善寺，是在汤川桥附近遇见的。当时有三个年轻的姑娘，那位舞女提着鼓。我不时地回头看看她们，一股旅行的情趣油然而生。然后是翌日晚上在汤岛，她们来到旅馆演出。我在楼梯中央，聚精会神地观赏着那位舞女在门厅里跳舞。

……她们白天在修善寺，今天晚上来到汤岛，明天可能越过天城岭南行去汤野温泉。在天城山20多公里的山路上，一定可以追上她们的。我就是这样浮想联翩，急匆匆地赶过来。赶上避雨，我们在茶馆里相遇了。我心里七上八下。

不一会儿，茶馆老太婆把我领到另一个房间去。这房间大概平常不用，没有安装门窗。往下看去，优美的幽谷，深不见底。我的肌肤起了鸡皮疙瘩，牙齿咯咯作响，浑身颤抖了。我对端茶进来的老太婆说了声：“真冷啊！”

“唉哟！少爷全身都淋湿了。请到这边取取暖，烤烤衣服吧。”

老太婆话音未落，便拉着我的手把我领到她们的起居室去了。

这个房间里装有地炉，打开拉门，一股强烈的热气便扑面而来。我站在门槛边踟蹰不前。只见一位老大爷盘腿坐在炉边。他浑身青肿，活像个溺死的人。他那两只连瞳孔都黄浊的、像是腐烂了的眼睛，倦怠地朝我这边瞧着。身边的旧信和纸袋堆积如山。说他是被埋在这些故纸堆里，也不过分。我呆呆地只顾望着这个山中怪物，怎么也想象不出他还是个活人。

“让你瞧见这副有失体面的模样……不过，他是我的老伴，你别担心。他相貌丑陋，已经动弹不了，请将就点吧。”老太婆这么招呼说。

据老太婆谈，老大爷患了中风症，半身不遂。他身边的纸山，是各县寄来的治疗中风症的药方，以及从各县邮购来的盛满治疗中风症药品的纸袋。听说，凡是治疗中风症的药方，不管是从翻山越岭前来的旅客的口中听到的，或是从新闻广告中读到的，他都一一打听，照方抓药。这些信和纸袋，他一张也不扔掉，都堆放在自己的身边，凝视着它们打发日子。天长日久，这些破旧的废纸就堆积如山了。

老太婆讲了这番话，我无言以对，在地炉边上一味把脑袋奋拉下来。越过山岭的汽车，震动着房子。我落入沉思：秋天都这么冷，过不多久白雪将铺满山头，这位老大爷为什么不下山呢？我的衣衫升腾起一股水蒸气，炉火旺盛，烤得我头昏脑涨。老太婆在铺面上同巡回演出的女艺人攀谈起来。

“哦，先前带来的姑娘都这么大了吗？长得蛮标致的。你也好起来了，这样娇美。姑娘家长得真快啊。”

不到一小时的工夫，传来了巡回演出艺人整装出发的声响。我再也坐不住了。不过，只是内心纷乱如麻，却没有勇气站起来。我心想：虽说她们长期旅行走惯了路，但毕竟还是女人，就是让她们先走一二公里，我跑步也能赶上。我身在炉旁，心却是焦灼万分。尽管如此，她们不在身旁，我反而获得了解放，开始胡思乱想：老太婆把她们送走后，我问她：

“今天晚上那些艺人住在什么地方呢？”

“那种人谁知道会住在哪儿呢，少爷。什么今天晚上，哪有固定住处的哟。哪儿有客人，就住在哪儿呗。”

老太婆的话，含有过于轻蔑的意思，甚至煽起了我的邪念：既然如此，今天晚上就让那位舞女到我房间里来吧。

雨点变小了，山岭明亮起来。老太婆一再挽留我说：“再待10分钟，天空放晴，定会分外绚丽。”可是，说什么我再也坐不住了。

“老大爷，请多保重，天快变冷了。”我由衷地说了一句，站了起来。老大爷呆滞无神。动了动枯黄的眼睛，微微点了点头。

“少爷！少爷！”老太婆边喊边追了过来，“你给这么多钱，我怎么好意思呢。真对不起啊。”

她抱住我的书包，不想交给我。我再三婉拒，她也不答应，说要把我直送到那边。她反复唠叨着同样的话，小跑着跟在我后头走了一町远。

“怠慢了，实在对不起啊！我会好生记住你的模样。下次路过，再谢谢你。下次你一定来呀。”

我只是留下一个五角钱的银币，她竟如此惊愕，感动得热泪都快要夺眶而出。而我只想尽快赶上舞女。老太婆步履蹒跚，反而难为我了。我们终于来到了山岭的隧道口。

“太谢谢了。老大爷一个人在家，请回吧。”我说过之后，老太婆好歹才放开了书包。

走进黑魆魆的隧道，冰凉的水滴滴答答地落下来。前面是通向南伊豆的出口，露出了小小的亮光。

二

山路从隧道出口开始，沿着崖边围上了一道刷成白色的栏杆，像一道闪电似的伸延过去。极目展望，山麓如同一副模型，从这里可以窥见艺人们的倩影。走了不到700米，我追上了她们一行。但我不好突然放慢脚步，便佯装冷漠的样子，赶过了她们。独自走在前头20米远的汉子，一看见我，就停住了步子。

“您走得真快……正好，天放晴了。”

我如释重负，开始同这汉子并肩行走。这汉子连珠炮似的向我问东问西。姑娘们看见我们两人谈开了，便从后面急步赶了上来。

这汉子背着一个大柳条包。那位40岁的妇人，抱着一条小狗。大姑娘挎着包袱。另一个姑娘拎着柳条包。各自都拿着大件行李，舞女则背着鼓和鼓架。40岁的女人慢慢地也同我搭起话来。

“他是高中生哪。”大姑娘悄声对舞女说。

我一回头，舞女边笑边说：

“可能是吧。这点事我懂得。学生哥常来岛上的。”

这一行是大岛波浮港人。她们说，她们春天出岛，一直在外，天气转冷了，由于没做过冬准备，计划在下田待10天左右，就从伊东温泉返回岛上。一听说是大岛，我的诗兴就更浓了。我又望了望舞女秀美的黑发，询问了大岛的种种情况。

“许多学生哥都来这儿游泳呢。”舞女对女伴说。

“是在夏天吧？”我回头问了一句。

舞女有点慌张地小声回答说：“冬天也……”

“冬天也？……”

舞女依然望着女伴，舒开了笑脸。

“冬天也能游泳吗？”我重问了一遍。

舞女脸颊绯红，非常认真地轻轻点了点头。

“真糊涂，这孩子。”40岁的女人笑了。

到汤野，要沿着河津川的山涧下行十多公里。翻过山岭，连山峦和苍穹的色彩也是一派南国的风光。我和那汉子不住地倾心畅谈，亲密无间。过了荻乘、梨本等寒村小庄，山脚下汤野的草屋顶，便跳入了眼帘。我断然说出要同她们一起旅行到下田。汉子喜出望外。

来到汤野的小客店前，40岁的女人脸上露出了惜别的神情。那汉子便替我说：

“他说，他要跟我们搭伴哪。”

她漫不经心地答道：“敢情好。‘出门靠旅伴，处世靠人缘’嘛。连我们这号微不足道的人，也能给您消愁解闷哪。请进来歇歇吧。”

姑娘们都望了望我，显出若无其事的样子。她们一句话也没说，只是羞答答地望着我。

我和大家一起登上客店的二楼，把行李卸了下来。铺席、隔扇又旧又脏。舞女从楼下端茶上来。她刚在我的面前跪坐下来，脸就臊红了，手不停地颤抖，茶碗险些从茶碟上掉下来，于是她就势把它放在铺席上了。茶碗虽没落下，茶却洒了一地。看见她那副羞涩柔媚的表情，我都惊呆了。

“哟，讨厌。这孩子有恋情哩。瞧，瞧……”40岁的女人吃惊地紧蹙起双眉，把手巾扔了过来。舞女捡起手巾，拘谨地揩了揩铺席。

我听了这番意外的话，猛然联想到自己。我被山上老太婆煽起的遐思，戛然中断了。

这时候，40岁的女人仔细端详了我一番，抽冷子说：

“这位书生穿藏青碎白花纹布衣，真是潇洒英俊啊。”

她还反复地问身旁的女人：“这碎白花纹布衣，同民次的是一模一样。瞧，对吧，花纹是不是一样呢？”

然后，她对我说：

“我在老家还有一个上学的孩子。现在想起来了，你这身衣服的花纹，同我孩子那身碎白花纹是一模一样的。最近藏青碎白花纹布好贵，真难为我们啊。”

“他上什么学校？”

“上普通小学五年级。”

“噢，上普通小学五年级，太……”

“是上甲府的学校。我长年住在大岛，老家是山梨县的甲府。”

小憩一小时之后，汉子带我到了另一家温泉旅馆。这以前，我只想着要同艺人们同住在一家小客店里。我们从大街往下走过百来米的碎石路和石台阶，踱过小河边公共浴场旁的一座桥。桥那边就是温泉旅馆的庭院。

我在旅馆的室内浴池洗澡，汉子跟着进来了。他说，他快24岁了，妻子两次怀孕，不是流产，就是早产，胎儿都死了。他穿着印有长冈温泉字号的和服短外褂，起先我以为他是长冈人。从长相和言谈来看，他是相当有知识的。我想，他要么是出于好奇，要么是迷上了卖艺的姑娘，才帮忙拿行李跟着来的。

洗完澡，我马上吃午饭。早晨八点离开汤岛，这会儿还不到下午三点。

汉子临回去时，从庭院里抬头望着我，同我寒暄了一番。

“请拿这个买点柿子尝尝吧！从二楼扔下去，有点失礼了。”我说罢，把一小包钱扔了下去。汉子谢绝了，想要走过去，但纸包却已落在庭院里，他又回头捡了起来。

“这样不行啊。”他说着把纸包抛了上来，落在茅屋顶上。我又一次扔下去。他就拿走了。

黄昏时分，下了一场暴雨。巍巍群山染上了一层白花花的颜色。远近层次已分不清了。前面的小河，眼看着变得浑浊，成为黄汤了。流水声更响了。这么大的雨，舞女们恐怕不会来演出了吧。我心里这么想，可还是坐立不安，一次又一次地到浴池去洗澡。房间里昏昏沉沉的。同邻室相隔的隔扇门上，开了一个四方形的洞，门框上吊着一盏电灯。两个房间共用一盏灯。

暴雨声中，远处隐约传来了咚咚的鼓声。我几乎要把挡雨板抓破似的打开了它，把身子探了出去。鼓声迫近了。风雨敲打着我的头。我闭目聆听，想弄清那鼓声是从什么地方传来、又是怎样传来的。良久，又传来了三弦琴声。还有女人的尖叫声、嬉闹的欢笑声。我明白了，艺人们被召到小客店对面的饭馆，在宴会上演出。可以辨出两三个女人的声音和三四个男人的声音。我期待着那边结束之后，她们会到这边来。但是，那边的筵席热闹非凡，看来要一直闹腾下去。女人刺耳的尖叫声像一道道闪电，不时地划破黑魆魆的夜空。我心情紧张，一直敞开门扉，惘然呆坐着。每次听见鼓声，心胸就豁然开朗。

“啊，舞女还在筵席上坐着敲鼓哪。”

鼓声停息，我又不能忍受了。我沉醉在雨声中。

不一会儿，连续传来了一阵紊乱的脚步声。他们是在你追我赶，还是在绕圈起舞呢？嗣后，又突然恢复了宁静。我的眼睛明亮了，仿佛想透过黑暗，看穿这寂静意味着什么。我心烦意乱，那舞女今晚会不会被人玷污呢？

我关上挡雨板，钻进被窝，可我的心依然阵阵作痛。我又去浴池洗了个澡，暴躁地来回划着温泉水。雨停了，月亮出来了。雨水冲洗过的秋夜，分外皎洁，银亮银亮的。我寻思：就是赤脚溜出浴池赶到那边去，也无济于事。这时，已是凌晨两点多钟了。

三

翌日上午九时许，汉子又到我的住处来访。我刚起床，邀他一同去洗澡。南伊豆是小阳春天气，一尘不染，晶莹透明，实在美极了。在浴池下方的上涨的小河，承受着暖融融的阳光。昨夜的烦躁，自己也觉得如梦似幻。我对汉子说：

“昨夜里闹腾得很晚吧？”

“怎么，都听见了？”

“当然听见啰。”

“都是本地人。本地人净瞎闹，实在没意思。”

他装出无所谓的样子。我沉默不响。

“那伙人已经到对面的温泉浴场去了……瞧，似乎发现我们了，还在笑哪。”

顺着他手指的方向，我看见河对面那公共浴场里，热气腾腾的，七八个光着的身子若隐若现。

一个裸体女子突然从昏暗的浴场里面跑了出来，站在更衣处伸展出去的地方，做出一副要向河岸下方跳去的姿势。她赤条条的一丝不挂，伸展双臂，喊叫着什么。她，就是那舞女。洁白的裸体，修长的双腿，站在那里宛如一株小梧桐。我看到这幅景象，仿佛有一股清泉荡涤着我的心。我深深地吁了一口气，扑哧一声笑了。她还是个孩子哪。她发现我们，满心喜悦，就这么赤裸裸地跑到日光底下，踮起足尖，伸直了身躯。她还是个孩子哪。我更是快活、兴奋，又嘻嘻地笑了起来。脑子清晰得好像被冲刷过一样。脸上始终漾出微笑的影子。

舞女的黑发非常浓密，我一直以为她已有十七八岁了呢。再加上她装扮成一副妙龄女子的样子，我完全猜错了。

我和汉子回到了我的房间。不多久，姑娘到旅馆的庭院里观赏菊圃来了。舞女走到桥当中。40岁的女人走出公共浴场，看见了她们两人。舞女紧缩肩膀，笑了笑。让人看起来像是在说：要挨骂的，该回去啦。然后，她疾步走回去了。40岁的女人来到桥边扬声喊道：

“您来玩啊！”

“您来玩啊！”大姑娘也同样说了一句。

姑娘们都回去了。那汉子到底还是静坐到傍晚。

晚间，我和一个纸张批发商下起围棋来，忽然听见旅馆的庭院里传来的鼓声。我刚要站起来，就听见有人喊道：

“巡回演出的艺人来了。”

“嗯，没意思，那玩意儿。来，来，该你下啦。我走这儿了。”纸商说着指了指棋盘。他沉醉在胜负之中了。我却心不在焉。艺人们好像要回去，那汉子从院子里扬声喊了一句：“晚安！”

我走到走廊上，招了招手。艺人们在庭院里耳语了几句，就绕到大门口去。三个姑娘从汉子身后挨个向走廊这边说了声：“晚安。”便垂下手施了个礼，看上去一副艺伎的风情。棋盘上霎时出现了我的败局。

“没法子，我认输了。”

“怎么会输呢。是我方败着嘛。走哪步都是细棋。”

纸商连瞧也不瞧艺人一眼，逐个地数起棋盘上的棋子来，他下得更加谨慎了。姑娘们把鼓和三弦琴拾掇好，放在屋角上，然后开始在象棋盘上玩五子棋。我本是赢家，这会儿却输了。纸商还一味央求说：“怎么样，再下一盘，再下一盘吧。”

我只是笑了笑。纸商死心了，站起身来。

姑娘们走到了棋盘边。

“今晚还到什么地方演出吗？”

“还要去的，不过……”汉子说着，望了望姑娘们。

“怎么样，今晚就算了，我们大家玩玩就算了。”

“太好了，太高兴了。”

“不会挨骂吧？”

“骂什么？反正没客，到处跑也没用嘛。”

于是，她们玩起五子棋来，一直闹到十二点多才走。

舞女回去后，我毫无睡意，脑子格外清醒，走到廊子上试着喊了喊：

“老板！老板！”

“哦……”一个年近六旬的老人从房间里跑出来，精神抖擞地应了一声。

“今晚来个通宵，下到天亮吧。”

我也变得非常好战了。

四

我们相约翌日早晨八点从汤野出发。我将高中制帽塞进了书包，戴上在公共浴场旁边店铺买来的便帽，向沿街的小客店走去。二楼的门窗全敞开着。我无意之间走了上去，只见艺人们还睡在铺席上。我惊慌失措，呆呆地站在廊道里。

舞女就躺在我脚跟前的那个卧铺上，她满脸绯红，猛地用双手捂住了脸。她和中间那位姑娘同睡一个卧铺。脸上还残留着昨夜的艳抹浓妆，嘴唇和眼角透出了些许微红。这副富有情趣的睡相，使我魂牵梦萦。她有点目眩似的，翻了翻身，依旧用手遮住了脸面，滑出被窝，坐到走廊上来。

“昨晚太谢谢了。”她说着，柔媚地施了个礼。我站立在那儿，惊慌得手足无措。

汉子和大姑娘同睡一个卧铺。我没看见这情景之前，一点儿也不知道他们俩是夫妻。

“对不起。本来打算今天离开，可是今晚有个宴会，我们决定推迟一天。如果您非今儿离开不可，那就在下田见吧。我们订了甲州屋客店，很容易找到的。”40岁的女人从睡铺上支起了半截身子说。

我顿时觉得被人推开了似的。

“不能明天再走吗？我不知道阿妈推迟了一天。还是有个旅伴好啊。明儿一起走吧。”

汉子说过后，40岁的女人补充了一句：

“就这么办吧。您特意同我们做伴，我却自行决定延期，实在对不起……不过，明天无论发生什么情况，我们也得起程。因为我们的宝宝在旅途中夭折了，后天是七七，老早就打算在下田做七七了。我们这么匆匆赶路，就是要赶在这之前到达下田。也许跟您谈这些有点失礼，看来我们特别有缘分。后天也请您参加拜祭吧。”

于是，我也决定推迟出发，到楼下去。我等候他们起床，一边在肮脏的账房里同客店的人闲聊起来。汉子邀我去散步。从马路稍往南走，有一座很漂亮的桥。我们靠在桥栏杆上，他又谈起自己的身世。他说，他本人曾一度参加东京新派剧[①]剧团。据说，这剧种至今仍经常在大岛港演出。刀鞘像一条腿从他们的行李包袱里露出来。[②]有时，也在筵席上表演仿新派剧，让客人观赏。柳条包里装有戏装和锅碗瓢勺之类的生活用具。

“我耽误了自己，最后落魄潦倒。家兄则在甲府出色地继承了家业。家里用不着我啰。”

“我一直以为你是长冈温泉的人哪。”

“是么？那大姑娘是我老婆，她比你小一岁，19岁了。第二个孩子在旅途上早产，活了一周就断气了。我老婆的身子还没完全恢复过来呢。那位是我老婆的阿妈。舞女是我妹妹。”

“嗯，你说有个14岁的妹妹？……”

“就是她呀。我总想不让妹妹干这行，可是还有许多具体问题。”

然后他告诉我，他本人叫荣吉，妻子叫千代子，妹妹叫薰子。另一个姑娘叫百合子，17岁，唯独她是大岛人，雇佣来的。荣吉非常伤感，老是哭丧着脸，凝望着河滩。

我们一回来，看见舞女已洗去白粉，蹲在路旁抚摸着小狗的头。我想回到自己的房间去。便说：

“来玩吧。”

“嗯，不过，一个人……”

“跟你哥哥一起来嘛。”

“马上就来。”

不大一会儿，荣吉到我下榻的旅馆来了。

“大家呢？”

“她们怕阿妈唠叨，所以……”

① 新派剧是与歌舞会相抗衡的现代戏。

② 刀鞘是新派剧表演武打时使用的道具。露出刀鞘，表明他们也演新派剧武打。

然而，我们两人正摆五子棋，姑娘们就过了桥，嘎嘎地登上二楼来了。和往常一样，她们郑重地施了礼，接着依次跪坐在走廊上，踟蹰不前。第一个站起来的，是千代子。

"这是我的房间，请，请不要客气，进来吧。"

玩了约莫一个小时，艺人们到这旅馆的室内浴池洗澡去了。她们再三邀我同去，因为有三个年轻女子，所以我搪塞了一番，说我过一会儿再去。舞女马上一个人上楼来，转达千代子的话说：

"嫂嫂说请您去，好给您搓背。"

我没去浴池，同舞女下起五子棋来。出乎意料，她是个强手。循环赛时，荣吉和其他妇女轻易地输给我了。下五子棋，我实力雄厚，一般人不是我的对手。我跟她下棋，可以不必手下留情，尽情地下，心情是舒畅的。房间里只有我们两人。起初，她离棋盘很远，要伸长手才能下子。渐渐地她忘却了自己，一心扑在棋盘上。她那显得有些不自然的秀美的黑发，几乎触到我的胸脯。她的脸倏地绯红了。

"对不起，我要挨骂啦。"她说着扔下棋子，飞跑出去。阿妈站在公共浴场前。千代子和百合子也慌里慌张地从浴池里走上来，没上二楼就逃回去了。

这天，荣吉从一早直到傍晚，一直在我的房间里游乐。又纯朴又亲切的旅馆老板娘告诫我说：请这种人吃饭，白花钱！

入夜，我去小客店。舞女正在向她的阿妈学习三弦琴。她一眼瞧见我，就停下手了。阿妈说了她几句，她才又抱起三弦琴。歌声稍为昂扬，阿妈就说：

"不是叫你不要扯开嗓门唱吗！可你……"

从我这边，可以望见荣吉被唤到对面饭馆的三楼客厅里念什么台词。

"那是念什么？"

"那是……谣曲呀。"

"念谣曲，气氛不谐调嘛。"

"他是个多面手，谁知他会演唱什么呢。"

这时，一个四十开外的汉子打开隔扇，叫姑娘们去用餐。他是个鸟商，也租了小客店的一个房间。舞女带着筷子同百合子一起到贴邻的小房间吃火锅。她和百合子一起返回这边房间的途中，鸟商轻轻地拍了拍舞女的肩膀。阿妈板起可怕的面孔说：

"喂，别碰这孩子！人家还是个姑娘呢。"

舞女口口声声地喊着大叔大叔，请求鸟商给她朗读《水户黄门漫游记》。但是，鸟商读不多久，便站起来走了。舞女不好意思地直接对我说"接着给我朗读呀"，便一个劲儿请求阿妈，好像要阿妈求我读。我怀着期待的心情，把说书本子拿起来。舞女果然轻快地靠近我。我一开始朗读，她就立即把脸凑过来，几乎碰到我的肩膀，表情十分认真了，眼睛里闪出了光彩，全神贯注地凝望着我的额头，一眨也不眨。好像这是她请人读书时的习惯动作。刚才她同鸟商也几乎是脸碰脸的。我一直在观察她。她那双娇媚地闪动着的、亮晶晶的又大又黑的眼珠，是她全身最美的地方。双眼皮的线条，也优美得无以复加。她笑起来像一朵鲜花。用笑起来像一朵鲜花这句话来形容她，是恰如其分的。

不多久，饭馆女佣接舞女来了。舞女穿上衣裳，对我说：

“我这就回来，请等着我，接着给我读。”

然后，走到走廊上，垂下双手施礼说：

“我走了。”

“你绝不能再唱啦！”阿妈叮嘱了一句。舞女提着鼓，微微地点点头。阿妈回头望着我说：

“她现在正在变嗓音呢……”

舞女在饭馆二楼正襟危坐，敲打着鼓。我可以望见她的背影，恍如就在跟她贴邻的宴席上。鼓声牵动了我的心，舒畅极了。

“鼓声一响，宴席的气氛就活跃起来。”阿妈也望了望那边。

千代子和百合子也到同一宴席上去了。

约莫过了一小时，四人一起回来了。

“只给这点儿……”舞女说着，把手里攥着的五角钱银币放在阿妈的手掌上。我又朗读了一会儿《水户黄门漫游记》。她们又谈起宝宝在旅途中夭折的事来。据说，千代子生的婴儿十分苍白，连哭叫的力气也没有。即使这样，他还活了一个星期。

对她们，我不好奇，也不轻视，完全忘掉她们是巡回演出艺人了。我这种不寻常的好意，似乎深深地渗进了她们的心。不觉间，我已决定到大岛她们的家去。

“要是老大爷住的那间就好啰。那间很宽敞，把老大爷撵走就很清静，住多久都行，还可以学习呢。”她们彼此商量了一阵子，然后对我说，“我们有两间小房，山上那间是闲着的。”

她们还说，正月里请我帮忙，因为大家已决定在波浮港演出。

后来我明白了，她们的巡回演出日子并不像我最初想象的那么艰辛，而是无忧无虑的，旅途上更是悠闲自在。他们是母女兄妹，一缕骨肉之情把她们联系在一起。只有雇来的百合子总是那么腼腆，在我面前常常少言寡语。

夜半更深，我才离开小客店。姑娘们出来相送。舞女替我摆好了木屐。她从门口探出头来，望了望一碧如洗的苍穹。

“啊，月亮……明儿就去下田啦，真快活啊！要给宝宝做七七，让阿妈给我买把梳子，还有好多事哪。您带我去看电影好不好？”

巡回演出艺人辗转伊豆、相模的温泉浴场，下田港就是她们的旅次。这个镇子，作为旅途中的故乡，它飘荡着一种令人爱恋的气氛。

五

艺人们各自带着越过天城山时携带的行李。小狗把前腿搭在阿妈交抱的双臂上，一副缱绻的神态。走出汤野，又进入了山区。海上的晨曦，温暖了山腹。我们纵情观赏旭日。在河津川前方，河津的海滨历历在目。

"那就是大岛呀。"

"看起来竟是那么大。您一定来啊。"舞女说。

秋空分外澄澈，海天相连之处，烟霞散彩，恍如一派春色。从这里到下田，得走20多公里。有段路程，大海忽隐忽现。千代子悠然唱起歌来。

她们问我：途中有一条虽然险峻却近两公里路程的山间小径，是抄近路还是走平坦的大道？我当然选择了近路。

这条乡间小径，铺满了落叶，壁峭路滑，崎岖难行。我下气不接上气，反而豁出去了。我用手掌支撑着膝头，加快了步子。眼看一行人落在我的后头，只听见林间送来说话的声音。舞女独自撩起衣服下摆，急匆匆地跟上了我。她走在我身后，保持不到两米的距离，她不想缩短间隔，也不愿拉开距离。我回过头去同她攀谈。她吃惊似的嫣然一笑，停住脚步回答我。舞女说话时，我等着她赶上来，她却依然驻足不前。非等我起步，她才迈脚。小路曲曲弯弯，变得更加险峻，我越发加快步子。舞女还是在后头保持两米左右的距离，埋头攀登。重峦叠嶂，寥无声息。其余的人远远落在我们的后面，连说话的声音也听不见了。

"家在东京什么地方？"

"不，我在学校住。"

"东京我也熟识，赏花时节我还去跳过舞呢……是在儿时，现在什么也不记得了。"

后来，舞女断断续续地问了一通："令尊健在吧？""您去过甲府吗？"她还谈起到了下田要去看电影，以及婴儿夭折一类的事。

爬到山巅，舞女把鼓放在枯草丛中的凳子上，用手巾擦了一把汗。她似乎要掸掉自己脚上的尘土，却冷不防地蹲在我跟前，替我抖了抖裙裤下摆。我连忙后退。舞女不由自主地跪在地上，索性弯着身子给我掸去身上的尘土，然后将撩起的衣服下摆放下，对站着直喘粗气的我说：

"请坐！"一群小鸟从凳子旁飞起来。这时静得只能听见小鸟停落在枝头上时摇动枯叶的沙沙声。

“为什么要走得那么快呢？”

舞女觉得异常闷热。我用手指咚咚地敲了敲鼓，小鸟全飞了。

“啊，真想喝水。”

“我去找找看。”

转眼间，舞女从枯黄的杂树林间空手而归。

“你在大岛干什么？”

于是，舞女突然列举了三两个女孩子的名字，开始谈了起来。我摸不着头脑。她好像不是说大岛，而是说甲府的事。又好像是说她上普通小学二年级以前的小学同学的事。完全是东拉西扯，漫无边际。

约莫等了十分钟，三个年轻人爬到了山顶。阿妈还晚十分钟才到。

下山时，我和荣吉有意殿后，一边慢悠悠地聊天，一边踏上归程。刚走了两百多米，舞女从下面跑了上来。

“下面有泉水呢。请走快点，大家都等着你呢。”

一听说有泉水，我就跑步奔去。清澈的泉水，从林荫掩盖下的岩石缝隙里喷涌而出。姑娘们都站立在泉水的周围。

“来，您先喝吧。把手伸进去，会搅浑的。在女人后面喝，不干净。”阿妈说。

我用双手捧起清凉的水，喝了几口。姑娘们眷恋着这儿，不愿离开。她们拧干手巾，擦擦汗水。

下了山，走到下田的市街，看见好几处冒出了烧炭的青烟。我们坐在路旁的木料上歇脚。舞女蹲在路边，用粉红的梳子梳理着狮子狗的长毛。

“这样会把梳齿弄断的！”阿妈责备说。

“没关系。到下田买把新的。”

还在汤野的时候，我就想跟她要这把插在她额发上的梳子。所以她用这把梳子梳理狗毛，我很不舒服。

我和荣吉看见马路对面堆放着许多捆矮竹，就议论说：这些矮竹做手杖正合适，便抢先一步站起身来。舞女跑着赶上，拿来了一根比自己身材还长的粗竹子。

“你干吗用？”荣吉这么一问，舞女有点着慌，把竹子摆在我前面。

“给您当手杖用。我捡了一根最粗的拿来了。”

“可不行啊。拿粗的人家会马上晓得是偷来的。要是被发现，多不好啊。送回去！”

舞女折回堆放矮竹捆的地方以后，又跑了过来。这回她给我拿了一根中指般粗的。她身子一晃，险些倒在田埂上，气喘吁吁地等待着其他妇女。

我和荣吉一直走在她们的前面，相距十多米远。

“把那颗牙齿拔掉，装上金牙又有什么关系呢？”舞女的声音忽然飞进了我的耳朵。我扭回头来，只见舞女和千代子并肩行走，阿妈和百合子相距不远，随后跟着。她们似乎没有察觉我回头，千代子说：

“那倒是，你就那样告诉他，怎么样？”

她们好像在议论我。可能是千代子说我的牙齿不整齐，舞女才说出装金牙的话吧。她们无非是议论我的长相，我不至于不愉快。由于已有一种亲切之情，我也就无心思去倾听。她们继续低声谈论了一阵子，我听见舞女说：

“是个好人。”

“是啊，是个好人的样子。”

“真是个好人啊，好人就是好嘛。”

这言谈纯真而坦率，很有余韵。这是天真地倾吐情感的声音。连我本人也朴实地感觉到自己是个好人。我心情舒畅，抬眼望了望明亮的群山。眼睑微微作痛。我已经20岁了，再三严格自省，自己的性格被孤儿的气质扭曲了。我忍受不了那种令人窒息的忧郁，才到伊豆来旅行的。因此，有人根据社会上的一般看法，认为我是个好人，我真是感激不尽。山峦明亮起来，已经快到下田海滨了。我挥动着刚才那根竹子，斩断了不少秋草尖。

途中，每个村庄的入口处都竖立着一块牌子：

“乞丐、巡回演出艺人禁止进村！”

六

“甲州屋”小客店坐落在下田北入口处不远。我跟在艺人们之后，登上了像顶楼似的二楼。那里没有天花板，窗户临街。我坐在窗边上，脑袋几乎碰到了房顶。

“肩膀不痛吗？”

“手不痛吗？”

阿妈三番五次地叮问舞女。

舞女打出敲鼓时那种漂亮的手势。

“不痛。还能敲，还能敲嘛。”

“那就好。”

我试着把鼓提起来。

“哎呀，真重啊。”

“比您想象的重吧。比你的书包还重哪。”舞女笑了。

艺人们和住在同一客店的人们亲热地相互打招呼。全是些卖艺人和跑江湖的家伙。下田港就像是这种候鸟的窝。客店的小孩小跑着走进房间，舞女把铜币给了他。我刚要离开“甲州屋”，舞女就抢先走到门口，替我摆好木屐，然后自言自语似的柔声说道：

“请带我去看电影吧。”

我和荣吉找了一个貌似无赖的男子带了一程路，到了一家旅店，据说店主是前镇长。浴罢，我和荣吉一起吃了午饭，菜肴中有新上市的鱼。

“明儿要做法事，拿这个去买束花上供吧。”我说着，将一小包为数不多的钱让荣吉带回去。我自己则不得不乘明早的船回东京，因为我的旅费全花光了。我对艺人们说学校里有事，她们也不好强留我了。

午饭后不到三小时，又吃了晚饭。我一个人过了桥，向下田北走去，攀登下田的富士山，眺望海港的景致。归途经过“甲州屋”，看见艺人们在吃鸡火锅。

“您也来尝尝怎么样？女人先下筷虽不洁净，不过可以成为日后的笑料哩。”阿妈说罢，从行李里取出碗筷，让百合子洗净拿来。

明天是宝宝夭折四十九天，哪怕推迟一天走也好嘛。大家又这样劝我。可是我还是拿学校有事做借口，没有答应她们。阿妈来回唠叨说：

“那么，寒假大家到船上来迎您，请通知我们日期。我们等着哪。就别去住什么旅馆啦，我们到船上去接您呀。”

房间里只剩下千代子和百合子，我邀她们去看电影，千代子按住腹部让我看：

“我身体不好，走那么些路，我实在受不了。”

她脸色苍白，有点筋疲力尽。百合子拘束地低下头来。舞女在楼下同客店里的小孩游玩，一看见我，她就央求阿妈让她去看电影。结果脸上掠过一抹失望的阴影，茫然若失地回到了我这边，替我摆好了木屐。

“算了，让他带她一个人去不好吗？”荣吉插进来说。阿妈好像不应允。为什么不能带她一个人去呢？我觉得不可思议。我刚要迈出大门，这时舞女抚摸着小狗的头。她显得很淡漠，我没敢搭话。她仿佛连抬头望我的勇气也没有了。

我一个人看电影去了。女解说员在煤油灯下读着说明书。我旋即走出来，返回旅馆。我把胳膊肘支在窗台上，久久地远眺着街市的夜景。这是黑暗的街市。我觉得远方不断隐约地传来鼓声。不知怎的，我的眼泪扑簌簌地滚下来了。

七

动身那天早晨七点钟，我正在吃早饭，荣吉从马路上呼喊我。他穿了一件带家徽的黑外褂，这身礼服像是为我送行才穿的。姑娘们早已芳踪渺然。一种剐心的寂寞，从我心底里油然而生，荣吉走进我的房间，说：

“大家本来都想来送行的，可昨晚睡得太迟，今早起不来，让我赔礼道歉来了。她们说等着您冬天再来。一定来呀。”

早晨，街上秋风萧瑟。荣吉在半路上给我买了四包敷岛牌纸烟、柿子和“熏牌”清凉剂。

“我妹妹叫薰子。”他笑眯眯地对我说。“在船上吃橘子不好。柿子可以防止晕船，可以吃。”

“这个送给你吧。”

我脱下便帽，戴在荣吉的头上。然后从书包里取出学生制帽，把皱褶展平。我们两人都笑了。

快到码头，舞女蹲在岸边的倩影赫然映入我的心中。我们走到她身边以前，她一动不动，只顾默默地把头耷拉下来。她依旧是昨晚那副化了妆的模样，这就更加牵动我的情思。眼角的胭脂给她的秀脸添了几分天真、严肃的神情，使她像在生气。荣吉说：

“其他人也来了吗？”

舞女摇了摇头。

“大家还睡着吗？”

舞女点了点头。

荣吉去买船票和舢板票的工夫，我找了许多话题同她攀谈，她却一味低头望着运河入海处，一声不响。每次我还没把话讲完，她就一个劲点头。

这时，一个建筑工人模样的汉子走了过来：

“老婆子，这个人合适哩。”

“同学，您是去东京的吧？我们信赖您，拜托您把这位老婆子带到东京，行不行吗？她是个可怜巴巴的老婆子。她儿子早先在莲台寺的银矿上干活，这次染上了流感，儿子、儿媳都死掉了。留下三个这么小不丁点的孙女。无可奈何，俺们商量，还是让她回老家。她老家在水户。老婆子什么也不清楚，到了灵岸岛，请您送她乘上开往上野站的电车就行了。给您添麻烦了。我们给您作揖。拜托啦。唉，您看到她这般处境，也会感到可怜的吧。”

老婆子呆愣愣地站在那里，背上背着一个吃奶的婴儿。左右手各拖着一个小女孩，小的约摸三岁，大的也不过五岁光景。那个污秽的包袱里带着大饭团和咸梅。五六个矿工在安慰着老婆子。我爽快地答应照拂她。

“拜托啦。”

“谢谢，俺们本应把她们送到水户的，可是办不到啊。”矿工都纷纷向我致谢。

舢板猛烈地摇晃着。舞女依然紧闭双唇，凝视着一个方向。我抓住绳梯，回过头去，舞女想说声再见，可话到嘴边又咽了回去，然后再次深深地点了点头。舢板折回去了。荣吉频频地摇动着我刚才送给他的那顶便帽。直到船儿远去，舞女才开始挥舞她手中白色的东西。

轮船出了下田海面，我全神贯注地凭栏眺望着海上的大岛，直到伊豆半岛的南端，那大岛才渐渐消失在船后。同舞女离别，仿佛是遥远的过去了。老婆子怎样了呢？我窥视船舱，人们围坐在她的身旁，竭力抚慰她。我放下心来，走进了贴邻的船舱。相模湾上，波浪汹涌起伏。一落座就不时左跌右倒。船员依次分发着金属小盆[①]。我用书包当枕头，躺了下来。脑子空空，全无时间概念了。泪水簌簌地滴落在书包上。脸颊凉飕飕的，只得将书包翻了过来。我身旁睡着一个少年。他是河津一家工厂老板的儿子，去东京准备入学考试。他看见我头戴一高制帽，对我抱有好感。我们交谈了几句之后，他说：

“你是不是遭到什么不幸啦？”

“不，我刚刚同她离别了。”

我非常坦率地说了。就是让人瞧见我在抽泣，我也毫不在意了。我若无所思，只满足于这份闲情逸致，静静地睡上一觉。

我不知道海面什么时候昏沉下来。网代和热海已经耀着灯光。我的肌肤感到一股凉意，肚子也有点饿了。少年给我打开竹叶包的食物。我忘了这是人家的东西，把紫菜饭团抓起来就吃。吃罢，钻进了少年学生的斗篷里，产生了一股美好而又空虚的情绪，无论别人多么亲切地对待我，我都非常自然地接受了。明早我将带着老婆子到上野站去买前往水户的车票，这也是完全应该做的事。我感到一切的一切都融为一体了。

船舱里的煤油灯熄灭了。船上的生鱼味和潮水味变得更加浓重。在黑暗中，少年的体温温暖着我。我任凭泪泉涌流。我的头脑恍如变成了一池清水，一滴滴溢了出来，后来什么都没有留下，顿时觉得舒畅了。

① 供晕船者呕吐用。

【美国】欧·亨利

叶若瑞 译

麦琪的礼物[①]

爱情到底是什么呢？中国古人喜欢把它推到极致来逼问："问世间，情是何物，直叫生死相许？"（元好问）西方小说家则喜欢把它放到日常生活中做诠释。爱到后来，可能就是相伴度日吧？在平凡的日子里，相濡以沫，分担苦难，自我牺牲，玉成对方……这些都是爱情的题中应有之义吧？情义无价，但礼物有价，一个贫寒中的爱人竭尽所能奉献的爱心，自然是"最好的礼物"，天使般的礼物。传说中的"麦琪"开创了圣诞节送礼的风俗，小说中的人实践了爱的无私奉献，所以说，他们"极不聪明地做了一件聪明的事"，他们见证了爱的淳朴本质，"他们就是麦琪"。

欧·亨利（1862~1910），美国作家。常年给通俗报刊写幽默小说，以"含泪的微笑"抚慰失意的小人物的心灵创伤。在构思上擅长在故事结尾笔锋一转，全盘翻案，让人物的命运发生戏剧性变化，被人称作"欧·亨利手法"。

一块八角七分钱。全在这儿了。其中六角还是零钱凑起来的。这些小钱是每次一个两个向杂货店、菜贩和肉店的老板硬扣下来的；人家虽然没有明说，自己总觉得这种掂斤播两的交易未免落个吝啬的恶名，当时羞得脸红。德拉数了三遍。数来数去还是一块八角七分钱。而第二天就是圣诞节了。

除了倒在那张破旧的小榻上大哭一场之外，显然没有别的办法。德拉就这么办了。这就使一种精神上的感慨油然而生，认为人生是由啜泣、抽噎和微笑组成的，其中抽噎占主导地位。

趁这家的女主人的悲伤逐渐地由第一级降到第二级的时候，让我们看一看她的家吧！一套备有家具的公寓，租金每周八元钱。虽然不能说绝对的难以形容，实际上，确实与贫民窟也相差无几了。

楼下的甬道里有一个信箱，但是永远不会有信件投进去；还有一个电铃，鬼

① 选自柯岩主编、万莹华选编《古今中外文学名篇拔萃·外国短篇小说卷》上册，青岛出版社，1992年版。

才能把它按响。那里还贴着一张名片，上面写着“杰姆斯·狄林汉·杨先生”几个字。

“狄林汉”这个名号是主人先前富裕时，也就是每周赚三十元时，一时高兴，加在姓名之间的，现在进款减缩到二十元了，“狄林汉”几个字看起来有些模糊，仿佛它们正在慎重地考虑是否缩成一个质朴而谦虚的“狄”字为妙。但是每逢杰姆斯·狄林汉·杨先生回家上楼，走进房门时，杰姆斯·狄林汉·杨太太——就是前面已经介绍过的德拉——总是把他叫做“杰姆”，并且热烈地拥抱他。这当然是很好的。

德拉哭完了以后，小心地用破粉扑在面颊上扑了些粉。她站在窗前，呆呆地看着外面灰蒙蒙的后院里有一只灰色的猫在一个灰色篱笆上走着。明天就是圣诞节了，而她只能拿一块八角七分钱给杰姆买一件礼物。几个月来，她尽可能地节省了每一分钱，结果不过如此。每周二十元本来不经花。支出的总比她预算的多。总是这样。只有一块八角七分钱拿来给杰姆买礼物。她的杰姆。为了给他买一件好东西，德拉自得其乐地筹划了好些日子。要买一件精致、珍奇而真正有价值的东西——够得上给杰姆持有的东西固然很少，可是总得有些相称才成呀。

屋里两扇窗户中间有一面壁镜。读者也许见过房租八元钱的公寓里的壁镜。一个非常瘦小灵活的人，从一连串纵的片断的映象里，也许可以对自己的容貌得到一个大致不错的概念。德拉全靠身材纤细，才精通了这种艺术。

突然她从窗口转过身来，站在镜子前面。她的两眼晶莹明亮，但是在二十秒钟内她的脸失色了。她很快地把头发解开，叫它完全披散下来。

且说，杰姆斯·狄林汉·杨夫妇有两样东西是他们特别引以为自豪的。一样是杰姆三代祖传的金表。另一样是德拉的头发。如果希巴皇后[①]住在气窗对面的公寓里，德拉总会有一天把头发悬在窗外去晾干，只是为了使那位皇后的珠宝和首饰相形见绌。如果所罗门王[②]做了看门人，把他所有的财富都堆在地下室里，杰姆每次经过那儿时会掏出他的金表看看，让所罗门忌妒得吹胡子瞪眼。

这时德拉的美丽的头发披散在身上，像一股褐色的小瀑布一样，波浪起伏，金光闪闪。头发一直垂到膝盖下，仿佛给她披上一件衣服。她又神经质地很快地把头发梳起来。她踌躇了一会儿，静静地站在那里，有一两滴泪水溅落在破旧的红地毯上。

她穿上她那褐色的旧外套，戴上她那褐色的旧帽子。眼睛里还留着晶莹的泪光，裙子一摆，她飘然走出房门，走下楼梯，来到街上。

她走到一块招牌前停住了，招牌上面写着：“莎弗朗尼娅夫人——经营各种

① 希巴皇后（Queen of Sheba），希巴古国在阿拉伯西南，就是今日的也门，希巴皇后以美貌著称。

② 所罗门王（King Solomom，前1033～前975），以色列国王，以聪明和豪富著称。

头发用品”。德拉跑上一楼，一面喘着气，一面定下神来。那位夫人身躯肥大，肤色白得过分，一副冷冰冰的样子，和“莎弗朗尼娅”①这个名字太不相称。

“您要买我的头发吗？”德拉问道。

“我买头发，”夫人说，“把你的帽子脱下来，让我看看你的头发什么样儿！”

那股褐色的小瀑布泻了下来。

“二十块钱。”夫人用熟练的手法抓起头发说。

“赶快把钱给我。”德拉说。

啊！随后的两个钟头仿佛长了玫瑰色的翅膀似的飞掠过去了。请不要理会这种杂凑的比喻吧！总之，德拉为了给杰姆买礼物，搜索了所有的铺子。

最后，她终于把它找到了。它确是专为杰姆，不为别人制造的。她把所有的商店都搅翻了一遍，各家都没有像那样的东西。那是一条白金表链，式样简单朴素，只以货色来宣示它的价值，不凭什么俗不可耐的装潢——一切好东西都应该是这样的。它还真配得上那只金表。她一看到这表链就认为非给杰姆买下来不可。它简直像他的为人。文静而有价值——这句话拿来形容表链和杰姆本人都恰到好处。店里以二十一块钱的价格卖给了她，她带着剩下的八角七分钱匆匆地赶回家。杰姆有了这条表链，在任何场合都可以毫无顾虑地看看钟点了。那只表虽然华贵，可是因为他用一根旧皮条来代替表链，他有时只是偷偷地看一眼。

德拉回家以后，她稍稍用谨慎与理智来代替了陶醉。她拿出烫发铁钳，点起煤气，开始补救由于爱情加上慷慨而造成的灾害。那始终是一件艰巨的工作，亲爱的朋友们——简直是了不起的工作。

不出四十分钟，她头上布满紧贴头皮的小发鬈，变得活像一个逃学的小学生。她仔细而苛刻地对着镜子照了又照。

“如果杰姆看了我一眼不把我杀死才怪呢，”她自言自语地说，“他会说我是康奈岛游戏场里的卖唱姑娘。但是我有什么办法呢？——唉！只有一块八角七分钱，叫我有什么办法呢？”

到了七点钟，咖啡已经煮好了，煎锅也放在炉子后面热着，随时准备煎肉排。

杰姆一向准时回家。德拉把表链对折了握在手里，在他进来必经的门口的桌子角上坐下来。接着，她听到楼下梯级上响起了他的脚步声，她立刻脸色变白了。她有一个习惯，往往为了日常最简单的事情默祷几句，现在她悄声说：“求求上帝，让他认为我还是美丽的。”

门开了，杰姆迈步走进来把门关上。他很瘦削，非常严肃。可怜的人，他只有

① 莎弗朗尼娅（Sofronia），意大利诗人塔索（Torguato Tasso，1544~1595）以第一次十字军东征为题材的史诗《耶路撒冷的解放》中的人物，她为了挽救耶路撒冷全城基督徒，承认了未犯的罪行，成为舍己救人的典型。

二十二岁——就担负起家庭的担子！他需要一件新大衣，手套也没有。

一进门杰姆就站住了，像一条猎犬嗅到鹌鹑似的纹风不动。他两眼盯着德拉，有一种她捉摸不透的表情，这使她大为惊慌。那既不是愤怒，也不是惊讶，又不是不满，更不是厌恶，不是她所预料的任何一种神情。他只是带着那种奇怪的神情死死地盯着她。

德拉忐忑不安地从桌上跳下来，走到他身边。

"杰姆，亲爱的，"她喊道，"别那样盯着我看。我把头发剪掉卖了，因为我不送你一件礼物，我过不了圣诞节。头发会再长起来的——你不会在意吧，是不是？我实在没办法才这么做的。我的头发长得快得要命。说句'恭贺圣诞'吧！杰姆，让我们高高兴兴的。你猜不到我给你买了一件多么好——多么美丽的礼物。"

"你把头发剪掉了？"杰姆吃力地问道，仿佛他绞尽脑汁之后，还没有把那个显而易见的事实弄明白似的。

"非但剪了，而且卖了，"德拉说，"不管怎样，你还是一样地喜欢我，是不是？没有了头发，我还是我，不是吗？"

杰姆好奇地向房里四下张望。

"你说你的头发没有了？"他带着近乎白痴的神情问道。

"你用不着找了，"德拉说，"我告诉你，已经卖了——卖了，没有了。今天是圣诞前夜，亲爱的。好好地对待我，我剪掉头发为的是你呀。我的头发可能数得清，"她突然非常温柔地接下去说，"但是我对你的爱情谁也数不清。我把肉排烧上好吗？杰姆！"

杰姆好像忽然从恍惚中醒过来。他把德拉搂在怀里。为了不要冒昧，让我们花十秒钟工夫瞧瞧另一方面无关紧要的东西吧。每周八块钱的房租，或者每年一百万块钱的房租——其中有什么区别？一个数学家或是一个滑稽家可能给你一个不正确的答复。麦琪带来了珍贵的礼物，但是其中没有那样东西。这句晦涩的话，下文将有说明。

杰姆从大衣口袋里掏出一包东西，把它扔在桌上。

"不要对我有任何误会，德儿，"他说，"不管是剪发、修脸、洗头，我对我的姑娘的爱情是绝不会减低一分的。但是，你一打开那包东西，就会明白，刚才你为什么把我愣住了。"

白皙的手指敏捷地撕开了绳子和包皮纸。接着是一声狂喜的叫喊；紧接着，哎呀！突然转变成女性神经质的眼泪和号哭，立刻需要公寓的主人用尽办法来安慰她。

因为摆在眼前的是那套插在头发上的梳子——全套的发梳，两鬓用的，后面用的应有尽有；那是百老汇路一个橱窗里的、德拉渴望了好久的东西。纯玳瑁做的、边上镶着珠宝的美丽的发梳——配那已经失去的美发，颜色恰恰合适。她知道这套发梳是很贵重的，她心向神往了好久，但从来没有存过占有它的希望。现在居然为她所有了，可是用来装饰那一向向往的装饰品的头发却没有了。

但是她还是把它紧紧地抱在怀中，隔了好久，她才能抬起迷蒙的泪眼，含笑对杰姆说："我的头发长得多快啊，杰姆！"

接着，德拉像一只挨了烫的小猫似的跳了起来，喊道："噢！噢！"

杰姆还没有看到送给他的美丽礼物呢！她热切地把它托在自己掌心上递给他。这无知无觉的贵重金属似乎闪闪地反映着她的快活和热诚的神情。

"漂亮吗，杰姆？我跑遍了全城才找到它。现在你每天要把表看上一百次了。把你的表拿给我。我要看看它配上是什么样子！"

杰姆并没有照她的话去做，却倒在小榻上，双手枕着头，微笑着。

"德儿，"他说，"让我们把圣诞节的礼物搁在一边，暂时保存起来。它们实在太好了，现在用了未免可惜。我是卖了金表换了钱给你买的发梳。现在请你煎肉排吧！"

那三位麦琪，读者都知道，全是有智慧的人——非常有智慧的人——他们带来礼物，送给生在马槽里的圣婴耶稣。他们首创了圣诞节馈赠礼物的风俗。他们既然有智慧，他们的礼物无疑也是聪明的，可能还附带一种碰上收到同样的东西时可以交换的权利。我的拙笔在这里向读者叙述了一个没有曲折、不足为奇的故事：那两个住在一间公寓里的笨孩子，极不聪明地为了对方牺牲了他们家里最宝贵的东西。但是，让我对目前一般聪明人说一句最后的话，在所有馈赠礼物的人当中，他们两个是最聪明的。在一切授受礼物的人当中，像他们这样的人也是最聪明的。他们就是麦琪。

【苏联】帕乌斯托夫斯基
李时 薛菲 译

夜行的驿车①

一个作家在文字中可以如鱼得水，但在生活中可能举步维艰。比如安徒生，他有一颗世界上最明媚的童心，他用澄净的文字在俗世中构筑了一个人间仙境，他对人性的体察入微又使他的童话不仅呵护着人类的童年，也呵护着成人世界最柔美的一角。迄今为止，安徒生依然是无与伦比的伟大的童话作家。去掉作家光环的安徒生，却纯然是一只丑小鸭，他容貌丑陋，谋生窘困，四处碰壁。他爱美、爱女人，比常人更敏感，但是他不敢爱，他把内心的爱都化作笔下的故事，而不是现实的行动。他的文字温暖了世人，却活生生寒冷了自己。终其一生，安徒生以一颗纯真的心灵去包容污浊的人世，把爱的美好推到极致，连讽刺也带着温情的幽默。试问，他的能量来自何处？《夜行的驿车》这篇小说试图给出的答案是——作家的想象力。

读者把文学当作现实固然会出误差，但想象一个现实中可能存在的世界或者应该存在的世界，正是作家对人类的贡献。想象力，是作家召唤创作灵感的巫师，跨越生活栅栏的蛙跳，衡量自身文学生命的天平，闯入另类生存空间的通行证。对于某些作家，只要想象力够好，生活就够好了。

我想单辟一章来说明想象的力量以及它对我们生活的影响。但当我想了一下之后，便写下了一篇安徒生的故事。我觉得这个故事可以代替这一章，甚至会比一般泛泛地谈论这个题目能提供出想象的更明确的概念。

在威尼斯古老而龌龊的旅馆里，根本找不到墨水。在这种地方要墨水干什么呢？用它给旅客们记那些敲竹杠的账目吗？

不过，当汉斯·安徒生住在旅馆里的时候，在一个锡制的墨水瓶里还剩下了一点墨水。他开始用这点墨水写一篇童话。但是这篇童话眼看着一会儿比一会儿

① 选自帕乌斯托夫斯基《金蔷薇》，李时、薛菲译，漓江出版社，1997年版。

白下去，因为安徒生已经往墨水里掺了几次水。不过仍旧没能写完，于是这篇童话的欢乐的结尾就留在墨水瓶底里了。

安徒生冷笑了一下，他决定他下一篇童话就叫做“留在干涸了的墨水瓶底里的故事”。

他爱上了威尼斯，把它叫做“凋零的芙蓉”。

在海上，低低的秋云飘动着。运河里的污水汩汩地流着。冷风掠过十字街头。但当太阳冲破乌云的时候，墙垣的绿霉下边便露出蔷薇色的大理石来，于是窗外便呈现出城市的景色，跟昔日威尼斯大画家卡纳列托的画一样。

不错，这座城虽然有点忧郁凄凉却仍然非常美丽。但安徒生为了要游历其他城市，已经到了和它告别的时候了。

所以当安徒生派旅馆的茶房去买到维罗纳去的夜行驿车票的时候，并没感到特殊的惋惜。

这个茶房和这家旅馆正好相配—— 懒洋洋的，总是略带醉意，并且手脚不稳，但却生就一副坦率而天真的面孔。他一次也没整理过安徒生的房间，连石板地都没扫过。

红色天鹅绒的帘子里，时不时飞出一群金黄色的蛾子。洗脸只好用那一只破面盆，面盆上画着几个胸部丰满的洗澡的女人。油灯坏了。桌子上摆着一盏沉甸甸的银烛台，上面插着一段油蜡头，权代油灯。这盏烛台大概从提香[①]时代起就没擦过。

从底楼小饭馆里冒出一股烤羊肉和大蒜的气味。一群年轻女人，穿着用破绦带马马虎虎系着的天鹅绒胸衣，整天在那儿大笑大闹，吵得人头昏脑涨。

女人们有时互相揪住头发动武。当安徒生偶尔从这些打在一起的女人身边走过的时候，他就停下步子，赞赏地望着她们散乱的辫子、怒得发红的脸庞和燃烧着报复光芒的眼睛。

但是最迷人的当然是流在两颊上的像小钻石珠似的气恼的眼泪。

女人们一看见安徒生便平息下来。这位消瘦的、风雅的、鼻子细巧的先生，叫她们感到不好意思。虽然人们都恭恭敬敬地叫他做“诗人先生”，但她们都把他当作一个外路的魔术家。在她们看来，他是一个古里古怪的诗人。他身上的热血并不澎湃。他不和着六弦琴吟唱那些使人断肠的船夫曲，也不轮流向每一个女人吐露爱情。只有一次他把插在纽扣孔上的一朵绯红的蔷薇拿下来送给一个洗盘盏的奇丑的小姑娘。这个小姑娘还是个瘸腿，走起路来好像一只鸭子。

茶房去买车票的时候，安徒生急忙走到窗边，拉开厚重的窗幔，正好看见茶房走在运河畔，一路吹着口哨，趁便还捏了一下一个卖虾仁的红脸蛋女人的乳房，

① 提香（1477~1576）：意大利的伟大画家，文艺复兴时代艺术的卓越的代表人物。

因此挨了一记响亮的耳光。

然后这个茶房站在运河的拱桥上，聚精会神地试着把吐沫吐到半个空蛋壳里，吐了好半天。蛋壳就浮在桥桩旁边。

他终于吐到了蛋壳里，蛋壳沉下去了。然后这个茶房走到一个戴破帽子的小孩子身边。这孩子正在钓鱼。这个茶房坐到他旁边，茫然地盯着浮子，看什么时候能钓上来一条游荡的鱼。

“噢，天哪！”安徒生绝望地叫道，“难道今天我竟因为这个糊涂虫走不成了吗！”

安徒生用力敞开了窗子。玻璃震得这样响，连茶房都听见了声音，抬起头来。安徒生举起双手，愤怒地摇了摇拳头。

茶房从孩子的头上抓起那顶破帽子，兴高采烈地向安徒生挥了挥，然后又往孩子的头上一戴，跳起来拐个弯就不见了。

安徒生大笑起来。他一点儿也没生气。连这些逗乐儿的小事情都使他的旅行欲一天比一天增强起来。

旅途上总会遇到一些意料不到的事。你永远不知道什么时候会有狡黠的女性的流盼在睫毛下一闪，什么时候在远方会露出陌生城市的塔尖，在天际会出现重载船舶的桅杆，或当你看到狂吼在阿尔卑斯诸峰上的大雷雨时，会有什么样的诗句在脑中涌现，谁的歌喉，会像旅人的铜铃般对你唱起述说含苞待放的爱情的小调。

茶房买来了驿车票，但找头没拿出来。安徒生抓住了他的衣领，客客气气地把他拉到走廊上去。就在那里，开玩笑地拍了一下他的脖子，于是他顺着摇晃的楼梯，两级并作一级地飞跑下去，一面放开嗓子唱了起来。

驿车走出威尼斯时，天空开始点点滴滴地落起雨来。夜已降临在这泥泞的平野上。

车夫说一定是撒旦想出来的主意，让从威尼斯到维罗纳去的驿车在夜间出发。

乘客们谁也没有搭腔，车夫沉默一会儿，生气地啐了一口，然后警告乘客们说，白铁灯里那段蜡头点完了再没有了。

乘客们没理会。于是车夫开始对他的乘客们是否有健全的判断力怀疑起来，他添上一句说，维罗纳是个偏僻的地方，正派人在那里没有事情好做。

乘客们知道这是胡说八道，但是谁也不愿去反驳他。

乘客一共只有三个人：安徒生、一个上了年纪的阴沉沉的神父和一位披着深色斗篷的太太。安徒生忽而觉得这位太太很年轻，忽而又觉得她上了年纪，一会儿觉得她很漂亮，一会儿又觉得她很难看。这都是车灯里的蜡头在作祟。它随心所欲，每次把这位太太照出来的样子都不同。

“把蜡头吹熄好不好？”安徒生问道，“现在用不着。等到需要的时候没有可点的了。”

“意大利人永远不会有这种想法！”神父提高声音说。

“为什么呢？”

“意大利人就是没有先见之明。他们总是在事情已经无可挽救的时候，才恍然大悟，大喊大叫起来。”

“看来，”安徒生说，“大法师，您一定不属于这个浅薄轻佻的民族了。”

“我是奥地利人。”神父怒气冲冲地回答说。

谈话中断了。安徒生吹熄了蜡烛。沉默了片刻之后，那位太太说：

“在意大利的这一带，夜间行路最好不点灯。”

“车轮声人家也会听见的。”神父反驳说，并且又大为不满地添上一句，“太太们旅行理应带一个亲戚，路上照应照应。”

“照应我的人，”太太回答说，并且调皮地笑了起来，“就坐在我的身边。”

她指的是安徒生。为此，他摘下帽子，向这位女伴致谢。

蜡头刚一熄掉，各种声音和气味就都强烈起来，好像因为对手的消失而感到高兴似的。马蹄声、车轮在沙砾上滚动的沙沙声、弹簧的嘎吱声和雨点敲打车篷的声音，更加响得厉害了。从车窗里袭进来的潮湿的野草和沼泽的气味也更加浓重了。

“真奇怪！”安徒生说，“我以为意大利会吸到橙树林的气息，但闻到的都是我们北国的气味。”

“这马上就不同了，”太太说，“我们正在爬一个小丘。上面的空气要暖和些。”

几匹马步子放慢了。驿车真的在上一个不大陡的小山冈。

但夜色并未因此而变得亮些。相反地，道路两旁都是老榆树连绵不断。在茂密的树枝下，是一片悄然的幽暗，让人勉强能听见它与树叶和雨点的低语声。

安徒生放下了车窗。一条榆树枝伸进车里来。安徒生摘下几片树叶留作纪念。

他跟许多想象力活跃的人一样，有着在旅途上搜集各种小东西的癖好。这些小东西有一个特点：能使他回忆起过去，重新唤起他——安徒生——在拾起随便一块镶嵌画的碎片、一片榆树叶或一块小小的驴蹄铁的那一瞬间的心情。

“夜！”安徒生自言自语说。

现在夜的黑暗比阳光更使人感到惬意。黑暗让他安静地思考一切。而当安徒生想得厌倦了的时候，这黑暗常常帮助他编出各种他自己作主人公的故事来。

在这些故事中，安徒生总把自己想成是一个漂亮、年轻、生气勃勃的人。他总是毫不吝啬地用那些多情善感的批判家称之为“诗之花”的令人陶醉的字眼把自己点缀起来。

事实上，安徒生却长得非常难看，这一点他自己也很清楚。他又瘦又长，而且怕难为情。两手两脚活像用绳子吊着的木偶的手脚一般晃晃荡荡。这种小木偶，在他的故乡，孩子们叫做“罗锅儿”。

有这么一副尊容，本来就别指望女人们的青睐了。但每次年轻的妇女们在他身旁走过，就好像走过一根街灯柱子旁边的时候，他心里总感到有点委屈。

安徒生打起瞌睡来了。

他醒来时，首先看到一颗绿色的大星。它正在大地上空荧荧闪烁。看来夜已深了。

驿车停着。外面传来一阵说话的声音。安徒生仔细听听。是车夫和几个中途拦住驿车的女人在讲价钱。

这几个女人的声音是那样柔媚、那样清脆，因而这场悦耳的讨价还价，极像往日歌剧中的宣叙调。

车夫因为她们出的价钱太低，不同意把她们搭到一个看来是非常小的市镇去。女人们争先恐后地说，钱是她们三个人凑起来的，多一个子儿都没有了。

“好啦，好啦！”安徒生对车夫说，“要那么多钱简直是蛮不讲理，我给添足就是了。您若是不再侮辱客人，不再胡说八道，我还给你加一点。”

“好啦，美人儿，”车夫对女人们说，“上来吧。谢谢圣母，你们碰上了这么一位挥金如土的外国王子。他只怕因为你们耽误了马车赶路。你们和去年的陈通心粉一样，对他什么用也没有。”

“噢，耶稣啊！”神父哼了一声。

“坐到我旁边来，姑娘们，”那位太太说，“这样我们好暖和点儿。”

姑娘们一面小声说着话，一面把东西递上来，然后爬进车子，打过招呼，羞羞答答地向安徒生道了谢，就坐下来不响了。

立刻就闻到一股干酪和薄荷的气味。虽然很暗，安徒生仍然不大清楚地看到了姑娘们戴的廉价耳环上镶的玻璃。

驿车开动了。沙砾又在车轮下响了起来。姑娘们开始低声私语。

“她们想要知道，”那位太太说，安徒生猜想她准在黑暗中窃笑，“您是什么人。您真是外国王子呢？还是一位普通的游客？”

“我是一个预言家，”安徒生不假思索地说，“我能预卜未来，能在黑暗中洞察一切。但我不是江湖术士。不过也许可以说，我是那个曾经产生过哈姆雷特的国度里的一个特别的、可怜的王子。”

“那么在这样黑暗中，您能看见什么呢？”一个姑娘诧异地问道。

“譬如说你们吧，”安徒生回答说，“我看你们看得那样清楚，你们的美丽简直使我心醉。”

他说完之后，觉得脸上发了一阵冷。他每次构思他的长诗和童话时所感受到的那种心情渐渐逼近了。

在这种心情里，微微的不安、不知从何而来的源源不绝的词汇，以及突然出现的能统驭人类心灵的诗的力量混合在一起。

这正好像他的一篇故事里所描写的一样。一个古老的魔箱，盖子砰的一声飞起来了，里面藏着神秘的思想和沉沉欲睡的感情，还藏着所有大地的魅力——大地的一切花朵、颜色和声音、郁馥的微风、海洋的无涯、森林的喧哗、爱情的痛苦、儿童的咿呀声。

安徒生不知道这种心情叫做什么。有的人认为这是灵感，有的人认为是逸兴遄飞，还有些人认为这是即兴创作的才能。

“我醒过来，忽然在深夜里听见了你们的声音，”安徒生沉默了一会，然后静静地说，“可爱的姑娘们，这就足够使我认清你们，甚至像对过路相逢的姐妹一样，爱上你们了。我能清楚地看见你们。就拿您这位生着柔软的金发的姑娘来说。您是一个爱笑的女郎，您非常喜欢一切生灵，甚至当您在菜园里干活的时候，连画眉都会落在您的肩上。”

“哎哟，妮蔻林娜！他那是说你哪！”一个姑娘低声地说。

“妮蔻林娜，您有一颗热情的、温柔的心，”安徒生还是那样静静地继续说，“假如您的爱人遇到了灾难，您会毫不踌躇地越过积雪的山岭，走过干燥的沙漠，到万里之外去看他，去救护他。我说得对吗？”

“我会去的……”妮蔻林娜有点不大好意思地讷讷说，“既然您这么想。”

“姑娘们，你们叫什么名字？”安徒生问。

“妮蔻林娜，玛丽亚和安娜。”一个姑娘高兴地替大家回答了。

“至于玛丽亚，我不想谈您的美丽。我意大利话说得很差。但是我还在年轻的时候，就曾经向诗神发过誓，我要到处颂扬美，不管我在哪里看见它。”

“耶稣啊！”神父低声说，“这个人让毒蜘蛛咬了一口。有点神经病了。”

“有些女人，赋有真正惊人的美。这些女人差不多总是性情孤僻的人。她们孤独地忍受着会焚毁她们自身的热情。这种热情好像从里面焚烧着她们的面颊。玛丽亚，您就是这样的人。这种女人的命运往往是与众不同的。或者是极其悲惨，或者是无限幸福。”

“那么您碰见过这样的女人吗？”那位太太问。

“就在眼前。”安徒生回答说，“我的话不仅仅是对玛丽亚说的，同时也是对您说的，夫人。”

“我想您这样说并不是为了消磨这漫漫的长夜吧，”那位太太用颤抖的声音说，“要是这样，对这个美丽的姑娘未免太残酷了。对我也是一样。”她低声添上一句。

“我从来还没有像现在这样严肃，夫人。”

“那么到底怎样呢？”玛丽亚问，“我会不会幸福呢？”

“您想向生活要的东西太多，虽然您是一个普通的农家姑娘。所以您很难幸福。不过在您一生里，您会碰见一个配得上您那祈求极高的心灵的人。您的意中人当然是一个杰出的人物。说不定是一个画家，诗人，一个为意大利争取自由的战士……也说不定是一个普通的牧人或者一名水手，但是都具有伟大的灵魂。这总归是一样的。”

“先生，”玛丽亚腼腆地说，“我看不见您，所以我才不怕羞，想问问您。如果有这么一个人，他已经占有了我的心，那我得怎么办呢？我总共只见过他几次，连他现在在哪儿我都不知道。”

“找他去！”安徒生提高声音说，“一定要找到他，他一定会爱您的。”

“玛丽亚！”安娜高兴地说，“不是维罗纳那个年轻画家吗……”

“住嘴！”玛丽亚气恼地叫道。

“维罗纳不是一座很难找到一个人的大城市。”那位太太说，“记住我的名字。我叫叶琳娜·瑰乔莉。我就住在维罗纳。每一个维罗纳人都可以指给您我住的地方。玛丽亚，您到维罗纳来吧。可以住在我家里，直到我们这位可亲的旅伴所预言的那个幸遇实现。”

玛丽亚在黑暗中摸到了叶琳娜·瑰乔莉的手，把它紧贴在自己发烫的脸颊上。

大家都沉默着。安徒生注意到那颗绿星消失了。它已经堕到大地那边去了。就是说，已经是后半夜了。

“喂，那么我的未来您怎么一句也没说呢？”姑娘中最爱说话的安娜问道。

“您会有许多小宝宝，”安徒生很有把握地回答说，“他们要一个跟一个排队来喝牛奶。您每天早晨必须花很多时间给他们洗脸、梳头。您的未来的丈夫也会给您帮忙的。”

“是不是彼得？”安娜问，“彼得那个笨家伙，我才不稀罕他呢！”

“您一定还要花很多时间，每天把这些眼睛里露出好奇的小男孩和小女孩亲几遍。”

“在教皇陛下的治内听见这些异端邪说，简直是不可思议的！”神父气冲冲地说。但是谁也没理会他说的话。

姑娘们又唧唧哝哝小声地谈着什么。谈话时时被笑声打断。最后玛丽亚说：

“先生，现在我们想知道您是谁。我们在黑夜里可看不见人。”

“我是一个流浪诗人，”安徒生回答说，“我是一个年轻人。生着浓密的、波状的头发，脸色黝黑。我的蓝眼睛几乎无时不在笑，因为我无忧无虑，尚未堕入情网。我唯一的工作，就是给人们制造一些微末的礼物，做一些轻浮的只要能使我那些亲近的人欢乐的事情。”

“比方说哪些事情呢？”叶琳娜·瑰乔莉问。

“跟您说什么好呢？去年夏天我在日德兰半岛，住在一个熟悉的林务员的家里。有一次我在林中散步，走到一块林间草地上，那里有很多菌子。当天我又到这块草地上去了一趟，在每支菌子下面放了一件礼物，有的是银纸包的糖果，有的是枣子，有的是蜡制的小花束，有的是顶针和缎带。第二天早晨，我带着林务员的小女孩子到这个树林里去。那时她七岁。她在每一支菌子下找到了这些意外的小玩意儿。只有枣子不见了。大概是给乌鸦偷去了。您要是能看见就好了，她的眼睛里闪着该是多大的喜悦啊！我跟她说，这些东西都是地下的精灵藏在这里的。”

“您欺骗了天真的孩子！”神父愤懑地说，“这是一个大罪！”

“不，这并不是欺骗。她会终生不忘这件事。我敢说，她的心，不会像没体验过这个奇妙的事情的人那样容易变得冷酷无情。而且，大法师，我还得向您声明一下，我不习惯听那些我不要听的教训。”

驿车停下了。姑娘们好像着了魔似的一动不动坐着。叶琳娜·瑰乔莉低下头，一声不响。

“喂，漂亮的妞儿们！”车夫喊道。“醒醒吧，到了！”

姑娘们又低声说了些什么，然后站了起来。

在黑暗中，有两只有力的，纤细的手出其不意地抱住了安徒生的脖子，两片火热的嘴唇触到了安徒生的嘴唇。

“谢谢您！”火热的双唇悄声地说，安徒生听出来这是玛丽亚的声音。

妮蔻林娜向他道了谢，并且悄悄地，温柔地吻了他，头发轻轻地拂得他的脸痒痒的，安娜则用力地、出声地吻了他。姑娘们跳下车去。驿车在铺平的路上向前驶去。安徒生望了望窗外。除了那微微发绿的天空中的黑魆魆的树梢外，什么也看不见。开始破晓了。

维罗纳富丽堂皇的建筑使安徒生吃惊了。这些建筑物的庄严的外表，在互相争妍媲美。结构和谐的建筑应该促使人的精神平静。但是安徒生的灵魂却没有平静。

黄昏时候，安徒生在瑰乔莉的古老的家宅前拉着门铃。这幢房子坐落在一条通向要塞的很窄的小街上。

给他开门的是叶琳娜·瑰乔莉自己。一件绿天鹅绒的衣裳紧紧地裹着她窈窕的腰身。天鹅绒的反光落在她的眸子上，安徒生觉得那双眼睛像瓦尔克①的一样，碧绿的，美得简直无法形容。

她把两只手都伸给了安徒生，用冷冰冰的手指紧紧地握住了他宽大的手掌，倒退着把他引到小客厅去。

"我是这样想念您。"她坦率地说，自疚地笑了一笑，"没有您我觉得空虚。"

安徒生的面色发白了。整天他都怀着模糊的不安想着她。他知道他会疯狂地爱上一个女人说的每一句话，落下来的每一根睫毛，她衣服上的每一粒微尘。他明白这一点。他想，假如他让这样的爱情燃烧起来，他的心是容纳不下的。这爱情会给他带来多少痛苦和喜悦，眼泪和欢笑，以至他会无力忍受它的一切变幻和意外。

而谁知道，或许由于这种爱情，他无数华丽的童话会黯然失色，一去不返了。到那个时候，他的生命又有什么价值呢？

总归一样，他的爱情归根到底还是埋藏在心底。这样的情况他已经有多少次了。像叶琳娜·瑰乔莉这样的女人都是任性无常的。总有这么一个可悲的日子，她会发现他多么丑陋。他自己都讨厌自己。他常常感到他背后有一种嘲笑的眼光。这时候，他的步态就呆钝了，他跌跌绊绊，恨不得钻到地缝里去。

"只有在想象中，"他对自己肯定说，"爱情才能永世不灭，才能永远环绕着灿烂夺目的诗的光轮。看来，我幻想中的爱情比现实中所体验的要美得多。"

所以他到叶琳娜·瑰乔莉这儿来怀着这样的坚定决心：看过她就走，日后永不再见。

他不能把一切直截了当地向她说明。因为他们中间还没有什么关系。他们昨晚才在驿车上相遇，而且彼此什么也没有谈过。

安徒生站在客厅门口环顾了一下。屋角上大烛台照耀着的狄安娜的大理石头像，惨然发白，好像看到自己的美貌而惊惶得面无人色似的。

"这是谁雕成这个狄安娜②使您的美貌永驻？"安徒生问。

"喀诺华。"叶琳娜·瑰乔莉回答说，垂下了眼睛。她好像猜着了他灵魂中所发生的一切。

"我是来告别的，"安徒生声音低沉地说，"我马上就要离开维罗纳了。"

① 瓦尔克：斯堪的纳维亚神话中的女神。

② 狄安娜：古罗马女神。

“我认出您是谁来了，”叶琳娜·瑰乔莉望着他的眼睛说。“您是汉斯·安徒生，著名的童话作者和诗人。不过看来，您在自己的生活中，却惧怕童话。连一段过眼烟云的爱情您都没有力量和勇气来承受。”

“这是我的沉重的十字架。”安徒生承认说。

“那么怎么好呢，我的可爱的流浪诗人。”她痛苦地说道，把一只手放到安徒生的肩上，“走吧！解脱自己吧！让您的眼睛永远微笑着。不要想我。不过日后如果您由于年老、贫困和疾病而感到苦痛的时候，您只要说一句话，我便会像妮蔻琳娜一样，徒步越过积雪的山岭，走过干燥的沙漠到万里之外去安慰您。”

她倒在沙发上，双手捂住脸。大烛台上的蜡烛飞迸着火花。

安徒生看见在叶琳娜·瑰乔莉的纤指间，渗出一颗晶莹的泪珠，落在天鹅绒的衣裳上，缓缓地滚下去了。

他扑到她身旁，跪了下来，把脸紧贴在她那双温暖、有力而娇嫩的脚上，她没睁开眼睛，伸出双手，紧紧地抱住他的头，俯下身去，吻了他的嘴唇。

第二颗热泪落到了他脸上。他闻到泪水的咸味。

“去吧！”她悄声地说，“愿诗神饶恕您的一切。”

他站起身，拿起帽子，匆匆地走了出去。

全维罗纳响起了晚祷的钟声。

以后他们再也没有见过面，但是终生互相怀念着。

也许正因为这个缘故，安徒生在临终前不久，曾经对一位年轻作家说：

“我为我的童话，付出了一笔巨大的、甚至可以说是无法估计的代价。为了童话，我放弃了自己的幸福，并且白白放过了这种时机，那时无论想象是怎样有力和灿烂，也该让位给现实。

“我的朋友，要善于为人们的幸福和自己的幸福去想象，而不是为了悲哀。”